ro
ro
ro

rororo

Mit Kindern leben

wird herausgegeben von Bernhard Schön

und Bernd-H. Gottwald

ro
ro
ro

Zu diesem Buch

Kinder sind heute auch nicht schwieriger oder «frecher» als früher – Eltern und Erzieherinnen nicht weniger kompetent. Wie kommt es dann zu den täglichen Streßsituationen, in denen der «kleine Tyrann» triumphiert und die Erwachsenen verzweifeln? Ob das nun beim Anziehen oder Aufräumen, vor dem Fernseher oder am Gameboy ist.

Eltern und Erzieherinnen reagieren heute viel sensibler auf die Kinder. Das ist nur zu begrüßen. Aber häufig reagieren sie auch verunsichert, wollen alles besser als ihre eigenen Eltern machen – nur keine Vorschriften! – und lassen damit die Kinder oft genug im Stich. Denn für Kinder ist es eine Überforderung, sich ohne Grenzen selbstverantwortlich in einer unübersichtlichen Welt zurechtfinden zu sollen.

Jan-Uwe Rogge, Jahrgang 1947, ist verheiratet, hat einen Sohn und lebt in der Nähe von Hamburg. Er arbeitet freiberuflich als Familien- und Kommunikationsberater und in der Medienforschung. Seit Anfang der achtziger Jahre führt er Elternseminare und Fortbildungsveranstaltungen durch, die sich großer Beliebtheit erfreuen.

Bisher sind im Rowohlt Taschenbuch Verlag in der Reihe *Mit Kindern leben* von ihm erschienen: «Kinder können fernsehen» (rororo Nr. 60753), «Eltern setzen Grenzen» (rororo Nr. 19756), «Ängste machen Kinder stark» (rororo Nr. 60640), «Pubertät – Loslassen und Haltgeben» (rororo Nr. 60953), «Ohne Chaos geht es nicht» (rororo Nr. 60975), «Geschichten gegen Ängste» (60977), zusammen mit Bettina Mähler: «Irgendwie anders: Kinder, die den Rahmen sprengen» (rororo Nr. 60966); außerdem als Hardcover im Rowohlt Verlag: «Der große Erziehungsberater», zusammen mit Bettina Mähler: «Lauter starke Jungen».

Jan-Uwe Rogge

Kinder
brauchen Grenzen

Rowohlt Taschenbuch Verlag

Herausgeber dieses Buches
Bernhard Schön und Horst Speichert

rororo Mit Kindern leben
und
die **Deutsche Liga für das Kind**

Partnerschaft für Eltern, Kinder und Familie

26. Auflage September 2005

Originalausgabe
Veröffentlicht im Rowohlt Taschenbuch Verlag,
Reinbek bei Hamburg, Februar 1993

Redaktion Bernhard Schön
Fotos Michael Seifert
Umschlaggestaltung Britta Lembke
(Foto: © ADM International BV)

Satz Sabon (Linotronic 500)
Gesamtherstellung Clausen & Bosse, Leck
Printed in Germany
ISBN 3 499 19366 3

Inhalt

Vorwort

Es muß Anfang der fünfziger Jahre gewesen sein. Eine Cousine mütterlicherseits wanderte nach Australien aus. Auf meine neugierige Frage, wo das denn liege, hörte ich eine Anwort, die geheimnisvoll klang: «Ganz am Ende der Welt!»

Dieser Satz hat mich bewegt: Am Ende der Welt! Die Welt, die war für mich damals nicht eine Kugel, sondern eine platte Fläche. Und in meinen Träumen, die ich nächtens im sicheren Bett durchlebte, fuhr ich immer wieder nach Australien, eben bis ans Ende der Welt. Das war gruselig, abenteuerlich, spannend, das war mit Herzklopfen und wahnsinniger Anstrengung verbunden.

Das Ende der Welt fing bei der Farm der Cousine an. Dahinter kam der große, hohe Holzzaun. So stellte ich mir das Ende der Welt vor: ein Holzzaun und dahinter das Nichts, der Abgrund, das Dunkle. Und dieser große, hohe Holzzaun, der gleich hinter dem Bauernhof lag, zog mich immer an – obgleich mir verboten wurde, dort hinzugehen. Aber ich wollte hinter den Zaun schauen, das Ende der Welt fühlen, hautnah spüren. Vorsichtig näherte ich mich im Traum dieser unheimlichen Grenze. Das Verbot zog mich an, etwas Neues, Geheimnisvolles, noch nicht Gesehenes vor Augen. Am Zaun spürte ich einen starken Luftstrom, der mich packen wollte. Doch ich stand mit beiden Beinen fest auf der Erde, ganz stark fühlte ich mich – mir konnte nichts passieren, dessen war ich mir sicher. Ich suchte hastig nach Astlöchern im Zaun, nach Sparren, die locker waren, um ins Jenseits zu blicken. Endlich ließ sich eine Latte bewegen – nur ein Spalt. Mir tat sich der Abgrund auf, mir verschlug's den Atem, ich schloß die Augen – aber jeden Tag bin ich wieder und wieder an den Zaun, lockerte die Latte immer mehr ... bis ich mich weit hinauslehnen konnte. Die unheimliche Angst war weg, eher ein Kribbeln, ein Nervenkitzel blieb. Ich sah Sterne und Planeten. Das Dunkel, das mich anfänglich erschreckt hatte, wurde heller; die Kälte, die mich zum Zittern brachte, wich einer angenehmen Wärme. Ich fühlte mich mit einem Male wohl am Ende der Welt, dieser unheimlichen Grenze, diesem tollsten Abenteuerspielplatz, den ich mir *träumen* konnte – wohl auch deshalb, weil ich um die Farm wußte, die mir Sicherheit und Geborgenheit verlieh.

Ich hab diesen Traum als Kind häufig gehabt. Heute weiß ich: Er kam, wenn es mir darum ging, mich an Grenzen zu reiben, Grenzen zu überschreiten ...

Dieser Traum fiel mir ein, als ich an dieses Buch ging, ein Traum, der anschaulich und konkret die Bedeutung von Grenzen aufzeigt: Grenzen gestalten Räume und Zeiten, sie geben Sicherheit und Verläßlichkeit, sind Orientierungspunkte – aber Grenzen reizen auch, sie sind Markierungen, die manchmal nur eine Zeitlang gültig sind.

Kinder brauchen Grenzen – dies gilt mehr denn je in einer Zeit, in der die physischen, psychischen und seelischen Grenzen der Kinder durch Kriege, Hunger, Erniedrigung und Mißbrauch verletzt und mißachtet werden. Die Grenzen von Kindern zu achten und zu respektieren bedeutet, ihnen eine würdige Entwicklung zu garantieren. In diesem Sinne schützen Grenzen – aber Grenzen schützen nicht vor der Wirklichkeit. Wer Kindern durch enge Grenzen Erfahrungen ersparen will, macht Heranwachsende lebensuntüchtig.

Kinder brauchen Grenzen ... und Erwachsene auch, so ergänzte eine Mutter meine Feststellung. Eltern, Erzieher, Erzieherinnen, Lehrer und Lehrerinnen, all jene Menschen, die im pädagogischen Prozeß stehen und handeln, brauchen Grenzen. Wer keine Grenzen setzt, macht sich handlungsunfähig, zum willfährigen Sklaven, vor dem Kinder keine Achtung und keinen Respekt haben. Grenzen setzen meint, sich gegenseitig in der Persönlichkeit zu achten und zu respektieren.

Obgleich viele Eltern, viele Erzieher, viele Lehrer von der Notwendigkeit der Grenzziehung gefühlsmäßig überzeugt sind, herrscht darüber im Alltag eine enorme Handlungsunsicherheit. Weil man das vermeintlich «Beste» für das Kind will, meinen offenbar viele, dies schließe aus, Grenzen zu setzen. Welch Irrtum! So herrscht denn in manchen Eltern-Kind-Beziehungen eine «lange Leine» vor. Eltern dulden und erdulden so lange, bis es – im wahrsten Sinne – knallt.

Unbeherrschtes pädagogisches Handeln bringt dann erhebliche Probleme mit sich. Sie bedeuten nicht selten Verletzungen an Leib und Seele. Dies ist die eine Seite. Die andere Seite der Medaille ist eine zunehmende Sterilität, Abstraktheit und Entsinnlichung in den Beziehungen zwischen Eltern und Kindern.

Man liest viel und Widersprüchliches über Erziehungsfragen, man will alles und ständig richtig machen, lauscht dem Experten – und wird verunsichert, ja geradezu entmündigt. Eine verkopfte Erziehung ist die Folge, eine Beziehung zu Kindern, die stark auf Rationalität und Sprache aufbaut, eine «Erziehungsbeziehung» (Otto Speck), die Gefühl und Spontaneität, die dem «Mut zur Unvollkommenheit» und einem «Aus-dem-Bauch-heraus-Handeln» keine Rechnung trägt.

Dies ist kein Plädoyer, neue Irrationalität in den pädagogischen Prozeß einzupflanzen. Es kommt mir vielmehr darauf an, Eltern, Erzieherinnen oder Lehrer bezüglich pädagogischer Erfahrungen nicht weiter zu bevormunden. Solche Entmündigung führt nur zum Angewiesensein auf den pädagogischen, psychologischen oder therapeutischen Berater, der sagt, wie «man richtig erzieht». Mehr denn je kommt es doch darauf an, Verantwortung an die pädagogisch Handelnden zurückzugeben. Diese Rückgabe bedeutet, die ungeheuren, manchmal ungeheuerlichen Erfahrungsschätze alltäglicher Erziehungspraktiken ernster zu nehmen. Der pädagogische Experte oder Berater kann Erziehungsstile nicht verändern, er kann aber gemeinsam mit Eltern deren Denken und Handeln begleiten, Verkrustungen aufbrechen, Eingefahrenes fragwürdiger werden lassen, er kann Fragen stellen, zu Fragen anregen, dort anknüpfen, wo sich Eltern befinden. Der pädagogische Berater ist nicht aufklärender Übersetzer von Handlungsmustern, die Eltern nicht verstehen, er sagt nicht, was gemacht wird, er läßt den Eltern das Recht, ihr Handeln selbständig und eigentätig zu verändern. Dieser Prozeß braucht Vertrauen, baut auf, ermutigt, zu eigenen Entscheidungen zu stehen – dies selbst dann, wenn man Fehler macht.

Wer ohne Fehler erziehen will, macht welche, weil er alle Kraft in die Vermeidung von Fehlern legt. Wer fehlerfrei erziehen will, verwechselt die «Erziehungsbeziehung» mit Hochleistungssport. Ich kann Fehler, ich darf Fehler machen – dieser Satz entlastet, gibt Gelassenheit. Ich kann mich für Fehler entschuldigen. Niederlagen sind Geschenke, aus denen ich lernen kann, sind Anlaß dafür, es zukünftig anders – nicht: besser! – zu machen.

Eltern, die unter dem Streß des Alles-richtig-Machens stehen, denen sage ich, sie haben das Recht auf zehn Fehler am Tag. Das nimmt Druck. Eine amerikanische Therapeutin, die mit Patienten zu tun hat, die partout fehlerfrei arbeiten, leben und erziehen wollen, bekommen die Aufgabe, sich für jeden gemachten Fehler sofort ein Geschenk zu kaufen, sich etwas Gutes zu tun. Die Patienten sollen lernen, Fehler zu akzeptieren, sie als Geschenk zu betrachten.

Erziehungsprobleme sind normal – Fehler gehören dazu. Es gibt drei Formen von Verletzungen in der Erziehung, deren Folgen lebenslang zu spüren, deren Verwundung und Narben bleiben: die ständige körperliche Mißhandlung von Kindern, die seelische Erniedrigung durch Liebesentzug und fehlende emotionale Nähe sowie der sexuelle Mißbrauch.

Der Zwang, Niederlagen zu vermeiden, alles richtig, bloß keine Fehler zu machen, führt zu Kälte in den Beziehungen. Erziehung hat aber mit Reibung zu tun, mit Konflikt *und* Harmonie, mit Nähe *und* Auseinandersetzung. Wo Reibung ist, da ist Wärme, wo keine Reibung ist, da ist Kälte. Erziehung hat mit Wärme zu tun, und damit ist Reibung gefordert. Erziehung funktioniert nicht als Gegeneinander, als Besserwisserei und Rechthaberei. Erziehung ist ein gemeinsamer Weg, der erst beim Gehen, Laufen, Bummeln und Schreiten entsteht. Ich kann eine Idee vom Weg haben – ihn zu bauen hat mehr mit gemeinsamer Tätigkeit und gemeinsamer Anstrengung als mit «guten Worten» zu tun.

Dieses Buch ist in vielen Veranstaltungen mit Eltern, mit Erzieherinnen, mit Lehrerinnen und Lehrern entstanden, die ich in den letzten Jahren speziell zum Thema «Grenzensetzen» durchgeführt habe. Es bietet eine Auswahl jener Fragen, Themen und Situationen an, die häufiger im Mittelpunkt standen. In diesem Sinne setzt sich das Buch inhaltlich selber Grenzen. Es soll Mut machen, ermutigen, den ganz *eige-*

nen Weg zu finden. Es soll anregen, das Überraschende zu tun, Phantasien zu entwickeln. Deshalb stelle ich produktive Lösungen vor, nicht um zu beweisen, es gebe immer und zu allen Zeiten Patentrezepte, die sich auf alle Situationen im Alltag übertragen ließen.

Ein Hinweis zu den Geschichten im Buch: Sie sind verschlüsselt. Zudem habe ich die Situationen in eine lesbare Form gebracht. In den Geschichten habe ich mich jeweils auf das Wesentliche – die Lösung – konzentriert, Nebenaspekte, Nebensächlichkeiten sind weggelassen. Ich will nicht zeigen, wie schnell man zur Lösung kommt. Vielmehr sollen die vorgestellten Situationen die Vorgehensweise bei der Problem*lösung* veranschaulichen. Die Lösungen, die das Buch vorstellt, sind das Ergebnis *gemeinsamer* Bemühungen. Sie beweisen den Ideenreichtum der erzieherisch Handelnden.

Mit der Lösung von Problemen ist es – so der amerikanische Therapeut de Shazer – wie mit dem Öffnen von unbekannten Schlössern: Wenn ich da nach dem passenden Schlüssel suche, kann es sehr lange dauern, bis das Schloß geöffnet ist. Es gibt viele Schlüssel für unbekannte Schlösser. Der Dietrich ist dagegen ein einfaches Gerät. Er muß nicht genau passen und eignet sich gleichwohl zum Öffnen. In diesem Sinne: Grenzen zu ziehen, Grenzen zu finden, Grenzen zu verändern, das funktioniert nicht auf Anhieb. Und wenn es klappt, kann das ein beruhigender Glücksgriff sein. Problemlösungen haben viel mit Versuch und Irrtum zu tun. Und was heute gültig war, kann morgen schon nicht mehr stimmen. Der Dietrich paßt nicht mehr. Aber die gefundenen Lösungen machen Mut, sich weiteren Herausforderungen zu stellen. Und je mehr Dietriche man hat, um so sicherer geht man an diese heran.

Die Fähigkeit, sich selbst und anderen Grenzen zu setzen, kann nicht das Ergebnis eines Lernprogramms sein, und es ist nicht Ziel eines Erfahrungsprozesses. Beim Grenzensetzen ist der Weg das Ziel, jeder Schritt bringt Bestätigung, Fortschritt – oder Stillstand. Wenn der Weg das Ziel ist, dann sind Um- und Nebenwege, dann sind Sackgassen erlaubt. Grenzen zu setzen, das ist die Wanderung zwischen Erfolg und Mißlingen, zwischen Mut und Entmutigung, zwischen Selbstzweifel und Hoffnung. Grenzen zu setzen – das sind manchmal die «Mühen der Ebene» im Alltag und in der Erziehung. Aber Grenzensetzen entlastet mehr, als es belastet. Doch ist Grenzziehung kein Selbstzweck – Grenzziehung ist Mittel der Ichfindung, ist Mittel, um Eigenständigkeit zu dokumentieren. Grenzen machen den Unterschied zwischen Ich und Du, Nähe und Distanz, Vertrautem und nicht Vertrautem, zwischen Fremdem und Bekanntem, zwischen Können und Noch-nicht-Können aus. Grenzen zu setzen ist ein lebenslanger Prozeß. Dabei sind Fehler gestattet. Sie sind erwünschte Geschenke, aus denen der einzelne Erfahrungen herleiten und gewinnen kann.

1 «... bloß nicht werden wie meine Eltern früher ...»
Die Mühsal mit den Grenzen

«Manchmal ist es zum Ausflippen!»

Frau Riemers hat mich eingeladen. Sie will wegen der Teilnahme an einem Elternseminar mit mir reden. Als ich die Gartentür öffne, kommt Tim, der knapp achtjährige Sohn, mit seinem Roller vorgefahren, legt ihn beiseite, stellt sich vor mir auf – ein kecker Blondschopf mit einem offenen, verschmitzt-lächelnden Gesicht. «Hallo, du bist sicher Tim.» Er schaut mich an, sagt kein Wort. Während ich zum Haus gehe, begleitet er mich schweigend. Kurz vor der Haustür meint er mit fester Stimme: «Tag, du Arschloch.» Diese «Begrüßung» hatte ich nicht erwartet. Aber ich war auch nicht völlig überrascht, klagte Frau Riemers doch über ihren «ständig über die Stränge schlagenden» Sohn. «Der provoziert immer ... Wir sind dem ausgeliefert.»

«Hallo Tim», antworte ich freundlich, während ich mich kurz umblicke. Dann wende ich mich wieder zu Tim und hocke mich hin. «Da hinten ist niemand mehr, Tim.» Meine Stimme klingt freundlich, sie ist aber fest und bestimmt: «Du, Tim. Ich heiße nicht Arschloch. Ich bin Jan-Uwe!» Er wirkt irritiert, seine Augen blinzeln ein wenig, er sieht aus, als bräuchte er Zeit. «Wie?» Er setzt nochmals an: «Wie heißt du?» – «Jan-Uwe!» Mit den Worten «Hab ich noch nie gehört!» gibt er mir die Hand.

Szenenwechsel, Wohnzimmer. Wir sitzen in der Eßecke. Tim verläßt den Raum, verspricht, uns eine halbe Stunde allein zu lassen. Wir kommen in ein Gespräch, aus dem ich einige Ausschnitte wiedergebe.

«Hätt ich nicht gedacht, daß er so ohne weiteres geht!»

«Gibt's da Probleme?»

«Probleme ist überhaupt noch geschmeichelt. Ich bin völlig hilflos!» Ihre Blicke wirken verloren. «Tim hält sich an nichts!»

«An was kann er sich denn nicht halten?»

«An Regeln, an Ordnung.» Sie stöhnt auf. «Es muß ja nun wirklich nicht immer sein, ehrlich!»

«Haben Sie denn Regeln aufgestellt?»

Sie schaut mich verblüfft an: «Das muß er doch merken, was sich gehört und was nicht!»

«Also gibt es keine Regeln, keine Grenzen?»

Frau Riemers fährt beim letzten Wort leicht zusammen. «Darf ich Grenzen setzen?»

«Wer verbietet Ihnen, Grenzen zu setzen?»

Sie zuckt mit den Schultern: «Ich. Mein Mann.»

«Warum?»

«Ja, warum?»

«Wollen Sie noch einen Kaffee?»

Und während sie eingießt, meint sie: «Ich durfte früher nichts, gar nichts. Durfte meinen Mund nicht aufmachen bei Tisch, nichts machen, ohne meine Eltern zu fragen, keinen Fehler machen, ohne daß es nicht was gesetzt hätte. So will ich nicht sein! Wie kommen wir weiter, wenn wir immer nur das wiederholen, was unsere Eltern schon falsch gemacht haben!»

Ich schmunzele. «Warum lachen Sie?»

«Sie haben sich entschieden: Statt zu kommandieren lassen Sie sich kommandieren!»

«Mag sein. Aber besser so als andersherum.»

Als sie mir dies an Situationen aus ihrer Kindheit und Jugend veranschaulichen will, platzt Tim hinein: «Mama, ich hab Durst.» – «Tim, bitte. Du weißt, wo der Saft steht.» Tim wirkt unschlüssig. «So, nun geh. Noch ist die halbe Stunde nicht um.»

Tim geht hinaus, steht kurz darauf wieder in der Tür. «Da sind drei Säfte. Welchen soll ich nehmen?» Tims Stimme kriegt einen leicht quengeligen Klang.

Frau Riemers bleibt ruhig, ihre Lippen werden schmaler: «Den du möchtest! Such ihn dir aus.»

Tim bleibt stehen. «Gut, trink ich den O-Saft.»

Er geht, steht kurze Zeit später wieder im Raum.

«Den mag ich nicht!»

«Warum?»

«Der ist mir zu kalt!»

Frau Riemers bleibt äußerlich gelassen, nur ihre ineinander verkrampften Finger und zwei dicke Falten über der Nase deuten auf innere Anspannung hin. Sie atmet tief durch.

«Trink die anderen Säfte. Und dann verschwinde!» Ihre heftige Stimme versucht sie durch ein beinahe flehentliches «Bitte!» zu entschärfen.

Tim tut ihr den Gefallen nicht, es poltert, schmettert – kurze Ruhe. Tim erscheint in der Tür, weinend, ein Häufchen Elend. Mit den Worten «Was ist denn nun schon wieder los?» springt Frau Riemers auf, rennt in die Küche. Tim hört mit dem Weinen auf, läuft hinterher: «Was hast du Trottel jetzt schon wieder angestellt? Kann man sich denn nicht mal eine Minute ruhig unterhalten?» Tim fängt wieder mit dem Schluchzen an, und mit den Worten «Na komm, ist ja nicht so schlimm», fängt Frau Riemers an, die Scherben zusammenzusuchen und den Boden aufzuwischen.

Tim kommt ins Wohnzimmer, wischt sich die Tränen weg, setzt sich zu mir, meint halb fragend, halb feststellend: «Na?!»

«Du warst sauer, daß sich keiner um dich gekümmert hat, nicht?»

Ein Lächeln geht um seinen Mund.

«Du weißt, wie du deine Mutter zum Platzen bringen kannst?»

Er nickt heftig, grinst dabei: «Und wie! War heute noch gar nichts!»

«Wieso?»

«Manchmal rastet sie völlig aus. Dann kriege ich was auf den Po.»

«Tut das weh?»

«Schon, aber ihr noch mehr.»

«Woran siehst du das?»

«Weil die hinterher noch mehr weint. Die hat ein schlechtes Gewissen. Weil man soll ja Kinder nicht schlagen, sagt meine Mutter.» Er überlegt: «Und dann kann ich alles von ihr kriegen.»

«Du kannst aber auch wirklich gemein sein!»

«Und Mama noch mehr!»

«Wieso?»

«Zum Beispiel, wenn sie sauer ist und so. Die ist dann immer noch so ruhig und freundlich und so. Und ... und dann wird sie plötzlich so richtig wütend. Dann schreit sie so, daß ich denke, jetzt ist sie ein Ungeheuer.»

«Du kannst sie nicht richtig einschätzen. Was soll sie denn machen?»

Es platzt aus ihm heraus: «Also wenn ich Scheiße mache, soll sie das sagen!»

«Woran liegt es wohl, daß sie das nicht macht?»

Er zuckt die Schultern.

«Heute nachmittag hast du gegen eure Absprache verstoßen.»

«Ich wollt mal sehen, wie weit die geht. Normalerweise, wenn Besuch da ist, kann ich schon viel machen. Eigentlich platzt die dann erst hinterher!» Er lehnt sich zurück, sieht mich an: «Mit dir kann ich das nicht machen, glaube ich jedenfalls nicht. Aber ich würd's versuchen.»

Tim grinst, steht auf, geht in die Küche. Frau Riemers: «Kannst du mir helfen? Du hast doch auch den Dreck gemacht?!»

«Nein!»

Tim kommt mit dem Glas zurück. «Was hätte deine Mutter sagen sollen?»

«Ich möchte, daß du mir hilfst. Und zwar sofort.» Er sieht mich an, grinst: «Ich sag doch, die ist verdammt lieb.»

«Da muß ich eben aufpassen ...»

«Alles ist heute gefährlicher», erklärt mir Frau Wolters, und ihr Mann ergänzt: «Erziehung ist heute ein einziger Streß. Du mußt alles richtig machen.» Die Wolters sind Mitte Fünfzig, haben zwei schon fast erwachsene Söhne, die nicht mehr «zu Hause leben, aber immer noch gerne kommen». «Man macht sich jetzt eben mehr Gedanken, was mit Julia passiert.»

Julia ist knapp sechs Jahre, «unser Nesthäkchen», wie Frau Wolters erklärt: «Ich hab mir immer noch 'ne Tochter gewünscht, meinem Mann war's egal. Na ja, ist ja nun auch in Ordnung. Es war schon 'ne Umstellung, wieder so ein kleines Kind hier zu haben. Weil dann geht ja alles noch mal von vorne los. Nur, wie gesagt, man ist vorsichtiger, überlegter und denkt, bloß alles richtiger machen als bei den Großen.» Herr Wolters spricht bedächtig, behutsam, seine Augen suchen einen fernen Punkt im Raum.

«Wie sind denn die Großen?»

«In Ordnung.»

Frau Wolters richtet sich auf. «Schon in Ordnung. Natürlich, natürlich.» Sie sieht ihren Mann an. «So ist das ja auch wieder nicht. Aber man hat doch heute auch bessere Möglichkeiten.» Was sie damit meine, will ich wissen.

«Also, man weiß doch, was ein Kind alles können muß. Wenn es in die Schule kommt, zum Beispiel. Also, sagen wir mal», sie überlegt einen Augenblick, und der Mann fährt fort: «Da ist das mit Julias Konzentrationsfähigkeit. Da hieß es dann auf einmal am Elternabend, das sei Voraussetzung für die Einschulung. Und da sie im Kindergarten nur spielt», er zieht die Augenbrauen hoch, seine Stimme bekommt einen tadelnden Klang, «haben wir Konzentrationsspiele besorgt.» Frau Wolters nickt: «Nun geht's, könnte besser sein, aber es geht.»

Insgesamt erführen die Kinder heute mehr Förderungen, man habe eben mehr Zeit für Julia als früher für die Söhne. Ob sie den Eindruck hätten, dies sei für Julias Entwicklung förderlicher, frage ich. Beide schauen mich irritiert an – dann, nach einer Pause, antwortet Herr Wolters: «Ich denke schon. Wir können schneller eingreifen, wenn's mal nicht so läuft.» Er denkt einen Augenblick nach: «Wenn ich diese Möglichkeiten früher gehabt hätte, ich wäre mehr geworden. Gut, ich bin zufrieden. Aber das Beste, was Julia passieren kann, ist doch 'ne gute Ausbildung. Und das kann nicht früh genug anfangen ...»

Frau Wolters fällt ihrem Mann ins Wort: «Und dann weiß man eben doch auch mehr und kann Fehler vermeiden.» Sie schüttelt gedankenschwer ihren Kopf: «Was hab ich bei den Großen nur alles falsch gemacht?!»

«Was denn?»

«Nein», so als wolle sie sich selbst beschwichtigen, «so hab ich's natürlich auch nicht gemeint. Aber so ein bißchen mehr hätten sie sich schon vertragen können. Ich war doch zu nachgiebig!»

«Sind Sie jetzt fester?»

«Nein, aber ich achte auf mehr.» Sie sieht ihren Mann an. «Daß sie morgens nicht nur trödelt oder Zeit sinnlos verbummelt oder einfach nur so aus dem Fenster guckt. Es gibt doch heute soviel Angebote für die Freizeit. Und da machen wir auch ein Programm!»

«Ihr Mann und Sie?» Beide nicken. «Und Julia?»

«Na ja, mal mault sie, wenn sie zum Flötenunterricht oder zum Voltigieren muß. Aber wenn sie dann erst mal da ist, gibt es sich. Ist nur die Überwindung, denke ich mir.» Frau Wolters stockt. Es scheint, als blicke sie nach innen: «Aber da machst du und machst du – und dann denk ich, ich mach es wirklich besser, gebe mir Mühe, aber Julia dankt es mir sowieso nicht. Die mault, sitzt rum. Wenn ich solche Eltern gehabt hätte ... Aber das kann ich ihr nicht klarmachen. Ich gebe mir jede erdenkliche Mühe, bin immer um sie rum, und sie sagt dann nur ...» Sie zögert einen Augenblick: «‹Laß mich in Ruhe!› Sagen tut sie's nicht, aber man sieht's ihr an.»

Herr Wolters hat genau zugehört, hin und wieder heftig genickt: «Sie wird eben größer, eigenwilliger.»

Frau Wolters: «Die ist doch noch so klein, mein Gott, Rudolf, so klein. Die braucht uns noch.»

«Und brauchen Sie Julia?»

Beide lachen, sind verunsichert. Sie schauen sich an. Frau Wolters: «Ich will zeigen, daß ich eine gute Mutter bin!» – «Wem?» – «Allen!» «Und Julia?» – «Der auch. Damit ich später ... ein bißchen Dankbarkeit bekomme.»

«Ich will keine Supermutter sein!»

Dritter Abend einer Veranstaltungsreihe in einem Kindergarten zum Thema: Überforderung von Kindern und deren Folgen. Simone Luchs, Mutter zweier Kinder, kommt auf mich zu, sieht ziemlich genervt aus. Sie wirkte den ganzen Abend über konzentriert, manchmal ärgerlich, fast unwirsch. Hin und wieder hat sie sich auf ihrem Block Notizen gemacht. «Kann ich Sie mal einen Augenblick alleine sprechen?» Wir gehen ein paar Schritte zur Seite.

«Ich platze gleich. Ich halte das nicht mehr aus!» – «Was?» – «Verdammt, diese Hochleistungseltern um mich herum, von denen Sie gerade gesprochen haben. Ich geb Ihnen da ja recht. Aber», sie sieht mich mit einer Mischung aus Trotz und Traurigkeit an, «ich will keine Supermutter sein, und ich werde trotzdem dazu gemacht. Der Druck ist unerträglich. Sie müssen mal kommen, wenn Mütter ihre Kinder vom Kindergarten abholen. Jede übertrifft sich.»

Frau Luchs' Stimme ahmt andere Mütter nach, während ihr Kopf hin und her wiegt. «Aber ich gehe nächste Woche mit Patrick zum Ballett ... und ich zum Judo ... und ich zum Flötenunterricht ...» Sie macht eine kurze Pause. «Das haben Sie heute abend alles schön gesagt. Aber mir, die ich so etwas nicht mache, mir haben Sie auch ein schlechtes Gewissen vermittelt. Ehrlich!» Sie sieht mich an:

«Man ist doch verdammt allein gelassen in der Erziehung!» Sie zuckt mit den Schultern, blickt sich suchend um: «Sehen Sie, Frau Rothhus da hinten.» Sie weist mit dem Kopf in die Richtung: «Wenn ich die reden hör. Eine Profimutter durch und durch. Immer aus dem Ei gepellt. Die hat nur Kinder, Haushalt, Garten und Kochen. Das sei nun doch wirklich nicht zuviel, meint sie. Tja, nur, die hat noch 'ne Oma, 'ne Köchin und 'ne Reinemachefrau.» Sie lacht etwas verzweifelt. «Und ich hab da den Slalom aus Beruf, Haushalt und Kindern.» Die Augen gehen hin und her, so, als suchten sie Halt: «Und dann bin ich noch alleinerziehend, die ganzen Selbstzweifel, Vorwürfe, Fragen über Fragen. Nächtelang lieg ich wach. Mach ich das richtig? Bin ich zu hart? Verlange ich zuviel? Darf ich konsequent sein? Wie ist das mit den Grenzen?» Sie macht eine kurze Pause. «So ist das!» Sie schaut zur Seite: «Gut, heute abend haben Sie mir Mut gemacht.» Sie zögert: «Dabei wollte ich gar nicht kommen. Ich hab so 'n Zorn auf den Laden hier!»

«Was hat der Laden Ihnen getan?»

«Der Laden nicht, aber das Personal, die Mütter.» Sie schüttelt sich. «Gestern war hier Elternfrühstück, um 9.00 Uhr. Ich konnte nicht, weil die Handwerker im Haus waren. Der Termin war nicht zu verlegen. Ich hab das mit Jannika, meiner Tochter, geklärt. Eine Nachbarin, deren Tochter auch hier ist, ist mit. Für Jannika war's o.k. Ehrlich, sie hatte Verständnis.» Eine kurze Pause. «Ich hab's der Erzieherin erklärt, worauf ich zu hören kriege: ‹Sie müssen einfach kommen, sonst ist Ihr Kind traurig.› Ich hab's erklärt, aber auf mich wurde eingequatscht und eingequatscht. Ich bin kleiner und kleiner geworden und hab mich als schlechter Mensch gefühlt: ‹Nicht mal den Handwerker sagen Sie ab, um für Ihr Kind dazusein.› Nachts habe ich von Krähen geträumt, die auf mich einhacken. Und es kam, wie es kommen mußte ...»

«Ihre Tochter hat dann am Morgen geheult, geklammert ...»

«... natürlich, um halb zehn, der Handwerker war gerade fertig, klingelt das Telefon, eine vorwurfsvolle Stimme: ‹Jannika sitzt nur so da, sie wartet, weil Mama nicht da ist ...› Ich rufe im Büro an, bin hin zum Kindergarten gehetzt. Die Praktikantin steht da, sieht mich an, als ob ich ein halbes Jahr in Amerika gewesen sei, dann sagt sie mit leidender Stimme: ‹Frau Luchs›, verzieht dabei verächtlich ihr Gesicht, ihre Augenbrauen gehen hoch: ‹Jannika hat sooo›, dieses ‹sooo› ist immer noch in meinem Ohr», und eine Hand fährt unwillkürlich dorthin, als müsse sie den Ton zum Verstummen bringen, «‹gelitten. Jannika konnte nichts essen, sooo hat sie auf Mama gewartet.›» Frau Luchs holt tief Luft. «‹Wie schön, daß Sie es nun doch geschafft haben. Es ist sooo wichtig für Ihr Kind. Sie wird schnell sooo wehleidig.›»

«Sie platzen gleich?»

«Wenn ich nur daran denke!»

«Und was hat Jannika gemacht?»

«Sie war wirklich anders als sonst, klammerte, war weinerlicher.» Frau Luchs klingt brüchig: «Da war wieder mein schlechtes Gewissen»; sie blickt gedankenverloren, schüttelt den Kopf: «So, nun ist mir leichter. Und Sie sehen, wie schwer das ist, ja zu mir zu sagen. Wenn man so will, sich selbst Grenzen zu setzen, sich nicht unter Druck setzen zu lassen. Ich will wirklich keine Supermutter sein ... Aber woran erkennt man eine normale Mutter? Wo bekomme ich Bestätigung und nicht immer nur zu hören, was ich eben nicht mache?!»

Sie gibt mir die Hand. «Schön, daß Sie mir zugehört haben, und danke für Ihre Tips heute abend!»

«Und was nehmen Sie heute abend mit?»

Sie überlegt: «Selbstbewußtsein und Achtung vor mir selbst.»

«Man denkt zuviel nach»

Alma lebt auf dem Lande, bewirtschaftet mit ihrem Mann einen mittelgroßen Hof. «Ich bin Oma, veer Enkels.» Ihre Stimme klingt ruhig, gemütlich, sie spricht einen breiten niederdeutschen Dialekt: «So, und nu willst du was von mir über Kindererziehung wissen, mien Jung.»

Sie wechselt ins Hochdeutsche: «Ich bin eine einfache Frau, was soll ich dir schon sagen.» Sie steht auf, geht an einen Schrank, holt zwei Gläser und einen selbstangesetzten Likör: «Dann geit dat Snaken beter.» Sie fängt an, von ihrer Kindheit zu erzählen, von ihren Eltern – «arme Bauernsleute» –, ihren sechs Geschwistern – «sind alle was geworden» –, ihrer Schulzeit – «der Hof und die Arbeit waren wichtiger als der regelmäßige Schulbesuch» –, ihrer häuslichen Erziehung: Hart sei diese gewesen, erinnert sie sich, hart, aber gerecht. Arbeiten mußte sie. Geschenkt gab's nichts.

Alma denkt nach: «Ob's die Kinder heute besser haben, ich weiß es nicht?» Was sie meine, will ich wissen. «Ich glaube», sagt sie, «die Kinder verlieren sich. Die haben alles, die wissen nicht mehr, woran sie sind. Meine Enkels haben alles, Spielkram, Sachen zum Anziehen. Alles. Und gewieft sind die: ‹Oma, wenn wir bei dir nicht fernsehen können, kommen wir nicht.› So was hätten wir uns mal denken sollen.» Ihre Stimme wird heller, ihr rechter Zeigefinger geht in die Höhe. «Da hätt's früher heiße Ohren gegeben.» Alma nimmt einen Schluck aus dem Likörglas, schüttelt sich: «Brennt 'n büschen. Aber ist gut für die Gesundheit, ist ja auch wie Medizin.»

Worin ihrer Meinung nach die Unterschiede beständen in der Erziehung von gestern und heute, will ich wissen. Und wie aus der Pistole geschossen, kommt die Antwort: «Die Mütter wollen heute keine Fehler machen. Ich seh das an meiner Schwiegertochter. Bloß alles perfekt machen, das Kind könnte ja Schaden nehmen. Ich konnte früher gar nicht viel nachdenken. Hatte gar keine Zeit dazu. Es mußte alles zack, zack gehen. Meine Kinder waren viel sich selbst überlassen. Und aus beiden ist doch was geworden.»

Sie überlegt einen Augenblick: «Ich weiß nicht, ob man das sagen kann, aber wenn man zu viel Zeit für die Kinder hat», sie stockt, sieht mich fragend an, «ob das nun das Wahre ist?» Sie gießt uns beiden Likör nach: «Schmeckt gut, nicht? Ich will dir mal was sagen, mein Jung! Also, wenn Kurt, mein Jüngster, mal frech war, so mit vielen Widerworten und so, dann gab's drei Klapse auf den Hintern. Ich hab nie an den Kopf geschlagen. Davon wird man dösig, hab ich gehört. Drei Klapse», sie unterstreicht dies mit einer Handbewegung, «und alles war klar. Manchmal habe ich den Eindruck, als ob er sich die Klapse richtig abholen wollte. Tja.»

Sie senkt den Blick, denkt kurz nach: «Weißt du, wenn ich Inge heute seh, meine Schwiegertochter, die redet und redet und redet, wenn der Kleine 'nen Rappel kriegt. Und nach dem Reden wird sie immer lauter und lauter und lauter, und irgendwann schreit sie, und dann knallt's bei ihr auch. Und dann heult sie und der Kleine auch. Das hätt sie doch auch einfacher haben können. Macht sich ihre Nerven kaputt.» Sie sieht mich an. «Du sagst ja gar nichts zu dem Punkt. Ist das so schlimm, was ich sage?» Sie nimmt das Glas: «Prost!»

Wenn Alma ins Erzählen kam, dann gab's kein Bremsen, das wußte ich. «Weißt du, eins will ich dir noch erzählen. Willst du das hören?» Bevor ich antworten kann, setzt Alma schon an: «Mußt du unbedingt hören.» Sie steht auf, geht zum Herd. «Vorher muß ich noch die Kartoffeln aufsetzen, sonst kommt Karl nach Hause, und das Essen ist nicht auf dem Tisch. Dann ist er sofort muffelig.»

Alma kommt zurück, setzt sich: «Also», beginnt sie, «die Kinder sind heut einfach zappeliger. Tja, weiß du, woran das liegt?» Ich zucke mit den Schultern. Sie kommt näher: «Ich will's dir sagen. Weil die Frauen immer schlanker werden, keine Brust, keinen Hintern und keinen Bauch.» Sie unterstreicht das Letztgesagte mit ihren Händen.

«Bei den Frauen von heute ist doch nichts mehr dran.»

Ich muß lachen. Was sie denn damit sagen wolle?

«Also früher, wenn Dörte und Kurt abends unruhig waren oder auch nur so, wenn wir Zeit hatten, haben wir uns ins Bett gelegt, Dörte mit dem Kopf an meine Brust gelehnt, Kurt hatte die Hand auf meinem Bauch.» Sie sieht an sich herunter: «Kiek mol, und von beidem hab ich genug. Und dann haben wir geschmust. Ich hab von früher erzählt, und irgendwann sind sie eingeschlafen. Und wenn ich keine Zeit hatte, weißt du, was ich dann gemacht hab?»

Ich schüttele den Kopf.

«Dann hab ich zwei getragene Nachthemden aus der Kommode geholt. Die lagen für alle Fälle immer da. Die hab ich denen gegeben, so große, weiche baumwollene Nachthemden. Und die haben nach mir gerochen. Das hat schon meine Mutter mit mir gemacht. Und die Kinder haben ihren Kopf auf die Nachthemden gelegt, und dann sind sie bald eingeschlafen. Ganz friedlich.»

«Und wie lange hast du das gemacht?»

Sie lacht verschmitzt: «Bei Kurt so lange, bis er 'ne Freundin hatte. Da war's vorbei. Ist ja auch normal, nicht? Mit meinen wollenen Ungetümen komme ich ja auch nicht gegen die Spitzenhöschen und Strapse an.» Ihre Stimme wird leiser: «Weißt du, aber auf Strapse können Kinder ihre Köpfe nicht legen, weil das zu ungemütlich ist, und die riechen auch nicht so schön wie meine baumwollenen Hemden. Und weil's davon immer weniger gibt, sind die Kinder nachts einfach zappeliger. Denk ich mir jedenfalls. So», sie nimmt noch einen Schluck aus dem Likörglas, «Prost. Nun hab ich alles gesagt. Nun bleib noch zu den Kohlrouladen.»

Ein Junge ist ein Junge

Ich treffe Peter in einer Kneipe. «Hier haben wir mehr Ruhe. Zu Hause ist immer Trubel mit den Kindern.» Peter arbeitet als Dachdecker: «Hab ich gelernt, bin Geselle, zum Meister hab ich keinen Bock. Die Knete reicht auch so, weil die Alte», er stockt, «weil Elsa mitarbeitet.» Peter ist 29. Die Kinder, zwei Jungen, erzählt er, seien früh gekommen. «Elsa war 19, ich 21. War 'ne harte Zeit.»

«Für wen?»

«Für uns.»

Er überlegt: «Aber wohl doch mehr für Elsa. Aber sie wollte ja Kinder!»

«Du nicht?»

«Nicht so schnell. Dann biste doch nicht mehr so richtig bei dir.»

Wie er das denn meine, will ich wissen.

«Ist doch klar. Kaum ist man aus dem Haus, da haste selbst 'ne Familie. Elsa und ich hatten kaum was voneinander. Na ja.» Er sieht mich an: «Ist schön, daß die Kinder da sind. Aber lästig sind sie eben auch. Immer diese Fragerei. Und dann sind sie aufmüpfig, sie nehmen sich mehr raus als wir früher. Das ist schon manchmal eine Plage.»

Was ihm denn die meiste Freude bereite mit den Kindern, frage ich.

«Freude?» Er sieht mich suchend an: «Freude? Das ist schwer», zögert er. «Ja, doch», meint er nach einiger Zeit: «Wenn ich nach Hause komme, und die springen an mir hoch, wollen kuscheln oder spielen, das ist schön.»

«Was macht dir Probleme?»

«Erziehen ist ein elendigliches Geschäft», kommt es wie aus der Pistole geschossen. «Du machst nur Fehler, überall sind nur Klugscheißer, die alles besser wissen. Labern rum, in der Schule, im Fernsehen, in der Zeitung, überall. Und wenn man die Klugscheißer dann fragt, ob sie eigene Kinder haben, ist Sendepause. Alles Wichtigtuer.» Peter redet sich in Rage: «Und dann dieses Gerede von diesen neunmalklugen Weibern überall, dieses Gewäsch von den, na, wie heißt das ... Femi ... Femi ...» Er sieht mich an:

«Meinst du Feministinnen?»

«Ja, ja, wo man kein Mann mehr sein darf.»

Ich will protestieren, aber er macht eine wegwerfende Handbewegung. «Hör auf, hör bloß auf. Ein Junge ist ein Junge und muß auch so erzogen werden, sonst gibt's irgendwann nur noch Memmen. Und die Frauen tanzen dir auf der Nase rum!»

«Was meint Elsa dazu?»

Die sei schon angesteckt von diesem Zeug, meint er genervt. «Ich kann das alles nicht mehr hören. Woran sollen sich Jungen eigentlich messen, wenn sie nicht mehr Jungen sein dürfen? Mädchen haben's da einfacher.»

Ich atme tief durch: «So einfach will ich's dir nicht machen, schließlich ist es doch wichtig, über Gewalt gegen Mädchen und Frauen zu reden und nach Abhilfe zu suchen. Das kannst du doch nicht einfach übergehen.»

«Siehst du», er wird heftig, «das geht doch immer weiter, die ganze Sache mit diesem Mißbrauch und so ... also Gewalt ... du weißt, was ich meine. Ich blick da überhaupt nicht mehr durch.» Er schüttelt den Kopf. «Was darf man noch, was nicht? Darf ich Kinder streicheln? Darf ich schmusen? ... Muß man denn alles breittreten? ... Es gibt einfach keine Maßstäbe mehr!»

Was er darunter verstehe, will ich wissen.

«Weißt du, da stellen sie doch alle Väter an den Pranger. Alle Väter, auch mich. Als ob ich so 'n Schwein bin, der was mit seinen Kindern macht.» Er macht eine Pause. «Tja, und ..., so 'n Schwein wird verurteilt, kommt frei und macht weiter. Wenn meinen Kindern mal so was passieren würde, mit Sex und so ... und wenn ich den Typen erwisch, den mach ich kalt, dem reiß ich das Arschloch bis zu den Ohren auf. Das schwör ich dir. Und das kannst du ruhig schreiben.»

Es gibt keine Überraschungen mehr

«Ich bin froh, daß ich nicht mehr in der Schule bin», erklärt mir Josef Barthels, der lange als Schulleiter tätig war und schon seit zehn Jahren pensioniert ist. «Warum?» – «Ach, wissen Sie», meint er, «ich blick da nicht mehr durch. Diese Gesetze beispielsweise. Vor lauter Gesetzen sieht man die Kinder nicht mehr. Darf ich das noch, ist doch die Frage, nicht, was ist gut für das Kind? Als Pädagoge stehst du heute mit einem Bein im Gefängnis, und dabei geht Wärme verloren. Es fehlt einfach an Wärme. Überall ist die Frage, was hast du heute in der Schule gelernt? Schule ist doch auch ein Erlebnis.» Er macht eine kurze Pause. Das sei schon komisch, wenn er das sage, meint er schmunzelnd, «so 'n alter Knacker. Aber ich finde, heute ist alles angepaßter. Die Originale in der Schule werden immer weniger. Es gibt doch keine Überraschungen mehr.» Er lacht.

«Vorhin war ein ehemaliger Schüler bei mir. Der wohnt nicht mehr hier, kommt aber doch regelmäßig vorbei. Mit dem hatte ich vor vielen Jahren einen Händel. Der war so 13 oder 14, und ich war erst kurz in der Schule. Der brachte mich ständig auf die Palme, weil er immer auf den Boden spuckte, häufig auch in meine Richtung. Ich hab das verboten. Aber er machte weiter. Einmal hätte er mich fast getroffen ... Ich bin ruhig zu ihm hin, hab allen Rotz in meinem Mund gesammelt und gezielt gespuckt. Der grüne Rotz ging in sein Auge. Der war starr vor Schreck. Nach der Schule ist er zu mir: ‹Sie haben gewonnen.›»

«Kann man das verallgemeinern?»

«Weiß ich nicht, aber es gibt eben so wenig Überraschungen in der Erziehung. Und weil es die nicht gibt, gibt es auch zu wenig Gefühle und zu wenig Geheimnisse. Meine Eltern haben kaum etwas davon gewußt, wenn ich in Gefahr war. Heute gibt's für jede Gefahr eine Versicherung, ein Gesetz. Aber Versicherungen machen nicht sicherer. Sicherheit erleben Kinder doch nur dann, wenn sie auch Unsicherheiten ausleben dürfen, und Grenzen erleben sie nur dann, wenn sie sie auch überschreiten dürfen.»

Er stockt, wirkt nachdenklich: «Aber ob ich das auch so sagen würde, wenn ich jung wäre und in der Verantwortung, das weiß ich nicht. Das ist doch alles komplizierter geworden!»

Von Sinn und Unsinn des Grenzensetzens

Elternabende, Bildungs- und Beratungsveranstaltungen, Fortbildungen für pädagogisches Fachpersonal, die ich in den letzten Jahren zum Thema «Grenzen setzen in der Erziehung» angeboten habe, fanden viele Zuhörer. Immer wieder tauchten Fragen auf wie: «Darf ich Kindern Grenzen setzen?» oder: «Wie artikuliere ich meine eigenen Grenzen?»

Auffällig ist die negative Besetzung des Begriffs «Grenze», mit dem Strafe, Züchtigung, Ermahnung, Verbot, Moralpredigt, Versagung und ständiges «Nein» verbunden wird. Dahinter verbirgt sich zugleich ein hohes Maß an pädagogischer Handlungsunsicherheit, fehlendem Selbstwertgefühl, nicht vorhandenem Vertrauen in eigene Fähigkeiten – aber zugleich der Wunsch nach allgemeingültigen Normen und Werten, nach praktikablen Rezepten.

Erziehungsschwierigkeiten, wie sie allenthalben – und nicht allein bezogen auf das Grenzensetzen – zu beobachten sind, sind zweifelsohne begründet in einer Werte- und Normunsicherheit über alltägliche Erziehungsfragen, im Widerspruch zwischen den eigenen praktizierten und möglichen Erziehungsstilen im Alltag sowie den Expertenmeinungen, wie Kindererziehung zu sein habe. Die überbordende Ratgeberliteratur macht Erziehung nicht leichter, sie läßt häufig Ratlosigkeit und Ohnmacht zurück; das Gefühl, es «niemals richtig und niemandem recht zu machen», fördert manchmal einen Trend, sich erzieherischer Verantwortung zu entledigen und diese an den medizinischen, therapeutischen oder pädagogischen Experten abzugeben, der für alle Fragen eine mehr oder weniger passende Antwort haben sollte.

Deshalb kommt es mir immer mehr darauf an, den pädagogisch Handelnden – egal ob Eltern oder Fachpersonal – nicht zu entmündigen, vielmehr seine Erfahrungen ernst zu nehmen, an sein Alltagswissen anzuknüpfen, um ihm so Verantwortung zurückzugeben und ihn in seinem Selbstwertgefühl zu stärken.

Nur eine Erzieher*persönlichkeit* kann Grenzen setzen, eine Persönlichkeit, die sich mit all ihren Vorzügen und Unvollkommenheiten annimmt und angenommen fühlt – weil nur sie Kinder mit all ihren Persönlichkeitsanteilen, den leisen wie den lauten, den fordernden wie den gebenden, den ängstlichen wie den selbstsicheren, den nachdenklich-reflexiven wie den impulsiven, den zerstörerischen wie den konstruktiven, anzunehmen bereit ist, indem sie fördert, unterstützt, Hilfestellung leistet, aber eben auch Grenzen setzt. Kinder anzunehmen, ihnen zuzuhören bedeutet nicht, jeder ihrer Launen und Forderungen nachzugeben. Kinder zu verstehen, sich in Sorgen und Nöte hineinzudenken heißt nicht, zerstörerische Grenzüberschreitungen zu akzeptieren. Die zunehmende Unsicherheit über verbindliche Werte und Normen ist das eine. Viele Eltern haben sich aber auch nur unzureichend mit ihrer eigenen Lebens- und Familiengeschichte auseinandergesetzt: Wie sah die Erziehung aus, als ich Kind war? Welche Grenzen habe ich erfahren? Welche Strafen habe ich erlitten? Welche Zuneigung habe ich gefühlt? Wurden meine Bedürfnisse respektiert? ...

Respekt vor und Auseinandersetzung mit Tradition darf weder zu einer diffusen Verklärung – «Früher war alles besser!» – werden noch zu einer pauschalen Ablehnung – nach dem Motto: «Ich will es alles anders machen!» oder «Du sollst es einmal besser haben!» Erziehung wird so zum Streß, zum Hochleistungssport, der selbst jene Eltern erfaßt, die sich selbstbewußt davon freimachen wollen. Kinder werden zu Objekten und Projektionsflächen, die jene Anteile ausleben – müssen –, die ihren Eltern verwehrt wurden. Oder der Alp der eigenen frühen Kindheit drückt so mächtig, daß nicht selten Handlungsunsicherheiten die Folge sind.

Die Konsequenzen sind paradox: Während manche Eltern die Erziehungsleitbilder von Freiheit und Selbständigkeit als die Abwesenheit von Grenzen und Regeln mißverstehen, suchen Kinder mehr denn je nach klaren und festen Leitfiguren, an denen sie sich orientieren und reiben, an denen sie sich messen können. Statt dessen verstecken sich viele Erziehungspersonen hinter hehren und guten Worten, umständlichen Erklärungen und endlosen Diskussionen, die – findet man keine Einsicht auf seiten der Kinder – in impulsivem Schreien oder beleidigter Wortlosigkeit enden. Zaudern ersetzt konsequentes Handeln. Und die berühmt-berüchtigte lange Leine schlägt nicht selten um in Rücksichtslosigkeit, Verwünschungen und Liebesentzug. Manche Kinder fühlen sich dann bevormundet, drangsaliert und ohnmächtig.

«Da bin ich neulich ins Kinderzimmer, weil's mir zu bunt war. Die beiden schrien, tobten, obgleich sie wußten, ich wollte meine Ruhe», so berichtet Frau Elser. «Mir hat's gestunken. Wirklich. Sich nicht an Absprachen halten, find ich einfach unmöglich.»

«Ich hab's mir lange überlegt, ob ich hingehen soll.» Sie stockt einen Augenblick. «Dann bin ich hin, habe angeklopft, die Zimmertür aufgerissen und ganz ruhig, aber auch ganz ernst gesagt: ‹Ich möchte, daß ihr leise seid. Und zwar sofort!›» Frau Elser unterbricht sich, sieht mich an, Falten auf der Stirn: «Die haben mich völlig entgeistert angeguckt», und als wolle sie es immer noch nicht glauben, fügt sie hinzu, «die waren sofort leise, haben, wie es verabredet war, weitergespielt.»

«Und wie ging es weiter?»

«Ich bin raus und war völlig erschrocken, daß die Kinder so reagiert haben!» Sie schüttelt den Kopf, sieht nicht glücklich aus.

«Sie erschrecken über Ihre Konsequenz und darüber, daß Sie auf Konsequenzen bestehen?»

Sie überlegt: «Aber es muß doch anders gehen», meint sie in einer Mischung aus lautem Denken und Nachfragen.

«Sie mögen sich nicht, wenn Sie fest und konsequent auftreten und damit Ihr Ziel erreichen?»

Sie schüttelt nochmals den Kopf, sagt dann ganz vehement: «Ich will nicht wie mein Vater sein!»

«Wie war ihr Vater?»

Die Augen blicken nach unten. Dann erzählt sie von ihren Ängsten, die sie und ihre Schwester gehabt hätten, wenn sie mal im Zimmer laut waren. «Noch heute höre ich, wie mein Vater die Treppen hochkommt ... die Stufen haben immer geknarrt ... stumm ins Zimmer tritt, nichts sagt, uns nur lange und schmerzhaft an den Ohren zieht.»

Kurze Pause, dann ganz bestimmt: «Ich will nicht wie mein Vater sein!»

Eine andere Situation. Herr Kaiser erzählt von seinen nervenden Kindern, Mario, sieben, und Sabine, fünf Jahre: «Die durften von Anfang an mit an den gemeinsamen Tisch, egal, ob Frühstück, Mittag- oder Abendbrot. In der letzten Zeit ist's die Hölle. Meine Frau und ich bekommen keinen Satz zu Ende, ohne daß wir unterbrochen werden. Das stinkt mir allmählich.»

«Woran merken das die Kinder?»

«Manchmal sag ich's denen schon ein bißchen.»

«Wie sieht das bißchen aus?»

Er schaut mich irritiert an, lächelt, ist unschlüssig.

«Wie merken die Kinder, daß Sie sauer sind? Haben Sie's gesagt, daß sie mal ruhig sein sollen?»

«Nicht so richtig.»

«Sie wollen's auch nicht, denke ich!»

«Stimmt», entfährt es ihm. Und dann erzählt er von seiner Familie, den «gräßlichen Situationen bei Tisch. Wehe, wir haben als Kinder mal etwas gesagt, ohne gefragt worden zu sein. Dann gab's den tödlichen Blick.» Er macht eine Pause. «Und als ich älter war, hab ich mir geschworen, so autoritär bin ich nie.»

«Ein Schwur fürs Leben?»

«Ich komme ins Grübeln, ob es nicht doch mal besser mit einem klaren Wort ist. Aber wenn ich auch nur ansetze, liegt mir mein Vater im Ohr.»

Wer mit Kindern zu tun hat – egal ob beruflich oder in der Familie –, der begegnet ständig zwei Kindern: dem Kind – oder den Kindern – vor mir und dem Kind in mir. Und je reflektierter dieses Kind in mir wirkt, je mehr ich meine Schmerzen, Trauer und Ängste, die mir als Kind zugefügt wurden, an dem Kind vor mir gutmachen will, um so schneller gebe ich – bewußt oder nicht – meine Ängste und Unsicherheiten weiter. Schmerz und Trauer, Verzweiflung und Wut sind nicht über Stellvertreter, sondern nur an mir selbst zu bewältigen. Je mehr ich die eigene Kindheit – und das sind ja nicht nur negative Gefühle und Niederlagen und Verzweiflungen, dazu gehören auch Freude, Glück und Sehnsucht – annehmen, in ihrer ganzen Breite akzeptieren kann, um so eher kann ich das Kind vor mir und mich als ganze Person, mit all ihren Anteilen, Meinungen und Gefühlen, annehmen.

Zweifelsohne: Wer das Grenzensetzen in der Kindheit als Niederlage, Erniedrigung und Verzweiflung erlebt hat, dem fällt es schwer, oder es gehört viel Mut und Ermutigung dazu, später zu Handlungen zu stehen, die Grenzen setzen. Freilich: Die unsichtbaren oder auch einsichtigen Bindungen an die Ursprungsfamilie haben prägende – mal produktive, mal hemmende – Kräfte. Sie wirken um so nachhaltiger, je weniger der einzelne die Ablösung, das Loslassen, die Trennung vom Elternhaus oder den elterlichen Traditionen bewußt vollzieht.

Doch sind Erziehungsleitbilder wie Selbständigkeit, Autonomie und partnerschaftlicher Umgang ohne Rituale und Grenzen ebenso undenkbar wie Freiheit mit der Abwesenheit von Ordnung und Verantwortung gleichzusetzen ist. Kindorientiertes Handeln ist unabdingbar, aber nicht zu verwechseln damit, jedem Bedürfnis und jeder Forderung – «Alle anderen dürfen, nur ich nicht!» – nachzugeben. Kinder brauchen klare und feste Persönlichkeiten. Wenn Kinder Festigkeit fühlen – eben nicht: erleiden! –, gewinnen sie Orientierung. Festigkeit schafft Grenzen, wo sie fehlen, herrscht Unsicherheit, fangen Kinder an, Grenzen auszutesten, um zu erfahren, wie weit sie gehen dürfen. Nur hat Festigkeit nichts mit Schreien und Brüllen, mit physischer oder psychischer Gewalt, mit Herrschsucht zu tun – vielmehr mit Klarheit, Bestimmtheit, mit Haltung und Stimme, mit innerer Ruhe, Gelassenheit und gegenseitiger Achtung.

Wer zu Selbständigkeit und Autonomie anleiten will, sollte selbständig und autonom sein, d. h. den Mut haben, zu eigenen Handlungen zu stehen, sollte den Mut zur Unvollkommenheit haben. Vollkommenheit entmutigt, stiftet Kinder an, sich an der Vollkommenheit zu reiben, bis Kratzspuren an der omnipotenten Erziehungsfassade zu finden sind.

Gerade der Zwang, keine Fehler in der Erziehung und es allen – nur sich selbst nicht – recht machen zu wollen, erzeugt weitere Schwierigkeiten beim Grenzensetzen. Wer Grenzen setzt, riskiert, sich bei Heranwachsenden nicht unbedingt beliebt zu machen; er riskiert Streit, Zorn und Wut. Und da die irrationale Annahme, von allen geliebt und anerkannt werden zu müssen, in vielen Bereichen des erzieherischen Handelns vorherrscht, scheuen sich viele Eltern und Erzieher, sich selbst und anderen Grenzen zu setzen. Hinzu kommt: Wer Grenzen setzt, muß über Konsequenzen bei Grenzverletzungen und Regelverstößen nachdenken. Dies ist anstrengend, erfordert Mut, aber auch Rückhalt; dies setzt voraus, sich aus-ein-anderzusetzen – und dies im ganz wörtlichen Sinne. Wer nur Nähe erträgt – sich nicht aus-ein-andersetzt –, ist unfähig, sich ab-zu-nabeln und ab-zu-grenzen.

Ich habe den Eindruck, als ob Symbiose und grenzenlose Harmonie mit Liebe und Einfühlungsvermögen verwechselt werden. Doch während Liebe und die Annahme des anderen Nähe und Distanz, Eigenständigkeit und Individualität, mithin Grenzen – eben die zwischen Ich und Du – kennt und akzeptiert, macht die symbiotische und grenzenlose Liebe krank, sie erdrückt und macht Kinder abhängig.

So normal die symbiotische Eltern-(meist Mutter-)Kind-Beziehung in den ersten Lebensmonaten und Jahren ist – bietet sie doch umfassende Vorsorge, emotionale Verläßlichkeit, schafft sie Urvertrauen –, so notwendig ist es, Kinder dann los-zu-lassen, ihnen eigene Schritte zu ermöglichen, wenn sie es signalisieren.

«Als meine Tochter die ersten Schritte ging, sich zum ersten Male hinter einem Tisch versteckte, hatte ich das Gefühl, jetzt macht sie sich selbständig. Ich war traurig, aber auch irgendwie stolz», erinnert sich eine Mutter. «Aber es gehörte eine Portion Kraft dazu, sie zu lassen. Eben nicht beleidigt zu sein oder sich allein gelassen zu fühlen.»

Grenzen zu setzen bedeutet, Kinder «zu-lassen» und «los-zu-lassen», ihnen Mut zu machen, sich in ihrer Rolle zurechtzufinden. Dies geht nicht ohne Schrammen und Schmerzen. Wer Kinder vor der Wirklichkeit schützen will, macht sie in der Regel lebensuntüchtig. Schwierigkeiten mit einem gekonnten Setzen von Grenzen finden sich dort, wo Kinder zum Partnerersatz, zum emotionalen Kuschelkissen werden, wo Kinder dazu herhalten müssen, Lebenssinn zu stiften, oder dazu, einem emotional leeren Familienklima Gefühl und Atmosphäre zu verschaffen, wo man Kinder dazu mißbraucht, elterliche Bildungs- und Aufstiegswünsche im nachhinein zu verwirklichen.

Und so gründen Probleme des Grenzensetzens auf einem offenkundigen Widerspruch, den ich aus vielen Gesprächen mit Eltern heraushöre. Die *Paar*-Beziehung wird in manchen Familien der *Eltern-Kind*-Beziehung unter- bzw. nachgeordnet. Damit kommt dem Kind *die* zentrale, weil sinnstiftende Stellung innerhalb des Familiensystems zu. Und damit deutet sich zugleich ein Trend an, der Leitbildern wie Eigentätigkeit und Autonomie entgegensteuern kann. Denn in dem Maße, in dem einem Kind *die* besondere Bedeutung für eine Familie zugesprochen wird – z. B. Freude machen, Vorstellungen der Eltern verwirklichen, zum Lebensinhalt werden –, in dem Maße können Kinder nicht oder nur schwer losgelassen bzw. selbständig werden. Alles dreht sich – im wahrsten Sinne – um das Kind, die Grenzen werden diffus und verschwommen.

Ohne Grenzen sind jedoch Eigenständigkeit, Autonomie, Selbstwertgefühl, emotionale und soziale Zugehörigkeit nicht auszuleben. Grenzen sind ein Teil des Fundaments, auf dem Eltern-Kind-Beziehungen aufbauen. Aber Grenzensetzen hat nichts mit Verboten und Strafe zu tun. Grenzen wollen nicht beherrschen, vielmehr leiten, führen, unterstützen und anregen. Den Verboten und Strafen geht es demgegenüber darum, Willen zu brechen oder Macht zu demonstrieren. Abgesehen davon, daß sich Verbote und Strafen meist nicht durchhalten lassen, weil sie im Affekt oder Zorn ausgesprochen werden, so wirken sie sich zusätzlich belastend auf die «Erziehungsbeziehungen» (Otto Speck) aus. Denn Grenzensetzen und Achtung des Kindes gehören zusammen.

Entscheidend ist nicht, was Eltern über das Grenzensetzen sagen, entscheidend ist, wie sie es tun, wie sie es vorleben. Die «Erziehungsbeziehung» korrespondiert mit einer Erziehungshaltung, in der sich die Persönlichkeit des Erziehers, seine Werte und Normen konkretisieren. Das Kind in seiner Würde zu respektieren und zu achten trägt dazu bei, es in seinem Selbstwertgefühl zu stärken, ihm Verläßlichkeit und Vertrauen zu schenken, Orientierung zu geben.

Wenn ich das Kind achte und respektiere, lebe ich Respekt und Achtung vor und kann diese Haltung dann auch vom Kind erwarten.

Wer ständige Grenzüberschreitungen des Kindes ignoriert, sich ihnen gegenüber gleichgültig verhält, trägt nicht allein zur Verstärkung zerstörerischer Aktivität und Haltungen bei, sondern behindert die Ausbildung eines Selbstwertgefühls, verhindert das Gefühl gegenseitigen Respekts und gegenseitiger Achtung.

Grenzen bieten nicht allein Orientierung im Hier und Jetzt, sie zeigen Kindern an, wo sie hin- und nicht mehr hingehören, sie dokumentieren das Koordinatensystem des gegenwärtigen Standpunkts und weisen zukünftige Perspektiven auf: Hier bin ich, und da will ich hin.

So geht denn die Einsicht in die Notwendigkeit von Grenzen – aus der Sicht von Kindern – einher mit dem Wunsch, Grenzen zu variieren, sie auszuweiten und zu überschreiten. Grenzen sind zugleich Ende und Beginn des Wegs. Sie geben eine Zeitlang Sicherheit, bieten Schutz und Ziel, das – einmal erreicht – dazu auffordert, jenseits der Grenzen nach neuen Wegen und Perspektiven Ausschau zu halten. Grenzen dokumentieren Nähe und Distanz, Vertrauen auf Erreichtes und Zutrauen für Neues, Sich-Trennen von Gewohntem und Zugehen auf unbekannte Dimensionen und veränderten Herausforderungen und erneuten Grenzerfahrungen.

2 «… manchmal bin ich so allein …»
Grenzen fordern, Grenzen faszinieren, Grenzen schrecken die Kinder

Petra Herbert zupft Unkraut im Garten. Sie kniet an einem Blumenbeet, wischt sich den Schweiß von der Stirn. Frau Herbert haßt Gartenarbeit – wie ihr Mann und ihre beiden Kinder. «Nur an mir bleibt eben alles hängen», denkt sie. Maria, fünf Jahre, die jüngste Tochter, tritt hinzu: «Ach, hier bist du. Habe dich gesucht.» Keine Antwort, nur ein kurzer, mürrischer Blick.

Maria bleibt am Rande des Beetes stehen, blickt ziellos in die Runde, dann zur Mutter, die – still in sich hineinfluchend – das Beet weiter säubert. Die Tochter schaut interessiert hin, während in der Mutter allmählich die Säuernis hochkommt. «Das stieß mir im Magen auf», sagt sie später. «Aber ich hab's nicht zur Sprache gebracht, nur indirekt, wie's typisch für mich ist.» Sie fing an zu lamentieren, leise, aber vernehmlich – «Maria sollte es ja hören». «Früher habe ich immer müssen.» Sie zog an einem besonders hartnäckigen Unkraut, riß es mit viel Schwung heraus und verletzte sich an den Rosen. «Verdammt! Ich hab immer helfen müssen, da gab's nichts. Höchstens etwas hinter die Ohren.» Sie machte eine kurze Pause. «Und wehe, es gab Widerreden!» Frau Herbert schüttelt ihren Kopf, so, als wolle sie vergangene Schläge abschütteln. «Nein, in den Garten mußten wir immer.»

Maria steht wie teilnahmslos da, geht dann in die Knie, findet einen Marienkäfer, läßt ihn auf den Handrücken krabbeln und beobachtet ihn intensiv.

«Guck mal, ein Marienli.»

Sie lacht. Keine Reaktion der Mutter.

«Schau mal hier!»

Maria hält ihn der Mutter vors Gesicht. Diese schaut kurz auf, verärgert, ihre Hand geht zur Stirn, sich den Schweiß erneut abwischend.

«Ja, helfen mußte man früher.»

Maria haucht den Käfer an, summt ein Lied. Endlich fliegt er weg, sie lacht. «Mußt du dich immer nur vergnügen?» Petra Herberts Stimme hat einen scharfen, aber doch unbestimmten Ton. «Hast du nichts anderes im Kopf?»

«Mama?!»

Keine Reaktion.

«Mama!»

Marias Stimme wird fester. Frau Herbert blickt auf, während Maria langsam aufsteht: «Mama! Wenn ich dir helfen soll, dann sag bitte: ‹Maria, hilf mir beim Unkrautzupfen.› Dann helfe ich dir auch!»

Kinder berichten

«Das war harte Arbeit ...!»

Ich komme eine Woche vor Beginn der großen Ferien in eine vierte Grundschulklasse. Ich kenne die Kinder durch zwei Hospitationen, die ich auf Wunsch der Klassenlehrerin durchgeführt habe. Der Grund waren die «ständigen Anmachen», denen sie sich ausgesetzt fühlte. Als ich die Schule betrete, kommt mir Frederick, einer der «Wortführer und Unruhestifter», entgegen. Er strahlt: «Heute haben wir es geschafft!»

«Toll, habt ihr schon eure Noten erfahren?»

Frederick schaut verwundert: «Wieso Zeugnisse?»

«Na ja, das Schuljahr geht doch zu Ende.»

Ich schaue ihn an: «Und ich denke, nun weißt du, wie's weitergeht!»

Bei diesen Worten schüttelt er heftig den Kopf. «Quatsch! Wir haben's heute geschafft!»

Er schaut mich an, als ob ich eine lange Leitung hätte.

«Kapieren Sie's immer noch nicht?» Ich zucke die Schultern.

«Heute ist sie heulend rausgerannt!» Ein Grinsen breitet sich über sein Gesicht aus.

«Wer ist rausgerannt?»

Frederick atmet tief aus, sagt in einer Mischung aus Mitleidigkeit und Verständnis: «Na, Frau Kalthoff.» Das ist Fredericks Klassenlehrerin.

«Was ist passiert?»

Er zögert einen Augenblick: «Tja, ich bin aufgestanden, hab mich in die Ecke gestellt und da hingepinkelt.»

«Find ich 'ne verdammte Sauerei von dir», rufe ich spontan.

«Ich auch!» entgegnet Frederick. «Aber was soll man machen?» Er sieht mich fragend an: «Ehrlich, was soll man da machen?»

«Bestimmt nicht in die Ecke pinkeln!»

«Mußte sein. Die hatte doch für alles Verständnis, also so etwas!» Er schüttelt den Kopf. «Ich wußte doch nie, wann die sauer auf mich oder auf die Klasse war. Ehrlich! Das wußte man nicht!»

«Du wolltest mal sehen, wie weit du gehen kannst?»

Frederick schmunzelt.

«Und?»

«War das eine harte Arbeit, bis ich das wußte!» Er überlegt, er wirkt fast weise: «Vier Jahre, stellen Sie sich das vor ... vier Jahre!»

«Ich weiß, wie ich meine Eltern rumkrieg!»

«Also», erklärt mir Fabian, neun Jahre, «wenn ich etwas haben will, dann ist es ganz einfach, ich sag dann nur, alle anderen haben das auch. Also mit dem ‹Game boy›. Und da hab ich dann eben gesagt, keiner spielt mit mir, ich bin so alleine.»

«Genau», unterbricht ihn Marion, seine Mitschülerin. «Mama kann ich ganz leicht überreden.» Sie überlegt. «Und wenn das mal nicht so richtig klappt, dann ist ja auch noch Papa da. Der erlaubt viel mehr.»

«Meiner nicht, der ist viel strenger. Der schimpft immer gleich.» Petra, acht Jahre, nickt heftig mit ihrem Kopf. «Bei dem bekommt man nichts, ehrlich.» Sie schaut in die Runde. «Meiner ist auch streng», hakt Tim ein, «aber der vergißt immer alles, was er so an mich ranmekkert. Der sagt immer, du siehst eine Woche kein fern, weil ich was ausgefressen hab oder meine Schularbeiten vergessen. Und dann denke ich, morgen ist er eben nicht da und Mama ...» Tim macht eine wegwerfende Handbewegung, «die ist eben nicht so schlimm. Ja, und dann guck ich eben fern ... und übermorgen hat Papa das sowieso schon wieder vergessen.» Er lächelt still in sich hinein: «Die meckern doch nur. Da hör ich doch schon gar nicht mehr richtig hin. Die halten sich doch gar nicht mehr daran, was die sagen.» Tim wiegt seinen Kopf.

«Wie bei uns in der Schule der Herr Schwabe», ergänzt Adrian, «genau so!»

«Was ist mit Herrn Schwabe!» will ich wissen.

«Ich weiß nicht.» Er schaut mich an, zuckt mit den Schultern. «Der will immer so unser Freund sein, na ja, eben kein Lehrer, weißt du? Und mit einemmal meckert er dann doch so richtig rum. Nicht so richtig, aber so nörgelig. Wie Mama, wenn sie mit mir sauer ist. Dann steht sie in der Küche rum und brummelt so rum. Ich kann sie dann nicht richtig verstehen, aber sie grummelt immer so in ihren Bart.» Adrian ahmt seine Mutter nach, macht ein ärgerliches Gesicht, läßt die Schultern fallen und gibt unverständliche Laute von sich. «Und das kann ich nicht ab. Nee.» Er überlegt kurz: «Dann soll sie doch laut meckern.»

«Meine Mama meckert ganz schön laut.» Sarah nickt heftig. «Die schreit dann zum Schluß. Erst ist sie noch ganz lieb und läßt sich alles gefallen.» Sie überlegt. «Und wenn ich dann nerv oder mein Bruder, dann platzt sie mit einemmal. Ihre Augen werden so groß und der Mund. So stell ich mir 'ne Hexe aus dem Märchen vor ...»

«Oder einen Werwolf», fällt Julian ins Wort. «Also so ist meine Mutter auch. Da denkt man, das ist noch Spaß, weil sie sich das gefallen läßt, und mit einem Male steht da ein Wolf vor mir und will mich fressen. Dann bekomm ich's in echt mit der Angst zu tun!» Ich schaue Julian an: «Und was möchtest du von deiner Mutter?» Er zuckt die Schultern, sagt dann eher fragend: «Weiß nicht?»

«Aber ich», ruft Sarah: «Sie soll sagen, warum sie das nervt.»

«Nee», meint Julian, «irgendwie anders. So anders.»

«Was anders?» frage ich.

«Irgendwie anders, ich weiß doch immer, was kommt!» ist sich Julian sicher. «Erst ist meine Mutter ruhig und dann schreit sie.»

«Ja, das ist doch langweilig.» Sarah überlegt: «Das müßte irgendwie spannender sein, wenn ich mir nicht immer solche Sachen ausdenken würde, wo sie so ausflippt, das wär doch echt ätzend bei uns. Stinklangweilig!»

«Manchmal krieg ich echt Angst!»

Auf meine Frage «Was haltet ihr von Regeln im Hause oder in der Schule», entfährt es Ramona spontan: «Nichts!» Ramona ist elf Jahre, Grundschülerin.

«Sind Regeln nicht auch hilfreich?» will ich wissen.

«Das setzt nur Schläge», entgegnet sie sofort. Ich seh sie fragend an. «Wenn ich nicht still bin beim Essen oder so, muß ich sofort aus dem Zimmer.»

«Und?»

«Geht ja noch, meistens hat mein Vater dann ohnehin schlechte Laune.» Sie sieht mich an. «Aber wenn ich mal was Schlimmes gemacht hab ...?»

«Was Schlimmes?»

«Vergessen, den Tisch zu decken oder so ... dann sagt er: ‹Du hast noch zwei Freikarten!›»

«Versteh ich nicht.»

«Wenn ich's dann noch zweimal vergesse, dann sagt er, es ist wieder soweit.» Ihre Stimme wird leise, zittert ein wenig, sie schaut mich ganz ernst an: «Dann holt er die Hundepeitsche!»

«Was holt er?»

«Die Hundepeitsche!» Ihre Stimme klingt fast gleichgültig, nahezu unbeteiligt. «Und dann kriege ich sie dreimal. Für jedesmal Vergessen einen Schlag, sagt mein Vater.»

«Der ist aber gemein», fällt Björn ins Wort. «Nur manchmal, meist ist er ja gut», entgegnet Ramona.

«Das tut doch weh», insistiert Björn. «Merk ich schon nicht mehr.» Ramonas Stimme ist kaum noch zu hören, ihre Augen schauen traurig nach unten: «Ich mag keine Regeln.»

«Ich auch nicht», ruft Florian. «Wenn ich mal was mache, was Mutti nicht paßt, dann redet sie nicht mehr mit mir. Dann bin ich für sie Luft. Manchmal redet sie dann zwei oder drei Tage nicht mit mir.» Er schaut sich um. «Aber ich hab noch Willi.» Ich bin irritiert.

«Das ist meine Kuschelpuppe. Mit der rede ich.»

«Aber die versteht dich doch nicht?» Ramona schaut ungläubig.

«Doch, die versteht mich!»

«Ich denke, bestimmte Regeln machen doch aber auch Sinn, die sind wichtig!» werfe ich ein.

«Wenn die Ampel rot ist, dann bleib ich stehen. Das ist eine gute Regel», ruft Kathrin. «Aber meistens sind Regeln blöde.»

Petra schaut mich an. «Immer wenn Erwachsene nicht mehr weiterwissen und schimpfen, dann sagen sie: ‹So wird's gemacht!›»

«Was sollen denn Erwachsene machen?»

«Die können uns doch mal nach Regeln fragen!»

«Wie meinst du das?»

Petra: «Wir können doch auch denken. Und wenn die uns fragen, vielleicht wissen wir dann ja auch eine Antwort.»

Björn nickt: «Eltern wissen immer alles besser und denken, wir sind nicht schlau.» Er lächelt: «Aber wir sind viel schlauer als die.»

«Sagt meine Mutter auch immer», ergänzt Petra, «die sagt immer, wir haben es faustdick hinter den Ohren, wenn wir sie mal wieder angeschmiert haben.»

Über Grenzen und gegenseitige Achtung

Manche Schwierigkeiten in der Kindererziehung, wie man sie allenthalben beobachtet, gründen sich auf mangelnde Grenzziehung. In Gesprächen – vor allem mit älteren Kindern – wird deutlich, wie sich Heranwachsende von Erwachsenen im umfassenden Sinn allein gelassen fühlen. So sind viele störende und zerstörerische, auffällige und auffallende Aktionen und Aktivitäten im Alltag – ob nun in Kindergarten, Schule oder zu Hause – Versuche, sich in einer diffuser werdenden Welt, die keine Orientierung bietet, zurechtzufinden.

Manchmal beobachte oder höre ich von ganz verzweifelten Versuchen, sich zu spüren, hilflos nach Hilfe zu schreien. Die sechsjährige Pia spielt ständig mit der Schere. Obgleich sie fähig ist, diese situationsangemessen zu verwenden, schneidet sie sich mit großer Regelmäßigkeit in Hand und Arm – so heftig und so lange, bis sie blutet. In

Familiengesprächen stellt sich heraus: Nur bei Schmerz, Verletzung und Trauer bekommt Pia Aufmerksamkeit von ihren Eltern, die sich ansonsten nur mit sich und ihren Berufen beschäftigen, ohne von ihrer Tochter Notiz zu nehmen.

Klaus, neun Jahre, ist ein «Pechvogel». So tituliert ihn seine Umgebung: Mal wird er von einem Auto angefahren, mal stürzt er schwer von einem Rad, mal bricht er sich beim Fußball das Nasenbein, mal renkt er sich beim Turnen einen Finger aus ... Verletzungen, Schmerzen bestimmen seinen Alltag, sind aber auch Basis seiner Beziehungen. «Nur wenn ich im Bett liege und krank bin, kümmern die sich um mich.» Mit «die» sind seine Eltern, die Geschwister, Freunde und Verwandte gemeint.

Kinder suchen manchmal Extremsituationen auf, um sich und ihre Grenzen zu spüren, um Beziehungen herzustellen. Die Gleichgültigkeit, die mangelnde Annahme, die Kinder in manchen Beziehungen spüren und die das Gefühl hervorruft, allein zu sein, bringt Kinder – bewußt oder unbewußt – dazu, mit Grenzerfahrungen zu spielen, sich in unüberschaubare Situationen zu begeben und möglicherweise zu verlieren. Hinter maßlosen Grenzüberschreitungen verbirgt sich *auch* der Wunsch nach Festigkeit und Klarheit.

Rober, 16 Jahre, nimmt häufig das Motorrad seines älteren Bruders, rast damit nachts über die Straßen. «Die sollen mich erwischen», sagt er. Mit «die» sind seine Eltern gemeint. «Was passiert dann?»

Sein Gesicht bekommt einen zynischen Ausdruck: «Mama sagt, im Urlaub fahren wir nach Frankreich an den Strand. Da kannst du richtig gut Motorrad fahren!»

«Und was willst du?»

«Eins vors Schienbein ...!»

«Und von wem?»

«Von meiner Mutter oder meinem Vater ... so doll, daß ich schreie.»

Es ist paradox: Auf der einen Seite sind Heranwachsende materiell überversorgt, ihnen mangelt es an nichts, auf der anderen Seite herrscht in manchen Eltern-Kind-Beziehungen eine unvorstellbare gefühlsmäßige Leere und Kälte. Persönliche Zuwendung erzwingen diese Kinder nur über negativ-schmerzhafte Erlebnisse: sei es, daß Schmerz gesucht wird, um Mitgefühl zu spüren, sei es in Form von körperlicher Erniedrigung und Mißhandlung. «An schöne Berührungen kann ich mich nicht erinnern», meint die 13jährige Jessica, «aber an diese fürchterlichen Schläge. Also bin ich ihr doch noch nicht gleichgültig, hab ich gedacht, als ich am Boden lag und Mama auf mich eingeschlagen hat.»

Kinder wollen Grenzen und Regeln. Sie wünschen Klarheit. Sie wollen wissen, woran sie sind. Grenzen bieten dabei Hilfe, geben Schutz, bauen ein verläßliches Koordinatensystem auf, in dem man sich – zumindest eine Zeitlang – zurechtfinden kann. Und zugleich reizen Grenzen, Räume jenseits bekannter Grenzen kennenzulernen und diese zu erobern. An Grenzen zu stoßen, sich an ihnen zu reiben bedeutet für das Kind, Grenzen seiner momentanen Fähigkeiten und Möglichkeiten zu erkennen, so daß aus dem «Ich kann es noch nicht» irgendwann – mit Unterstützung der Eltern und unter Mithilfe des Kindes – ein «Ich kann es» wird. An Grenzen zu stoßen, sich an Grenzen zu reiben kann Kinder motivieren, Neues zu wagen und auszuprobieren.

Tilmann, acht Jahre, ein leicht wahrnehmungsgestörtes Kind – mit Problemen in der Fein- und Grobmotorik – ist in der Bewegungstherapie. Schon seit Monaten übt er die Balance auf einem Seil, versucht, von einem Ende zum anderen zu laufen. Er müht sich, schafft jeden Tag ein größeres Stück mit ermutigender Unterstützung des Therapeuten und der Mutter. Eines Tages – auf dem Weg zu seiner wöchentlichen Trainingsstunde – hört er im Autoradio Neil Armstrongs berühmt gewordenen Satz nach der ersten Landung auf dem Mond: «Ein kleiner Schritt für mich, ein großer für die Menschheit.» An diesem Nachmittag klettert Tilmann wieder aufs Seil, versucht den Gang immer noch mal – bis er es schließlich schafft. Als er am anderen Ende steht, meint er ganz gelassen: «Ein kleiner Schritt für die Menschheit, ein großer für Tilmann.»

Kinder spielen mit Grenzen, um sich zu prüfen, zu entwickeln, sich lustvoll Gefahren auszusetzen, Ängste auszuhalten und zu durchstehen. Die Faszination von Grenzüberschreitungen zeigt sich in der hohen subjektiven Bedeutung, die Kinder jenen Helden und Heldinnen in den Medien – ob nun in Märchen, Buch oder Film – zuweisen, Helden und Heldinnen, die gewohntes Terrain verlassen, ausziehen, sich zu bewähren, die Abenteuer wagen, sich mit bösen und geheimnisvollen Mächten auseinandersetzen, die an Verboten und Tabus rütteln, um dann gereift und gestärkt zurückzukommen. Solch Hinausgehen, Sich-Messen und Sich-Entwickeln vollzieht sich aber nur auf der Basis des Vertrauens und des Wissens um eigene Stärken und Kompetenzen und des Gespürs, daß es Zufluchtsstätten und Zauberformeln gibt, die Sicherheiten bieten.

Medienhelden nehmen – vor allem in den Zeichentrickserien und im Spielzeugmarkt – stellenweise groteske Formen an: Überzogene Häßlichkeit herrscht vor. Abenteuer und Kämpfe sind nicht selten reduziert auf die Aneinanderreihung von Actionszenarien und einfachster archetypischer Symbolik. Nichtsdestotrotz fliegen Kinder darauf. Je greller und schriller, desto besser; je intensiver das Miterleben und das In-den-Bann-geschlagen-Werden, um so größere Bedeutung erhalten solcherart «Schmachtfetzen».

Diese Faszination hängt *auch* zusammen mit der erlebnisärmeren Um- und Nahwelt der Kinder. Medienhelden leben Kindern das vor, was diese möglicherweise entbehren. Audiovisuelle Medien gestatten auf Knopfdruck das, was die Realität nicht anbietet oder nicht – mehr – zuläßt. Wenn Kinder also jene Helden und Heldinnen verehren, die sich in der Grenzüberschreitung bewähren – man denke nur einmal an die Märchenhelden –, dann gibt das zugleich Hinweise auf die seelische und gefühlsmäßige Befindlichkeit der Heranwachsenden bzw. darauf, was Kindern heute abgeht.

So wie Grenzen Sicherheiten geben und herausfordern, so verunsichern fehlende Grenzen. Kinder sind haltlos. Und Kinder spüren, wie sich viele Eltern der wichtigen Aufgabe des Grenzensetzens immer mehr entziehen. Und zugleich fühlen Kinder, wie sich elterliche Grenzenlosigkeit nicht durchhalten läßt. Kinder sind verunsichert ob des letztlich inkonsequenten Erziehungsverhaltens: Das Nach- und Nebeneinander aus Zuckerbrot und Peitsche, aus Unterdrückung und Nachgiebigkeit, aus «langer Leine» und unkontrolliert-impulsiver er-

spektieren heißt, Kindern zu vermitteln, daß sie die Würde des Erziehenden anerkennen. Kindern Grenzen zu setzen schließt ein, den kindlichen Körper und die Sexualität des Kindes, die kindliche Psyche und die Seele zu respektieren.

3 «Ich meine es nur gut mit dir ...»
Begrenzte Wirklichkeitserfahrung im Alltag

Kind, Raum und Zeit

Mario, fünfeinhalb Jahre, besucht den Kindergarten, er ist ein – wie die Erzieherinnen sagen – «pflegeleichtes Kind». Er weiß um seine Wirkung auf Erwachsene, kokettiert mit seiner einnehmenden Persönlichkeit. Marios Eltern kümmern sich intensiv um ihren Sohn. Er wird vielseitig gefördert. Regelmäßigkeit und klare Abläufe zeichnen seinen Alltag aus. Mario spielt viel, ist fleißig, umsichtig, aber er gestattet sich kaum Pausen, geht ständig bis an seine körperlichen und intellektuellen Grenzen. So ist es nicht verwunderlich, wenn er häufig «gestreßt» wirkt. Spontanes Handeln sieht man selten bei ihm. Statt dessen plant er sehr genau und im voraus. Frustrationen vermag Mario nur schwer auszuhalten: Er will «alles richtig machen».

Abends «schlafft Mario», wie seine Mutter sagt, «völlig ab». Er verweigert sich Gesprächen, zieht sich vielmehr schnell in sein Zimmer zurück. Er ist «bockig» und geht auf Spielangebote seitens der Eltern nicht ein. Beim Abendessen spielt er mit den gereichten Speisen, «mosert daran herum oder mischt die Situation richtig auf». So erinnert sich der Vater. «Dabei bemühen wir uns sehr um ihn», sagen die Eltern.

Diese Bemühungen werden im Tagesablauf sichtbar: Morgens besucht Mario den Kindergarten – «Wir haben den besten am Ort ausgesucht!» –, desgleichen am Montag- und Mittwochnachmittag. An diesen Tagen arbeitet die Mutter. Der Kindergarten bietet zu dieser Zeit ein sportlich anspruchsvolles Bewegungsprogramm an. Dienstags geht Mario mit seinem Freund Robert in den Blockflötenkurs einer Musikschule; donnerstags fährt man mit einer Gruppe von Kindern – begleitet von den Müttern – auf einen nahen Abenteuerspielplatz. Der Freitag ist dem Einkaufsbummel mit der Mutter vorbehalten. Für die Wochenendgestaltung ist Marios Vater zuständig. «Früher wurde ich allein gelassen. Mario soll es da besser haben.»

Auf der Grundlage von mehr als neunhundert Tagesabläufen, die ich bei fünf- bis elfjährigen Kindern untersucht habe, lassen sich – auch auf der Basis anderer Studien – einige verallgemeinerbare Tendenzen festhalten:

1. Kinder machen in ihrer Um- und Nahwelt ganz spezifische Raum- und Zeiterfahrungen. So sind viele Kinder häufig in einen engen Terminkalender eingezwängt. Dies bedeutet: Es dominiert eine funktionale Zeitorganisation, die sich an objektiven Gegebenheiten orientiert und eine genaue Planung nach sich zieht. Wachsende (An- oder Über-)Forderungen – häufig vermittelt über elterliches Anspruchsdenken – «Ihr sollt es einmal besser haben!» – machen genau abgestimmte Tagesabläufe notwendig, um die verschiedensten Interessen – vor allem, wenn es noch mehr Kinder in einer Familie gibt – miteinander in Einklang zu bringen. Immer mehr Mütter managen die Zeit ihrer Kinder, arbeiten als «Taxi-Chauffeure», die die Heranwachsenden von einem Ort zum nächsten oder von Termin zu Termin transportieren. Und immer weniger können Kinder ihre freie Zeit selbst gestalten. Langeweile. Nichtstun oder Müßiggang wird nicht gern gesehen und deshalb häufig unterbunden. Für mich ist es nicht verwunderlich, wenn Kinder zunehmend Probleme damit haben, die ihnen zur Verfügung stehende freie Zeit selbständig auszufüllen, wenn sie ständig Erwachsene fragen, was sie denn nun noch machen sollen.
2. Die Kinder lernen den Umgang mit sogenannten Funktionsräumen, mit Räumen zum Spielen, Toben, zum Lautsein, zum Malen, zum Matschen, zum Kneten ... Spontane und unmittelbare Raumaneignung gestaltet sich schwieriger: Die Straße ist viel befahren, meist gepflastert, oder geteert, und selbst ein Tempolimit – sofern es eingehalten wird – setzt den Kindern enge Grenzen. Die ungestaltete Wiese, der Park, der Wald sind für viele Kinder weit entfernt und häufig schwer zu erreichen. Wenn aber Spielplätze nicht mehr in der Nähe des Wohnortes zugänglich sind, zieht das Verabredungen oder lange Anfahrtswege nach sich.
3. Wenn Kindern die spontane Raumaneignung schwergemacht wird, hat das Auswirkungen auf das Körpergefühl und das Orientierungsvermögen der Kinder. Wenn man es Kindern schwermacht, sich – in Räumen – so zu bewegen, wie sie es gerne haben – eben nicht nur geplant und vorausschauend, sondern auch ziellos herumstromernd, bummelnd, laufend, mal leise, mal laut, mal die

Regeln einhaltend, mal sie verletzend –, hat das durchaus Folgen für das Bewegungsgefühl und -bedürfnis von Kindern. In dem Maße, wie man diese einschränkt, in dem Maße will man sie durch pädagogisch überformte Bewegungsprogramme ausgleichen: Wenn das Toben im Park nicht möglich oder zugelassen ist, bleibt ja – ich überspitze – der Ballettunterricht; wenn die körperlichen Rangeleien am Nachmittag zwischen Kindergruppen unterbunden sind, dann bleiben Judo und Karate im Sportverein. Um keine Mißverständnisse aufkommen zu lassen: Ich habe nichts gegen solche körperlichen Betätigungen, wenn sie sich an kindlichen Bedürfnissen und ihrem Entwicklungsstand orientieren. Ich beobachte allerdings den gegenläufigen Trend: Kinder können sich seltener die Räume unmittelbar und spontan aneignen, gleichzeitig wird ein pädagogisches Ausgleichsprogramm verordnet – nach dem Motto: «Ich will doch nur dein Bestes!»

In diesem Zusammenhang wird ein weiterer Gesichtspunkt wichtig: Wenn Eltern ihre Kinder von einem Ort – z. B. dem Kindergarten – zum nächsten – z. B. dem Flötenunterricht – transportieren, so hat das Auswirkungen auf das Zeit- und Bewegungsgefühl von Kindern. Aneinandergereihte Termine drücken, bestimmen das Tempo und die Abläufe. Zwischenräume, die notwendig sind, um sich zu entspannen, abzuschalten oder sich einzustimmen, verlieren an Bedeutung: Wenn man von Veranstaltungsort zu Veranstaltungsort gefahren wird, verlieren Zwischenräume an Erlebnisqualität, sie huschen – durch das Autofenster betrachtet – im wahrsten Sinne des Wortes vorüber.

Wege und Bewegung

Wenn Wege nicht mehr gegangen, also erlebt und erfahren, sondern vor allem ge-fahren werden, so wirkt sich dies auf das Zeit- und Raumgefühl von Kindern aus. Solche Einflüsse zeigen sich nicht immer spektakulär, sie fallen nicht sofort ins Auge – gleichwohl prägen sie den Alltag von Kindern.

Mark bestand, als er fast sechs Jahre alt war, darauf, *allein* in den Kindergarten und von dort nach Hause zu gehen. Die Mutter erlaubte es ihm schließlich, weil ihn zwei gleichaltrige Freunde begleiteten. Mark erzählt: «Morgens ging es ganz schnell. Wir wollten zum Frühstück da sein. Das ist so gemütlich bei uns im Kindergarten. Nach Hause haben wir immer gebummelt. Erzählt haben wir uns was. Die ganzen Streiche und so. Beim Regen war's am schönsten. Da konnten wir in den Pfützen planschen. Oder im Sommer, da waren da Mauerritzen an so 'ner alten Mauer. Da waren immer kleine Echsen drin. Oder wenn wir ein bißchen Geld hatten, sind wir zu Tante Klara, um uns Kaugummi zu kaufen.»

Ein Jahr später besucht Mark die Grundschule in der nächsten Stadt: Morgens nehmen ihn Nachbarn im Auto mit, mittags holt ihn die Mutter ab: «Das ist überhaupt nicht mehr gemütlich. Wir müssen leise sein. Und erzählen können wir uns auch nichts mehr. Mama hört ja mit. Und bei so gefährlichen Sachen, da hört sie immer genau hin. Und dann fragt sie immer. Ja, sie fragt immer: ‹Wie war's? Was für Hausaufgaben habt ihr?› Das nervt! Ehrlich! Aber bald darf ich mit dem Fahrrad in die Schule. Da freue ich mich schon drauf. Endlich wieder mal alleine sein!»

Es geht nicht darum, daß immer mehr Kinder mit Schulbussen zum Unterricht oder zum Kindergarten gebracht werden. Mir ist bewußt: Viele Kinder brauchen Schulbusse, um überhaupt zum Unterricht zu kommen. Aber zunehmend bringen «mütterliche Taxifahrer» ihre Kinder morgens zum Unterricht und holen sie mittags wieder ab. Dasselbe gilt für den Kindergarten. Durch das Fahren mit Auto und Schulbus läuft der Weg in die bzw. von der Schule in immer gleichen Zeiträumen ab. Vor allem die – aus kindlicher Sicht – manchmal durchaus überflüssigen Autofahrten bedeuten einen Eingriff in die Wirklichkeitsaneignung und Raumerfahrung von Kindern:

- Der selbst gestaltete Weg in die Schule wird in der Regel konzentrierter und schneller bewältigt, um den Beginn nicht zu verpassen. Man geht rascher, durchschreitet Räume zielstrebiger. Die Wahrnehmung ist meist flüchtiger, man läßt sich weniger ablenken.

Pünktlichkeit zieht nach sich, Zeit zu organisieren, Zeit zu erleben, die sich an objektiven Gegebenheiten und Sachzwängen orientiert. Man spricht von einer funktionalen Zeitorganisation. Sie ist manchmal unverzichtbar. Und Pünktlichkeit kann eine Regel sein, die nützlich und hilfreich ist. Die Fahrt mit dem Auto ist – in der Regel – erlebnisärmer, reglementierter, bequemer. Hinzu kommt: Die häusliche Erziehung verlängert sich in den Schulweg hinein.

- Auf dem Weg von der Schule nach Hause kann gebummelt oder getrödelt werden. Man bleibt stehen, schaut, sieht vieles, was man am Morgen übersehen hat. Man macht Umwege, entdeckt Neues oder Vertrautes, verarbeitet schulische Erfahrungen, schimpft auf Lehrer und Mitschüler, heckt Streiche aus, geht Freundschaften ein oder erlebt Feindschaften. Rangeleien oder körperliche Auseinandersetzungen gehören ebenso zum Schulweg wie – vor allem in der letzten Zeit – zerstörerische Gewaltakte, die manchmal bedrohliche Ausmaße annehmen. Ist vom Kind auf dem Hinweg Zeitdisziplin gefordert, so kann die Zeit auf dem Rückweg subjektiv, d. h. orientiert an eigenen Zeitbedürfnissen, gestaltet werden. Dominierte auf dem Hinweg ein funktionaler Zeitbegriff, so kann nun eine ganz persönliche Zeiterfahrung gelebt werden. Schulwege – ob nun zu Fuß oder mit dem Fahrrad – haben zu tun mit selbstbestimmter und -gestalteter Eroberung der Nah- und Umwelt. Und selbst die lebensfeindlichen und versteppten Betonwüsten mancher Trabantensiedlungen setzen die Wünsche der Kinder nach eigentätiger Raum- und Zeitgestaltung nicht gänzlich außer Kraft – aber: Sie erschweren sie, grenzen sie ein.
- Die technische Überbrückung von Distanzen zieht Rationalisierung nach sich: je kürzer, je schneller, desto effektiver und besser. Aber auch zeitliche Reglementierungen – Terminpläne und -abstimmungen – werden immer wichtiger. Deshalb stehen Zeitabsprachen in vielen Familien als Gesprächsinhalt obenan.

Wer Wege einschränkt, begrenzt das Gehen und Stehen, das Toben und Springen, das Klettern nund Balancieren. Sich bewegen und wahrnehmen, fühlen und denken gehören eng zusammen. Wer geht, läuft oder rennt, nimmt Sinneseindrücke mit dem ganzen Körper wahr.

Durch Bewegen lernen Kinder sich, ihren Körper und ihre Umwelt kennen. Der Schulweg bei Regen ist ein anderer als bei praller Sonne, der Weg allein läßt andere Erfahrungen zu als der mit Freunden, eine Steinmauer lädt zum Balancieren ein, ein Busch, einen Zweig abzubrechen, um daraus eine Pistole zu basteln, die geschlossene Bahnschranke fordert zu einem Wettlauf, das Davorstehen zum Verschnaufen und zum Rätseln, wohin der Zug wohl fahren mag, die rote Ampel fordert auf, sinnvolle Regeln einzuhalten. Wege zu beschreiten heißt, Grenzen zu erleben, Widerstand zu spüren, sich abzusetzen, zu distanzieren. Sich bewegen und die Entwicklung des Ichs hängen zusammen. Wo Entfernungen gefahren und nicht mehr er-laufen, er-fahren werden können, prägt das die psychisch-motorische Befindlichkeit von Kindern. Natürlich: Die groß-räumige Organisation des Schulbetriebs erfordert Schulbusse, erfordert auch Terminabstimmung oder die mobile Überwindung vom Räumen. Und weiter: Es gibt Schulwege, die gefährlich sind, deren Bewältigung der elterlichen Unterstützung und ermutigenden Anleitung durchaus bedürfen.

Veränderungen in der Mikrowelt des Schulweges, die anschaulich und exemplarisch direkte bzw. indirekte Eingriffe in kindliches Raum- und Zeiterleben aufzeigen sollen, haben ihre ganz spezifischen Konsequenzen. Wo man kindliche Raumaneignung einengt, wird das Kratzen an Grenzen leicht als Zerstörung gedeutet und schnell zum Vandalismus; wo man den kindlichen Bewegungsdrang stillegt, wird Toben und Laufen schnell zur impulsiv-unbeherrschten Aktion. Doch sind solche Eingriffe nicht nur ein Problem, das sich aus der Technologisierung und Mediatisierung der Kindheit ergibt.

Wenn Kinder von Termin zu Termin, von Ort zu Ort gefahren werden, dann *kann* dies auch mit pädagogischer Bevormundung und Beeinflussung, mit Schutz und Bewahrung zu tun haben. In dem Maße, wie man Kindern nicht traut und noch weniger zutraut, man sie nicht läßt, wird das Bild eines hilfsbedürftigen, unmündigen Kindes gezeichnet: eines Kindes, das man einspannt in ein Erziehungsprogramm, welches zwar anspruchsvoll, aber nicht am Kind und seinen Entwicklungsbesonderheiten, vielmehr an den elterlichen Ansprüchen und Vorstellungen orientiert ist.

Zwei weitere, kleinere Situationen vermögen den Zusammenhang von eingeschränkten Bewegungsabläufen und erzieherischer Beeinflussung aufzuzeigen.

Mutter zu Juliane: «Hörst du, renne im Kindergarten nicht so viel herum, sonst schwitzt du wieder so.» Und im Hinausgehen zur Erzieherin gewandt. «Wenn Juliane tobt, dann wird sie naß und erkältet sich. Sie ist sowieso so anfällig für Krankheiten.»

Als ich mit einer Gruppe von Kindergartenkindern in das Freigelände will, hält mich Pia fest und sagt traurig: «Heute kann ich nicht mit, ich hab meine Seidenschuhe an, die werden sonst dreckig. Mama hat gesagt, ich soll aufpassen.»

Diese beiden Situationen rufen – je nach Standpunkt – Schmunzeln oder Kopfschütteln hervor. Aber wer mit Erzieherinnen und Lehrerinnen redet, der weiß: Solche Situationen sind keine Ausnahmen. Immer mehr Kinder sind situationsunangemessen gekleidet. Damit schränkt man zugleich den kindlichen Bewegungsdrang – sicher ungewollt, aber auf subtile Weise – ein. Und viele Eltern sind sich über die Konsequenzen solcher «Stillegung» im unklaren.

Wer körperliche Erfahrungen einschränkt, der kann Entwicklungsprozesse behindern. Im Schaukeln, im Laufen, im Springen, im Balancieren erfahren Kinder das Gefühl des Abhebens und der Schwerelosigkeit, des Rausches von Geschwindigkeit, der Geschicklichkeit und der Kraft. Das Kind erprobt und zeigt, was es kann. Nur über die praktische Bewältigung kommt das Kind zur gedanklichen Beherrschung. Und dazu gehören auch Mißerfolge. Sie zeigen Grenzen auf, können zugleich ermutigen – oder auch entmutigen. Sicherheit in der Bewegung und ein wachsendes Selbstwertgefühl hängen eng zusammen, eingeschränkte Bewegungsmöglichkeiten und wenig Zu- und Selbstvertrauen aber auch. Über Bewegung wird Identität ausgebildet, werden soziale Beziehungen hergestellt. Und so kommt es nicht von ungefähr, wenn bewegungsgestörte, ungeschickte Kinder in der Gruppe häufig isoliert sind. Als ich dieses Thema mit Eltern auf einer Veranstaltung erarbeite, fragt Frau Daniels, Mutter zweier Kinder, genervt: «Ich sehe das schon ein. Aber sagen Sie mir, was ich machen soll. Ich achte doch schon auf vieles, und nun ...» Sie kann ihren Satz nicht zu Ende bringen, eine andere Mutter fällt ihr ins Wort:

«Ich flöhe jedes Jahr gemeinsam mit meiner Tochter deren Terminkalender durch.» Sie macht eine kurze Pause. «Vor allem frage ich mich immer, welche Termine möchtest du, daß sie von den Kindern wahrgenommen werden? Und welche Termine möchten sie wohl wahrnehmen? Nur so gewährleiste ich, daß ich nicht meine Vorstellungen den Kindern überstülpe.»

Die regelmäßige Überprüfung des kindlichen Terminkalenders kann *eine* Möglichkeit darstellen, übermäßige zeitliche Belastungen der Kinder zu kontrollieren. Zudem: Freizeit soll freie Zeit bleiben. Kinder brauchen Entspannung, das Gefühl, sich einmal fallenzulassen. Und dazu zählt – so schwer es manche Eltern vielleicht aushalten können –, mal in die Luft zu schauen, nur so dazusitzen ...

«Ich habe anfangs Schwierigkeiten gehabt», erinnert sich Frau Hubert, «meinem Sohn die Fahrt zur Schule mit dem Fahrrad zu gestatten. Ich dachte, er wäre noch viel zu klein. Er ist ja eben erst sieben Jahre. Ich hab mir da meine Gedanken gemacht.» Sie schaut sich sorgenvoll um. «Aber er hat keine Ruhe gegeben. Da hab ich mir schließlich einen Ruck gegeben. Nun geht es. Vor allem, weil er mit Freunden zur Schule fährt.» Sie überlegt: «Irgendwie ist er seitdem selbständiger geworden. Und bei uns kommen nicht diese ständigen Terminabsprachen dazwischen. Das hat zum Schluß wirklich genervt.»

Zweifelsohne ist der automobilisierte Schulweg manchmal unumgänglich. Zu überlegen wäre jedoch, ob es unbedingt den elterlichen «Taxi-Verkehr» geben muß. Kinder brauchen auf dem Weg in die bzw. von der Schule soziale Situationen. Diese werden durch den gemeinsamen Fußweg mit Freunden ebenso gestaltet wie während der Fahrt mit dem Fahrrad oder im Schulbus. Wer Kinder unter einer Schutzglocke hält, macht sie untüchtig, der raubt ihnen wichtige Erfahrungen, die nur in der Auseinandersetzung, der Reibung und der Kommunikation mit anderen Menschen gemacht werden können.

Wahrnehmungsstörungen

Cornelia, vier Jahre, fällt durch motorische Ungeschicklichkeiten auf. Ich will das an drei Situationen konkretisieren.

Cornelia klettert auf einen Tisch, stellt sich dabei mehr als ungeschickt an. Sie kann Arme und Beine nur mühsam koordinieren. Hat sie den Tisch erklettert, läßt sie sich wie ein plumper Fisch auf den Teppichboden fallen. Sie vermag weder den Sprung noch den Sturz abzufedern und fängt trotz der Schmerzen erneut an zu klettern.

In den Sportstunden beobachtet die Erzieherin, daß Cornelia weder balancieren noch rückwärts laufen kann. Nach maximal drei oder vier Schritten stolpert sie bzw. fällt sie um. Oder sie dreht sich um, um vorwärts zu gehen.

Cornelia kann sich nicht anziehen, wenn die Kindergartengruppe von drinnen nach draußen wechselt. Sie ist unfähig, sich situationsangemessen anzukleiden. So läuft sie – achtet man nicht konsequent darauf – auf Strümpfen in den Schnee oder im T-Shirt im kalten Regen. Die Beispiele ließen sich fortsetzen. Zur Deutung der geschilderten Situation habe ich die Eltern herangezogen.

Cornelia ist körperlich und organisch gesund. Ihre motorischen und wahrnehmungsbedingten Störungen sind kulturell, d. h. erzieherisch bedingt oder genauer: Sie sind Ausdruck eines bestimmten Erziehungsstils. Cornelias Mutter ist eine überfürsorgliche «Hochleistungsmutter»:

- Die Sätze, die Cornelia häufig hört, lauten: «Paß auf!» – «Sei vorsichtig!» – «Warte, ich komme!» Hinzu kommen noch Formulierungen wie: «Mach dich nicht schmutzig!» oder «Mach nichts kaputt!»
- Bei allen spielerischen oder Bewegungsaktivitäten ihrer Tochter ist die Mutter anwesend, bereit, Cornelia im wahrsten Sinne des Wortes aufzufangen. Die Mutter ist bemüht, Cornelia vor negativen Erfahrungen zu schützen. Ihr wird alles erspart: Cornelia erlebt – ganz ohne Fernsehen – einen kulturellen Hospitalismus.
- Dies betrifft gleichfalls Cornelias Umgang mit äußerer Realität. Sie durfte, wenn es regnete, nicht ins Freie, oder sie trug – auf Geheiß der

Mutter – stets Kleidung, die unzweckmäßig oder bewegungshemmend war. Dazu die Mutter: «Aber ich habe es doch nur gut gemeint. Um mich hat sich nie einer gekümmert, da war nie einer da, der mir die Tränen trocknete. Und dann bin ich in den letzten Lumpen rumgerannt, die haben mich doch nur ausgelacht.»

Bewegungsstörungen können – darauf haben die Forschungen von Ayres aufmerksam gemacht – auf Störungen in der sinngebenden Verarbeitung von Reizen im zentralen Nervensystem hinweisen. Anders ausgedrückt: Reize, die über Sinnesorgane aufgenommen und an das zentrale Nervensystem weitergeleitet werden, werden dort nicht, nur unzulänglich oder nicht angemessen verarbeitet. Symptome dieser Störung können sein: motorische Unruhe, erhöhte Ablenkbarkeit, Aggressionen und Selbstaggressionen, Konzentrationsstörungen, kurzzeitige Interessenzuweisungen, überzogene Ängstlichkeit und Unsicherheit, mangelndes Selbstvertrauen, Störungen in der Fein- und Grobmotorik oder fehlende Aufmerksamkeit.

Die Ursache solcher Wahrnehmungsstörungen sind vielfältig: Sie sind – wie zahlreiche Publikationen – z. B. Fröhlich – belegen – auf organische Ursachen zurückzuführen. Auf diese sehr komplexen biogenetischen Zusammenhänge will ich hier nicht eingehen. Wahrnehmungsstörungen können auch systemisch, d. h. Ausfluß einer Beziehungsstörung, sein: z. B. Folge einer andauernden Über- und Unterforderung, psychischen Stresses oder einer Störung in den Eltern-Kind-Beziehungen.

Wahrnehmugnsgestörte Kinder sind manchmal Symptomträger, d. h., sie übernehmen die – vordergründig stabilisierende – Rolle eines verhaltensauffälligen Kindes innerhalb eines gespannten Familiensystems. Wahrnehmungsstörungen können auch kultur- und zivilisationsbedingt sein, die Folge von Bewegungsmangel, aufgesetzten Erziehungsidealen und -normen, die sich mehr an elterlichen Vorstellungen denn am kindlichen Entwicklungsstand orientieren. Meist gibt es jedoch nicht *die* Ursache, vielmehr spielt ein ganzes Ursachenbündel ineinander.

Dies trifft auch auf Cornelia zu. Hier behindert ein überbeschützender Erziehungsstil körperliche Selbsterfahrung. Die Unterforderung im Erleben von Körperlichkeit führt zu Störungen von Bewegungsabläufen und der Koordination der verschiedenen Sinnestätigkeiten. Cornelia wird schnell zum Sorgenkind, um das sich die Mutter noch mehr kümmern muß.

Wahrnehmungsstörungen sind durch pädagogische und therapeutische Begleitung zu beheben: Cornelia besuchte eine Zeitlang psychomotorische Kurse. Ergänzt wurden diese durch eine Kurzzeit-Familientherapie, in der Cornelias Mutter ermutigt wurde, ihre Tochter mehr zu lassen, um ihr so mehr Selbstvertrauen zu geben.

Körperliche Reaktionen

Ungeachtet einer qualifizierten medizinischen Vorsorge und Betreuung leiden und erkranken immer mehr Kinder. Dies liegt nicht allein an den ökologischen Belastungen, denen Kinder heute ausgesetzt sind. Dies liegt auch daran, daß der gutgemeinte Satz «Ich will doch nur dein Bestes» in psychischen Streß umschlägt. Kinder leiden unter ständigem Druck.

Klaus, acht Jahre, hat seit vier Monaten eine chronische Mittelohrentzündung. Medikamente helfen nicht. Man hatte sich zu einer Operation entschlossen, als ich die Eltern und Klaus auf einem Familienseminar kennenlerne. Die Mutter erzählt mir von der Krankheit. Ich sage ihr: «Was mag der Klaus wohl nicht hören?!» Sie ist irritiert: «Wie meinen Sie das? Wir tun doch alles!»

«Der kann irgend etwas nicht hören!»

«Sie meinen, der macht die Ohren dicht, damit er nichts mehr hört?»

«Nicht bewußt, aber sein Körper wehrt sich.»

Ich will Hinweise zur Familie geben. Klaus hat eine Schwester, neun Jahre, und einen jüngeren Bruder, sechs Jahre. Die Eltern erklären die Unterschiede zwischen den Kindern so: «Klaus hat Schwierigkeiten in der Schule, bei den anderen läuft das. Nur Klaus, der setzt sich unter Druck. Klaus hat's besonders schwer. An seine große Schwester reicht er nicht heran, und der jüngere ist ihm schon fast ebenbürtig. Der strampelt sich ab, und es kommt nichts dabei heraus.»

Ein zentraler Streitpunkt ist Klaus' Tagesablauf, vor allem die tägliche Übungsstunde, in der meist das Rechnen, die Schwäche von Klaus, obenan steht. Dazu die Mutter: «Ich will ihm helfen, damit er nicht leidet. Und ich will mir später auch nicht vorwerfen lassen, nichts getan zu haben. Er soll es so gut haben wie die anderen auch.»

Ich frage Klaus: «Was magst du nicht hören?» Er zuckt mit den Schultern, überlegt, denkt angestrengt nach. Kleine Falten sind auf seiner Stirn.

«Kann es sein, daß du nichts mehr von der Schule hören willst?»

Plötzlich nickt er heftig und lächelt.

Dann bricht es aus ihm heraus: «Ich kann es nicht mehr hören. Aber in meinem Ohr sitzt ein Zaubergeist, der hat die beiden Ohren dichtgemacht, und nun kann ich nicht mehr hören. Das haben die davon.»

«Wer sind die?»

«Na, Mama, Papa, die sind so nett. Aber mit der Schule ist das schlimm.»

«Wie müßte es sein, daß der Zaubergeist verschwindet?»

Er überlegt eine Zeit.

«Die müssen aufhören, von der Schule zu reden.»

Ich will hier unterbrechen, auf verallgemeinerbare Trends dieses Falles eingehen. Wie schon angedeutet: Somatische – d. h. körperliche – und psychosomatische – seelische Bedingtheit einer Krankheit – Störungen nehmen schon bei Kindern zu. Viele Kinder werden medikamentös behandelt, damit sie den unterschiedlichsten Anforderungen gerecht werden – vgl. hierzu Voß. Obgleich es vielen Kindern materiell gutgeht, Kindheit vielfältig ausgestaltet ist, man Kinder zur Selbständigkeit anhält, sind körperliche und seelische Beeinträchtigungen aufgrund zu hoher Belastungen – im emotionalen, kognitiven und körperlichen Bereich – unverkennbar. Zudem wirkt ein nüchternsachlicher, keine Grenzen setzender Erziehungsstil entwicklungshemmend. Kinder wehren sich gegen Zurichtungen, mal laut, mal leise, mal mit Worten, mal mit dem Körper.

Zurück zu Klaus. In einem Beratungsgespräch finden wir eine Vereinbarung, mit der alle einverstanden sind:

- Es wird nicht über die Schule gesprochen, nur wenn Klaus es wünscht.
- Klaus' Leistungen sind nicht an denen seiner Geschwister zu messen.
- Die Eltern sollen Klaus ermutigen.
- Klaus berichtet seinen Eltern zweimal in der Woche freiwillig über die Schule – oder entsprechend häufiger.

Das Ergebnis nach acht Wochen:

- Die Familienatmosphäre hat sich entspannt. Es dreht sich nicht mehr alles um Klaus.
- Die Mittelohrentzündung ist abgeklungen. Klaus ganz selbstbewußt: «Den Zaubergeist brauch ich nicht mehr.»
- Klaus' schulische Leistungen sacken nicht ab, sie bleiben befriedigend – aber er erreicht die Leistungen mit weniger Druck.
- Klaus ist selbständiger geworden, geht mit mehr Spaß zur Schule.

In der Rückschau erzählt die Mutter: «Ich hab erst jetzt gemerkt, wie wenig ich vorher ermutigt habe. Eigentlich habe ich ständig gedrängelt und reglementiert. Jemanden ermutigen ist das Allerschwerste.» Und später meint sie: «Man vergißt so schnell, jedes Kind auch für sich zu sehen. Diese ständigen Vergleiche setzen Kinder und einen selber unter Druck.»

Enge Grenzen entmutigen

Anke, knapp vier Jahre, will beim Abräumen des Tisches helfen. Frau Meister, Ankes Mutter, ist zwiegespalten: «Laß man, Anke. Das ist noch zu schwer für dich.»

«Aber ich will», insistiert Anke. «Meike hilft doch auch!»

«Aber die ist viel größer. Irgendwann kannst du auch helfen.»

Als die Mutter in der Küche ist, greift Anke zwei Tassen, will sie wegbringen. In diesem Moment kommt Frau Meister zurück, sieht ihre Tochter, unsicheren Schrittes, beide Tassen in der Hand. «Paß auf!» entfährt es ihr unwillkürlich. Anke schaut auf, kommt leicht ins Stolpern, die Tassen schwanken, eine fällt zu Boden und zerbricht. «Siehst du, was hab ich dir gesagt?» Frau Meisters Stimme klingt ärgerlich; Anke fängt an zu weinen. «Nun, komm! Ist ja nicht so schlimm.» Sie nimmt ihrer Tochter die Tasse weg, die hinterhergeht, mit einem Besen und einem Wischlappen zurückkommt.

Als sie anfängt, die Scherben zusammenzukehren, tritt Frau Meister ins Zimmer: «Was machst du denn da?»

«Ich räum auf!» Ankes Stimme klingt energisch.

«Aber dann richtig!»

Die Mutter verläßt den Raum, während Anke mit einer Mischung aus Langsamkeit und Umsicht sorgfältig die Scherben zusammenkehrt.

Als Frau Meister nach einiger Zeit zurückkommt und sie die – manchmal ungelenk anmutenden – Bemühungen sieht, meint sie: «Ich würde den Besen anders anfassen.» Und während sie das sagt, nimmt sie ihn. «So, nun laß man, den Rest mach ich!» Die Mutter meint es zweifelsohne «gut» mit ihrem Kind, indem sie versucht, dieses vor häuslichen Aufgaben und Mithilfe zu bewahren, oder indem sie Probleme für ihre Tochter löst. Aber: Kinder wollen mit Situationen und Gegenständen umgehen lernen. Nur im Begreifen entsteht der Begriff, und im Tun kann man sich seiner Fähigkeiten versichern. Nur wenn das Kind selbst handelt, erprobt es seine Möglichkeiten und Kräfte, erfährt es sich als eigenständiges und autonomes Wesen. Dazu gehört natürlich, Frustration und Mißerfolg auszuhalten. Dies gelingt Kindern um so eher, je mehr sie sich angenommen fühlen, wenn sie enttäuscht sind. Ein Satz wie: «Das schaffst du doch nicht!» entmutigt ebenso wie übermäßiges Beschützen – «Dazu bist du noch zu klein!».

Zweifellos ist es wichtig, wenn man Mißerfolge mit dem Kind an- und bespricht. Aber Formulierungen wie «Was habe ich dir gesagt!» bauen – wie in diesem Fall – Anke nicht auf, stellen sie vielmehr als Versagerin bzw. als unfertiges kleines Wesen hin. Der Erwachsene ist dagegen der Besserwisser. Statt verdeckter Ratschläge oder heimlicher Befehle – «Wenn ich du wäre» – zu geben, hätte sich die Mutter beispielsweise in Ankes Enttäuschung einfühlen können. Der Satz «Es ist ja gar nicht so schlimm» zeigt jedoch: Sie nimmt die Gefühle ihrer Tochter genausowenig ernst wie deren Bemühungen, die mißliche Lage – im wahrsten Sinne des Wortes – zu bereinigen. Anke braucht bei der Suche nach einer selbständigen Problemlösung die mütterliche – oder auch väterliche – Mithilfe und Unterstützung. So erfährt sie, daß der erlebte Mißerfolg kein subjektives Versagen, sondern nur einen augenblicklichen Mangel an Fertigkeiten darstellt, der durch Übung beseitigt werden kann. Während Anke mit dem Aufwischen ihre Eigenständigkeit und ihr Können erneut beweisen will, erlebt sie eine weitere Entmutigung: Die Mutter entreißt ihr den Besen, anstatt mit ihrer Tochter zu überlegen, wie es anders gemacht werden könnte.

Wie solch eine konstruktive Lösung aussehen kann, zeigt Björns Umgang mit dem Milchreis.

Björn möchte zum erstenmal Milchreis kochen. Das Rezept hat er auf einer schulischen Projektwoche kennengelernt. Björn hantiert in der Küche, nimmt die entsprechenden Zutaten, gießt Milch in den Topf, läßt sie aufkochen. Während er den Rezeptzettel nochmals genau studiert, klingelt das Telefon. Er vergißt die Milch, die hochquillt, überkocht und sich über die Herdplatte ergießt. Björn läuft vom Telefon weg, stellt die Energie des Herdes kleiner – kann aber nicht verhindern, daß die Milch im Topf und auf der Herdplatte ansetzt, es schnell angebrannt riecht.

Die Mutter kommt zu ihm in die Küche, sieht ihren Sohn mit hochrotem Kopf, Tränen in den Augen: «In der Schule hat's geklappt», meint Björn gequält. Sie nimmt ihn in den Arm, tröstet: «Na, mein Koch.» Kurze Pause. «Schöner Mist, nicht!» Björn schüttelt sich los: «Richtig Scheiße!» Beide stehen herum, schauen auf den Herd. Die Mutter bückt sich, holt aus einem Schrank Reinigungsmaterial: «Ich zeig dir, wie *ich* den Herd saubermache. Ist mir auch schon passiert.» Sie schaut ihren Sohn an: «Und du hilfst mir, o. k.» Beide machen sich gemeinsam an die Reinigung, ohne viel zu reden. Am Ende sagt die Mutter: «Ich koche den Milchreis auf kleiner Flamme und rühre ihn dabei um.» Die Mutter verläßt die Küche.

Björn versucht es nochmals mit seinem Lieblingsrezept. Es klappt.

Mit den Worten «Komm herunter, es gibt Milchreis», lädt er sie zum Essen ein. Als beide sitzen, meint er grinsend: «Manchmal hast du wirklich gute Tips.»

An dieser Situation lassen sich einige Handlungsmuster aufzeigen, mit denen Björns Mutter ihren Sohn ermutigt, als sein Experiment fehlschlägt. Indem sie seine Enttäuschung annimmt und nicht geringschätzt, läßt sie sich auf ihn ein, zeigt sie, daß sie ihn ernst nimmt.

- Nicht auf Vollkommenheit achtet die Mutter, sie legt ihr Augenmerk darauf, Björns Fähigkeiten allmählich aufzubauen.
- Sein «Unglück» begreift sie als Glück, seine Fertigkeiten neu zu definieren und zu entdecken. Sie ermutigt ihn zur Selbständigkeit; sie weiß, daß Kinder, die Fehler machen, aus Fehlern dann lernen, wenn man sie unterstützt. Björn wirkt nicht hilflos und abhängig, er ist selbstbewußt genug, aus dem Noch-nicht-Können seine persönlichen Konsequenzen zu ziehen. Anders ausgedrückt: Kinder zu ermutigen heißt, ihnen Erfahrungsräume bereitzustellen, um so Kompetenzen und Geschicklichkeit zu fördern. Und Kinder zu achten meint, auf deren Fähigkeiten zu vertrauen.

«Ich möchte dir schlimme Erfahrungen ersparen!»

Simon klettert auf dem Spielplatz umständlich auf einen hohen Baum. Je höher er klettert, desto häufiger hört er: «Paß auf!» oder: «Sei vorsichtig!» Hat er einen bestimmten Punkt des Kletterbaumes erreicht, so wird er unsicher, schwankt, zittert. Seine Mutter ruft laut: «Halt dich fest!» Sie rennt zu ihm hin, um ihn zu unterstützen – doch vergeblich: Simon läßt sich fallen, landet im weichen Sand und – fängt erbärmlich zu schluchzen an. Die Mutter schließt Simon in die Arme. Sie tröstet – mehr sich als ihn – mit den Worten: «Mein armer kleiner süßer Trottel.» Simon laufen Tränen über die Wangen. Die Mutter nimmt ein Taschentuch, wischt ihm das tränenfeuchte Gesicht: «Warum mußt du auch so hoch klettern?» Sie zuckt mit den Schultern: «Dazu bist du noch zu klein, mein Süßer!» Und je mehr sie ihn an sich drückt, um so lauter wird sein Schluchzen.

Simon klettert immer und immer wieder – und immer und immer wieder fällt er wie ein Apfel vom Stamm. Zwar fängt die Mutter ihn nicht auf, aber Trost und Annahme erfährt er mit großer Regelmäßigkeit. Und je häufiger Simon Mißgeschicke passieren, um so nachhaltiger wird der Trost, die Fürsorge und das Mitleid der Mutter. Als ich diese Situation auf einer Bildungsveranstaltung für Familien vortrage, fällt mir ein Vater ins Wort: «Aber wie hätte die Mutter denn reagieren sollen? Ich verstehe überhaupt nichts mehr. Hätte sie ihn im Dreck liegenlassen sollen?»

«Warum nicht?» entgegne ich fragend. «Dreck ist meistens weich und bedeutet Erfahrung. Kinder sind vor bestimmten Erfahrungen nicht zu schützen – und das ist gut so!»

«Das verstehe ich nicht.»

«Viele wollen Kindern unangenehme Erfahrungen ersparen.»

«Wie meinen Sie das?»

Die Ermutigung von Kindern und deren vermeintliche Hilflosigkeit gehören zusammen. Kinder machen häufig die Erfahrung, daß sich Hilflosigkeit positiv, z. B. im Sinne von Aufmerksamkeit auf sich ziehen oder gewinnen, für sie auswirkt. Anders formuliert: Eltern können manchmal nur schwer mit den Verunsicherungen und Ängsten ihrer Kinder umgehen. Je verunsicherter und je ängstlicher sich ein Kind zeigt, um so mehr fühlen sich Erwachsene gedrängt, die Kinder zu unterstützen – selbst dann, wenn Kinder es gar nicht wünschen.

Peter, vier Jahre, kommt aus Kasachstan. In den ersten Wochen sitzt er im Kindergarten ruhig, manchmal apathisch da. Er wirkt auf die Erzieherinnen traurig. Peter weint manchmal, beteiligt sich nicht an den Spielen – er zieht sich zurück, verweigert sich. So beobachtet es seine Erzieherin, so deutet sie ihre Beobachtung. Mitleid kommt bei ihr auf. Nach etwa drei Wochen, als sie es kaum noch aushält, wie Peter allein herumsteht, nimmt sie ihn morgens für zehn Minuten auf den Schoß, «um ihm den Übergang von zu Hause zu erleichtern».

Peter scheint das zunächst zu genießen. Doch bald beginnt er zu weinen, sobald er auf den Schoß kommt. Das Weinen nimmt von Tag zu Tag zu, hört aber im Lauf der ersten Stunde im Kindergarten auf. Peters Gefühlsausbrüche eskalieren. Sie fangen schon an, sobald er den Kindergarten sieht. Er schluchzt weiter, während er auf dem Schoß der Erzieherin sitzt, beruhigt sich dann, wenn er seinen gewohnten Platz erreicht hat. Es nahen die Ferien, und die Erzieherin hofft, daß Peters Traurigkeit verschwindet. Am Ferienende kommt Peters Oma auf den Kindergarten zu sprechen.

Oma: «Morgen geht es wieder in den Kindergarten.» Als Peter dieses Wort hört, weint er augenblicklich laut los und schluchzt: «Will ich nicht, will ich nicht.»

Oma: «Gefällt es dir nicht?»

Peter schüttelt den Kopf.

Oma: «Aber die sind doch alle ganz lieb zu dir.» Peter stutzt, schaut die Oma an.

Peter: «Ja!» Er nickt heftig mit dem Kopf, Tränen laufen über sein Gesicht.

Die Oma, ganz verzweifelt: «Ich verstehe dich nicht. Was hast du denn?»

Peter hört mit dem Weinen auf, schaut seine Oma an. Dann entfährt es ihm: «Alles ist da gut. Nur ich muß jeden Morgen bei Frau Mayer auf dem Schoß nur dasitzen. Und dann hält sie mich fest. Und ich bin doch schon groß. Ich will nicht auf den Schoß.»

Kindliche Ängste, Unsicherheiten, Zurückgezogenheit und Introvertiertheit rufen auf seiten des Erziehenden meist spontane gefühlshaltige Reaktionen hervor. Je unselbständig-hilfloser sich das Kind zeigt oder darstellt, um so vehementer, bemühter und intensiver werden die Anstrengungen des Pädagogen – bis hin zum Bemitleiden, wenn alle Bemühungen nichts fruchten. Provokativ ausgedrückt: *Kinder brauchen kein Mitleid.* Wer Kinder ständig bemitleidet, achtet sie nicht, macht sie schwach und hilflos. Mitleid baut nicht auf, macht passiv, behindert, entmutigt und macht meist handlungsunfähig.

Selbst ein krankes Kind braucht kein Mitleid, weil es Selbstmitleid fördert. Krankheit gehört zum Leben wie der Tod. Das grandiose Gefühl der Gesundheit ist ohne den Gegenpol der Krankheit eben nicht zu genießen.

Wer Kindern nur positiv-beglückende Elemente des Lebens vermitteln und zulassen will, der begrenzt Erfahrungen, der engt die Vielfalt des Lebens ein. Kinder ermessen Glück nur, wenn sie unglückliche, beklemmende Situationen gefühlt *und* überstanden haben. Sie schätzen die produktive Kraft der Angst nur dann angemessen ein, wenn sie solche Situationen selbständig bewältigt haben. Sie gestatten sich Aggressionen, wenn sie um Möglichkeiten wissen, sie in konstruktive Bahnen zu lenken.

Wer Kinder bemitleidet – ihrer begrenzten Realitätserfahrungen, der ökologischen Risiken, ihrer fehlenden Zukunftsperspektiven wegen –, der nimmt sie nicht an. Mitleid nimmt Menschen nicht ernst, es macht das Leiden nur größer. In Krisensituationen braucht das Kind mit*fühlende* Hilfestellung und Unterstützung, es braucht das Vertrauen und die Sicherheit, sich mit all den Sorgen, Nöten, der Trauer und den Schmerzen angenommen zu *fühlen*.

Dann kann ein Kind Enttäuschungen und Frustrationen aushalten. Mit*leid* dagegen schwächt. Es hilft dem Kind nicht, selbständig zu werden oder eigentätig an Problemlösungen heranzugehen. Mitleid setzt dem Kind meist enge Grenzen. Es wird als «arm» und «schwach» angesehen. Es wird in seinen Fähigkeiten unterschätzt, und es werden die schöpferischen Kompetenzen des Kindes, Krisen und Probleme selbstbewußt anzugehen, übersehen. Mitleid richtet die Energie, das Fühlen auf die Person, die unglücklich ist, auf jene Person, die die Frustration erlitten hat.

In Krisensituationen hilft nicht Mit*leid*, sondern Mit*gefühl. Mitgefühl stärkt.* Es fühlt sich in die Probleme ein, die zu lösen sind. Mitgefühl bietet Hilfe zur Selbsthilfe an, ist darauf angelegt, die schmerz- und krisenhafte Situation zu überwinden. Während das Mitleid kleinmacht, baut das Mitgefühl auf; während das Mitleid allein läßt, bietet das Mitgefühl Unterstützung an, während Mitleid entmutigt, gibt das Mitgefühl Verantwortung zurück.

4 «Wenn Kinder auf mich hören, dann erschrecke ich ...»
Grenzenlose Inkonsequenz und Gleichgültigkeit

Paule, der Glotzer

Paul Jäger, fast zehn Jahre, holt sich während der Schulpause häufig dünne Äste und versucht, sie in Hände und Arme seiner Mitschüler zu stoßen. Er freut sich, wenn er seinen Klassenkameraden Angst einjagen kann, wenn sie weglaufen. Er reagiert mit Unverständnis, wenn sie alles über sich ergehen lassen: «Los, nun wehr dich, du Waschlappen!» Bei einem Gespräch in der Klasse erfährt Pauls Lehrerin, daß er «häufig» Kriminal- und Horrorfilme – «Besonders die, die spätabends kommen!» – sieht und von einer Szene besonders beeindruckt war, in der ein schlafender Junge «mit einer Spritze ermordet werden sollte». «Der lag nur so da», berichtet Paul, «ohne was zu merken. Man muß doch immer auf der Hut sein, auch wenn man schläft.» Später wird klar, daß Paul den Film allein gesehen hat, daß sein Vater erst gegen Ende der Sendung nach Hause – wie üblich leicht angetrunken – gekommen ist. Hermann Jäger setzte sich dazu und sah sich den Film noch mit an. Als er merkte, daß Paul sich hin und wieder die Augen zuhielt und ganz wegguckte, sagte er: «Wenn du Schiß hast, gehst du sofort raus. Aber sofort!»

«Hab keine Angst.»

«Aber warum machst du dann solche Faxen?»

In Gesprächen wird Ilse Beyer, so heißt Pauls Lehrerin, dann deutlich, daß Paul sich nicht mehr traut, gefühlsmäßige Verunsicherungen zu zeigen. «Wenn ich Angst habe, ist's aus mit den Krimis», sagt Paul. Die Lehrerin ermutigt ihn, seine Ängste zu zeigen. Damit ergriff sie aber – ungewollt – Partei gegen den Vater. Deshalb widerspricht Paul heftig: «Eigentlich hat Papa doch recht. Wenn man das nicht abkann, soll man das nicht sehen. Und Angst ist sowieso Babykram.»

Die Familienwelt der Jägers: Hermann Jäger, 38 Jahre, arbeitet als Baggerführer. Er verläßt sein Einfamilienhaus, das er sich selbst gebaut hat, gegen 6 Uhr. Dann wird er mit dem Betriebsbus zur Arbeit abgeholt. Da die Baustellen unterschiedlich weit von seinem Wohnort entfernt sind, dauert sein Arbeitstag oft bis in den frühen Abend hinein. Meist geht er dann noch in seine Stammkneipe, um «einen zu trinken». Er trifft sich dort regelmäßig mit «'n paar Kumpels». Hermann

Jäger ist im allgemeinen gegen 20.30 Uhr im Hause und «schaltet dann den Fernsehkasten ein» oder setzt sich zu «Paule, dem alten Glotzer». «Mir ist eigentlich egal, was kommt. Wenn's mir zu langweilig wird, schalte ich eben um.» In der Familie Jäger wird – wie Pauls Lehrerin weiß – «fast nur ferngesehen».

«Ich weiß nicht», so Elisabeth Jäger, Pauls Mutter, «wenn's den Fernseher nicht gäbe, für uns müßte er erfunden werden.» Sie lacht und schränkt dann ein: «Aber für Paul ist dieser ganze Schund, den er da sieht, nicht gut. Ich seh das doch. Der wird doch direkt von uns abgezogen, zieht sich zurück. Er redet einfach nicht. Oder es gibt Krach, weil er nicht ins Bett will. Oder weil mein Mann was anderes sehen will. Und dann diese ewigen Anrufe aus der Schule. Frau Beyer ist ja ganz in Ordnung. Aber trotzdem hab ich ein schlechtes Gewissen. Was soll ich da machen?» Elisabeth Jäger reagiert mit Fernsehverbot: «Aber der flippt schier aus, wenn ich das mache.» Mit Liebesentzug: «Du bringst mich noch auf den Friedhof, wenn du so weitermachst.» Mit Kürzung des Taschengeldes, oder sie redet tagelang nicht mehr mit ihrem Sohn: «Da wird er dann richtig klein und lieb.» Meistens hält sie ihre Bestrafungen aber nicht durch, vor allem dann nicht, wenn Paul «so traurig aussieht. Oder wenn er sagt, ich hau von hier ab.»

Hermann Jäger «zieht», wie er stolz feststellt, «die Kindererziehung durch. Wenn man mal was gelernt hat, das wird probiert. Uns hat der Schlag auf den Hinterkopf nicht geschadet. Dem Paul schadet das auch nicht. Und mit der ewigen Diskutiererei kommt man nicht weiter. Da sind uns die jungen Leute überlegen. Wir müssen sie mit unseren Mitteln schlagen.» Er prügelt vor allem dann, wenn er davon hört, daß sein Sohn «in der Schule wieder mal was angestellt hat. Oder wenn Paul nichts tut für die Schule und mit 'ner Fünf nach Hause kommt. So was macht er doch nur, um mich zu ärgern.»

Die häuslichen Auseinandersetzungen eskalieren dann, wenn Hermann Jäger im angetrunkenen Zustand nach Hause kommt. «Dann geht's mir leichter von der Hand», sagt er, «obgleich mir's auch schon leid tut, vor allem wenn ich Betty seh. Die hat's schwer mit mir. Aber das wußte sie vorher. Aber dann sitzt Paule vor der Kiste, grinst mich frech an, weil er nicht ins Bett will ... Aber wenn ich ihm dann eine kleb, ist Betty noch auf seiner Seite.»

Elisabeth Jäger erzählte mir in einem anderen Gespräch: «Einmal hat er mich richtig niedergeschlagen. In den Bauch getreten. Dann hat er Paule geholt: So mußt du mit Frauen umgehen, wenn sie dich beleidigen oder an dir rumnörgeln.»

Gemeinsame Aktivitäten oder Gespräche gibt es kaum in der Familie. Dazu Frau Jäger: «Wir leben nebeneinander her. Alles läuft so oder auch nicht. Wenn ich mit meinem Mann auch noch ständig reden müßte, mein Gott. Ich kann mir das nicht vorstellen. Ich freß alles in mich rein. Deshalb bin ich auch so fett geworden.»

Zuckerbrot und Peitsche

Paul fehlt Verläßlichkeit, da die Grenzen ständig wechseln: hier die übertrieben verzärtelnde Zuwendung der Mutter, dort die gefühlsmäßige Vernachlässigung, die Schläge und die Herabwürdigung durch den Vater. Paul hat keine Sicherheit in der Einschätzung seiner nächsten Bezugspersonen: Er kann die erzieherischen Handlungen seines Vaters wenig vorhersagen, er weiß weder, was väterliche Nähe bedeutet, noch erlebt er mütterliche Distanz. So wird Pauls Selbstwertgefühl und Selbstvertrauen untergraben. *Eine* Folge ist seine Flucht in die Welt der Medien. Fehlende Selbstsicherheit soll durch die Überidentifikation mit omnipotenten und -präsenten Medienhelden kompensiert werden – von Medienhelden, deren antisoziale Verhaltensweisen dem vorgelebten väterlichen Modell entsprechen.

Und doch ist Pauls Flucht in *seine* medial inszenierte Welt mehr: Sie drückt seine Wünsche nach verläßlichen Strukturen aus, seine Sehnsüchte nach Halt, nach Schutz und Orientierung – und dies um so intensiver, je mehr seine Eltern diese Wünsche und Sehnsüchte verkennen, Pauls zerstörerische und antisoziale Verhaltensweisen, die ein verzweifelter Hilfeschrei sind, überhören.

In den Monaten nach der geschilderten Situation eskalierte Pauls

«Zerstörungswut», gleichzeitig konnte aber die Lehrerin Pauls Mutter davon überzeugen, eine Erziehungsberatungsstelle aufzusuchen. Während sich der Vater bald zurückzog, hielten Elisabeth Jäger und Paul die Beratung über 18 Monate durch. Als der Mann eine außereheliche Beziehung begann, zog die Mutter mit Paul aus der Wohnung. Beide gingen in eine andere Stadt. Der Umgang von Mutter und Sohn gestaltete sich noch lange Zeit konflikthaltig, er wurde jedoch immer offener: «Jeder wußte, woran er beim anderen war», so die Mutter.

Knapp zehn Jahre später. Als ich Paul wiedertreffe, macht er gerade sein Abitur. «Ich bin gut drauf», sagt er. Er wirkt selbstbewußt, ist sozial engagiert: «Ich will überall helfen. Das zurückgeben, was mir andere gegeben haben. Ohne zwei oder drei Menschen wäre ich wohl in der Gosse.»

«Was ist noch wie früher?»

«Hin und wieder brauch ich 'nen ‹geilen› Film, so'n richtig blöden Schweinefilm. Das tut gut. – Und: Nein sagen kann ich sehr schwer. Vor allem bei meiner Mutter und bei Peter, dem Sozialarbeiter. Die haben so viel Gutes getan. Also mit dem ‹Nein› ist es verdammt schwer ...» Er schüttelt fragend seinen Kopf.

In vielen Gesprächen mit sozial und emotional gefährdeten Kindern und Jugendlichen konnte ich Schutzfaktoren feststellen, die Heranwachsende trotz erhöhter psychischer und physischer Belastung entwickeln, um sich – so gut es geht – von psychosozialem Streß zu entlasten. Dies schließt schmerzhafte emotionale Belastungen zwar nicht aus, gibt den Heranwachsenden jedoch das Gefühl – vor allem wenn ihnen Unterstützung zuteil wird –, selbständig Probleme und Konflikte zu lösen.

An Pauls Situation können einige solcher Bewältigungsstrategien aufgezeigt werden:

- Paul hat durch sein offenkundiges Verhalten um Hilfe geschrien. Er hat sich und seine unbefriedigende und erniedrigende Lebenssituation auffällig dargestellt. Er hat versucht, Halt und Orientierung zu bekommen. Da dies anfänglich über persönliche Vorbilder nicht möglich war, hat er sich an mediale Vorbilder gehalten. Dies ist als durchaus problematisch und widersprüchlich einzuschätzen, ist doch die *eine* Gefahr des Absinkens in die glitzernden Fluten einer medial und kommerziell geprägten Wirklichkeit nicht zu unterschätzen. Die andere ist diese: Die Medienhelden gaben Paul aber auch eine spezifische Form von Sicherheit und Verläßlichkeit. Dies wurde in zunehmendem Maße von der Umwelt erkannt. So konnte aus Pauls negativer Abgrenzung über Horror, Gewalt und Schrekken über Jahre hinweg eine positive Grenzfindung werden: Pauls Selbständigkeit und Selbstwertgefühl wird in dem Maße gestärkt, je mehr er sich auf sich selbst verlassen kann. Er gewinnt um so mehr an Selbstvertrauen, je mehr er das Alleinsein nicht als Verlassenheit, sondern als «Ich kann auch alleine» begreift.

- Das Risiko und die Belastung durch schwierige Lebensumstände können – darauf haben zahlreiche psychologische Untersuchungen aufmerksam gemacht – durch Schutzfaktoren – z. B. die Einbindung in eine verläßliche Umgebung – zwar nicht vergessen gemacht, jedoch erheblich abgefedert werden. So erfuhr Paul – durch die Betreuung durch feste Bezugspersonen wie seine Lehrerin, den Therapeuten und einen Sozialarbeiter – Unterstützung, als er seine destruktiven Verhaltensweisen veränderte. Diese Personen haben nicht nur seine auffälligen Aktivitäten als Hilfeschrei gedeutet, um Sicherheit und Halt zu bekommen; sie versuchten darüber hinaus, an Pauls Kompetenzen anzuknüpfen, z. B. seine Fähigkeit, Gruppen anzuleiten oder soziale Aktivitäten zu organisieren.

Pauls Tätigkeiten erwiesen sich nun nicht mehr als störend, sie wurden in die Alltagsabläufe der Klasse und des Jugendzentrums einbezogen. Paul brauchte seine auffälligen Verhaltensweisen und zerstörerischen Grenzüberschreitungen nicht mehr, um jemand darzustellen und zu sein. Er bildete über seine produktiven, von allen anerkannten Tätigkeiten allmählich ein positives Selbstwertgefühl aus.

Stabile Bezugspersonen haben ihm bei der Überwindung der erlernten Hilflosigkeit geholfen. Und: Paul erlebte weniger das Gefühl von Zuckerbrot und Peitsche, von beleidigtem Liebesentzug und plötzlicher Willkür. Er erfuhr die Verläßlichkeit von Regeln. «Dies war», so erinnert er sich, «verdammt schwer. Weil immer Bruno ...», er zögert, «also der Sozialarbeiter aus dem Jugendzentrum, klar sagte, was er meinte ... eben auch mal, ich solle nicht so 'n Mist machen. Da war ich schon sauer. Da dachte ich, jetzt biste wieder der Arsch wie früher zu Hause ... Das geht automatisch ... Ist heute manchmal noch so, wenn's mal nicht so klappt: Dann sind die anderen schuld.»

Folgenloses Laissez-faire

Kai, fünfeinhalb Jahre, kommt jeden Morgen kurz nach acht in den Kindergarten, die Tür zum Gruppenraum laut zuknallend – nach dem Motto: «Hier bin ich!» Breitbeinig steht er da – und bekommt seine Aufmerksamkeit. Auf die Frage der Erzieherin: «Bist du da?» antwortet er grinsend: «Na klar!» Und auf die mehr rhetorische Frage: «Kannst du die Tür nicht leiser zumachen?» kommt ein eher achselzuckendes: «Ich glaub schon!» oder ein lächelndes «Macht so'n Spaß.»

Und bei der freundlichen Zuwendung seiner Erzieherin: «Guten Morgen, Kai. Schön, daß du da bist», breitet sich Schalk in seinen Augen aus: «Meinst du das wirklich?» Erhält Kai überhaupt keine Aufmersamkeit, steht er einen Augenblick still, schaut sich um, geht auf ein Kind in seiner unmittelbaren Nähe zu. Je nach Lust, Laune und Tagesform schlägt er dann zu, zieht es an den Haaren, beißt, kneift – so lange, bis ihm Aufmerksamkeit gewiß ist.

«Kai», so stöhnen seine Erzieherinnen, «hält sich überhaupt nicht an Regeln. Und wenn wir mal hart werden, dann ist's auch nicht richtig. Dann will er abhauen oder heult.» Eine Erzieherin verdeutlicht dies an einer konkreten Situation.

Neulich hätten fünf Mütter, darunter Kais Mutter, mit einer Erzieherin am Tisch gesessen zu Kaffee und Kuchen. Und die Kinder waren mit dabei. Kai «spielte» mit dem Butterkuchen. Er zerteilte ihn in Stücke und zerquetschte diese mit dem Löffel. Mutter: «Kai, laß das!» Sie wendete sich wieder dem Gespräch zu. Kai hörte kurz auf, fing dann erneut an.

Mutter: «Kai, ich hab dir gesagt, hör bitte auf.»

Kai schaute «stolz» in die Runde, machte unverdrossen weiter, nahm nun sogar Kuchenstücke in die Hand und knetete kleine Kugeln. Die Mutter schaute zur Seite, ignorierte ihren Sohn. Die erste Kugel landete auf dem Rock der Mutter.

Mutter: «Kai, wie häufig muß ich dir das noch sagen? Hörst du, schau mich an, wie häufig?»

Kai blickte zur Seite.

«Habe ich dir das nicht schon tausendmal gesagt, man spielt nicht mit dem Essen.» Kai sah weiterhin weg, beendete jedoch sein «Spiel».

Kai: «Ich will noch Kakao.» Die Erzieherin füllte Kakao in einen Becher. Kai begann, mit dem Löffel im Becher Wellen zu machen. Durch eine unvorsichtige Bewegung fällt der Becher um. Der Inhalt ergießt sich über die Hose des Jungen.

Die Mutter, in einer Mischung aus Ärger und Zorn: «Siehst du, das hast du davon! Ich hab's dir tausendmal gesagt!»

Kai sah wehleidig seine durchnäßte und verschmutzte Hose an.

Die Erzieherin: «Kai, geh bitte in den Waschraum. Wasche die Hose aus.» Kai blieb sitzen. Die Erzieherin, ganz bestimmt und fest:

«Kai, ich möchte, daß du jetzt sofort in den Waschraum gehst.»

Kai stand auf, er hatte Tränen in den Augen, ging Richtung Waschraum. Die Mutter sah die Erzieherin ärgerlich-hilflos an und folgte ihrem Sohn: «Komm, Kai. Ich geh mit und helfe.» Sie legte ihren Arm auf seine Schultern.

«Wie gesagt», schließen die Erzieherinnen, «dies ist nur eine Situation unter vielen. Zu Hause kann er anscheinend machen und tun, was er will.»

Als ich einige Zeit später eine Veranstaltung zum «Grenzensetzen» durchführe, fragt Kais Vater: «Darf man Kindern schon so früh Regeln mit auf den Weg geben?»

«Was spricht gegen bestimmte sinnvolle Regeln?»

«Ich denke, Kinder sind noch viel zu klein, sich daran zu halten. Ich überfordere sie damit. Das will ich nicht.»

Er erzählt, daß Kai keine einschränkenden Regeln erlebe: «Wir sind immer für ihn da!»

«Und wie ist das morgens mit dem Frühstück?»

«Mal kommt er, mal nicht!»

«Aber meistens gibt's da den ersten Krach», unterbricht ihn seine Frau.

«Weil er bummelt oder weil er noch was essen soll. Er will es aber nicht. Das gibt endlose Diskussionen, bis er wenigstens einen Happen nimmt ...» Sie unterbricht sich. «Ich komme erst zum Frühstücken, wenn ich ihn in den Kindergarten gebracht habe.»

«Na ja, ganz so schlimm, wie du ihn darstellst, ist er nicht», beschwichtigt der Vater. «Aber auf Trab hält er einen schon.» Er schmunzelt. «Er hat uns ganz gut in der Hand. Wenn der mal nicht bekommt, was er will, geht er schreiend in sein Zimmer und ruft: ‹Ich springe aus dem Fenster.› Wir dann hinterher.» Die Mutter überlegt: «... da betteln wir ...»

«Und er kommt dann nach einiger Zeit mit stolzgeschwellter Brust heraus», sage ich.

«Ja, da bekommt er, was wir ihm versprochen haben.»

Der Vater überlegt kurz: «Aber Kinder müssen ja auch mal Sieger sein. Die Erwachsenen können ja nicht immer nur gewinnen.»

«Heute abend war wieder Theater», fügt die Mutter an. «Wir sollten nicht hierher. Jedenfalls nicht beide. Es gab einen Riesenkrach. Er hat gedroht, ich mach was ganz Schlimmes. Da hab ich gedroht: ‹Wehe!› Als wir weggegangen sind, gab's keinen Abschied. Er hatte sich eingeschlossen. Was das wohl noch gibt heute abend?»

Als die Eltern nach Hause kamen, fanden sie das Wohnzimmer verwüstet vor: zwei Sessel zerschnitten, Milch und Joghurt auf den Teppich geleert und verschmiert, Zeitungen angezündet. Im Chaos saß friedlich schlafend Kai. Die Eltern waren erschrocken, der Vater wollte zuerst schreien, die Mutter beschwichtigte: «Pst! Wir tragen ihn ins Bett! Laß uns morgen mit ihm darüber reden.»

Man redete ausführlich – wie die Eltern mir 14 Tage später erzählten – über die Ursachen für Kais Ausbrüche: «Warum machst du das?» Man brachte ihm viel Verständnis und Akzeptanz entgegen: «Versprich uns, das nie wieder zu machen!» Am Ende des Gesprächs stand allseitige Erleichterung – die Mutter reinigte den Teppich, die

Versicherung zahlte die Sessel – bis 14 Tage später das Küchengeschirr kurz und klein geschlagen war. Kais Mutter hatte sich geweigert, mit ihrem Sohn zu spielen, weil dieser frech gewesen sei. Trotz wiederholten Drucks blieb sie «dieses Mal absolut hart» – bis «ich das Klirren hörte. Als ich das sah, hab ich gebrüllt.»

Wer mit Familien in Beratungen oder auf Bildungsveranstaltungen zu tun hat, wer in Kindergärten und Schulen hospitiert und berät, der begegnet häufiger den Auswirkungen eines Erziehungsstils, der keine Grenzen setzt, der sieht sich mit Schwierigkeiten und Problemen konfrontiert, die auch und nicht zuletzt aus einem Laissez-faire-Stil im Alltag resultieren: Da werden Kinder zum Schrecken für die Gemeinschaft, sei es in der Familie, dem Kindergarten oder der Schulklasse. Sie benehmen sich unerträglich, handeln un-sozial und ohne Rücksicht auf Verluste. Schädigungen und Verletzungen, weil nur die Durchsetzung eigener Bedürfnisse, des eigenen Willens zählt; die Umgebung wird unterjocht und terrorisiert.

Kais Verhalten ist Provokation und Hilfeschrei zugleich. Er macht auf sich aufmerksam, möchte Konsequenzen – eben Grenzen und Regeln – spüren. Kai will sich *angenommen und zugehörig fühlen.* Er möchte eine eigene Identität haben, über die er sich ausdrücken kann, er will seine Kompetenzen und Stärken beweisen.

Der Laissez-faire-Stil läßt Kinder dagegen allein. Er macht sie unfähig, soziale Beziehungen einzugehen und Kontakte aufzunehmen. So wie die Überbehütung nur räumliche Enge und körperliche Nähe zuläßt, damit erdrückt, Eigenständigkeit und Autonomie unterbindet, so bietet der Laissez-faire-Stil den Gegenpol: Hinter der – aus elterlicher Sicht – vermeintlich unbegrenzten großen Freiheit verbirgt sich unpersönliche Distanz, eine – für das Kind – unüberschaubare Weite, die Verlassenheitsangst und Einsamkeit aufkommen läßt und bald unerträglich wird. Widerstand und Auseinandersetzung können ebenso die Folge sein wie zerstörerische Aggressivität, Übermotorik oder Distanzlosigkeit. Solche Verhaltensweisen sind Ausdruck einer verzweifelten Suche nach Halt und Orientierung, nach Standort und Standpunkt, nach Sinn und Nähe.

Auch der Laissez-faire-Stil macht Kinder eben lebensuntüchtig, hält sie klein und abhängig, dokumentiert Desinteresse am Kind. Wer keine Regeln formuliert oder Grenzen setzt, der überfordert Kinder intellektuell und gefühlsmäßig. Solcher Erziehungsstil läßt keine intensiven zwischenmenschlichen Beziehungen aufkommen. Er verkennt existentielle Wünsche der Heranwachsenden, ihre Wünsche nach emotionaler und sozialer Orientierung, den Wunsch nach Individualität, eben einzigartig zu sein.

Übersieht Erziehung – wie im Laissez-faire-Stil – diese Wünsche, kommt es zu Erziehungsschwierigkeiten und Handlungsunsicherheiten

- in der emotionalen Orientierung. Die Kinder fühlen sich in der Gruppe unwohl, wirken beziehungslos, entwickeln nur schwer Kontakte zu anderen Menschen. Sie haben kein Gefühl, für andere wichtig zu sein. Daraus erwachsen Probleme, sich anderen gegenüber angemessen zu verhalten: Die Kinder erscheinen distanzlos, schmeißen sich anderen an den Hals. Oder sie sind schüchtern, angepaßt, passiv und zurückgezogen;
- in der sozialen Orientierung. Meist fehlen diesen Kindern persönliche Vorbilder, die Grenzen, Regeln und moralische Verhaltensrichtlinien vorleben; Vorbilder, an denen sich Kinder orientieren, anlehnen, an denen sie sich zugleich reiben und mit denen sie sich auseinandersetzen können. Die fehlende soziale Orientierung zeigt sich weiter in der Verbindlichkeit, mit der Kinder getroffene Absprachen einhalten: Kinder des Laissez-faire-Stils versprechen viel, halten sich aber selten daran. Sozial desorientierten Kindern fehlt Erfahrungssicherheit: Sie halten starr an bestimmten Vorhaben fest, zeigen sich wenig flexibel und scheuen vor neuen Erfahrungen zurück. Wer keine Grenze hat, kann auch nicht jenseits der Grenze schauen, sondern sucht zunächst einmal – wie zwanghaft – nach Halt und Orientierung;
- im Wunsch nach Individualität. Der Laissez-faire-Stil gestattet den Kindern nicht, sich selbst zu achten und zu respektieren. Fehlende Selbstachtung führt zu Mißachtung anderer, dazu, sie nicht in ihrer Würde anzuerkennen. Der Laissez-faire-Stil überfordert Kinder,

verlangt ihnen Leistungen ab, die sie – schon entwicklungsbedingt – nicht einlösen und umsetzen können. Es bleibt das Gefühl der Inkompetenz, des Nicht- bzw. Nie-Könnens – und nicht des «Noch-nicht-Könnens» zurück. Der Wunsch nach Individualität schließt das Gefühl ein, einzigartig und unverwechselbar zu sein, sich von anderen zu unterscheiden, Dinge oder Abläufe zu beherrschen, die nur das einzelne Kind kann, und trägt so dazu bei, Ich-Identität zu beweisen. Da Kai keine Möglichkeiten bekommt, seine produktiven und sozialen Fähigkeiten zu zeigen, macht er das genaue Gegenteil: Er fällt durch zerstörerische und un-soziale Tätigkeiten auf – und bekommt damit, wenn auch nur negative, Zuwendung. Damit gewinnt er aber – wenn auch nur kurzfristig – Aufmerksamkeit;

- im Wunsch nach Stärke. Folgen des Laissez-faire liegen für Kinder darin, sich inkompetent, entscheidungsschwach zu fühlen. Die Kinder haben Schwierigkeiten, Verantwortung zu übernehmen, mit materiellen Frustrationen fertig zu werden und ihre – zweifellos vorhandenen – Kompetenzen situations- und sozial angemessen einzusetzen. Fehlende Bestätigung im Handeln wird ersetzt durch den Wunsch nach Herrschen und Machtausübung, gepaart mit egozentrischer Eigensinnigkeit.

So ist es kein Wunder, wenn sich das Grenzensetzen im Laissez-faire-Stil als unwürdig-nervender Machtkampf gestaltet, der das Verhältnis zwischen Eltern und Kindern zu einer Terrorbeziehung werden läßt.

Der Laissez-faire-Stil läßt Kinder nicht los, er baut kein Vertrauen auf und scheut sich vor Auseinandersetzungen. Die «lange Leine» wechselt unvermutet mit impulsiven Strafaktionen, eine unsichere Toleranz wechselt mit undurchsichtiger Kontrolle, Verschmelzungswünsche mit willkürlichem Liebesentzug. So vollzieht sich das Grenzensetzen im Laissez-faire-Stil nicht auf der Basis gegenseitigen Respekts, sondern darauf, wer der Stärkere ist. Die Grenze wird schnell zur Strafe, zum Symbol dafür, wer verloren hat. Dies ist der Beginn eines neuen Teufelskreises: Da Frustrationen nicht ausgehalten werden, gleitet Strenge schnell in erneute Verschmelzungswünsche um. Und alles fängt von vorne an.

Kais Eltern gingen mit ihrem Sohn in eine Familienberatung, parallel dazu habe ich Kais Prozeß im Kindergarten begleitet. In der Anfangszeit wurde auf vier Schwerpunkte geachtet:

- Die klare Regelung von Kais Tagesablauf und den Ablauf seines Vormittags im Kindergarten durch vier feste Termine: das Begrüßungs- und Abschiedsritual sowie zwei abgesprochene Zeiten mit den Erzieherinnen, die dann nur Kai zur Verfügung standen.
- Man bezog u. a. Spiele ein, um die Integration in die Gruppe zu fördern. Über Rollenspiele versuchte man, ihm die Notwendigkeit von Regeln vorzuleben und zu vermitteln.
- Kais Stärke war das Basteln von Masken, waren seine kreativ-künstlerischen Tätigkeiten. Hier war er anerkannt. Seine Kompetenzen setzte man nun konstruktiv ein: Er war der Verwalter des Bastelmaterials, und er half anderen Kindern, wenn sie hier nicht mehr weiterwußten.
- Um Kais Körpergefühl zu stärken, führte man zusätzlich ein Bewegungstraining für ihn ein.

Kais Handlungsmuster änderten sich zusehends: Er entwickelte soziale Beziehungen zu anderen, er gewann einen eigenen Standpunkt. Um diesen zu gewinnen, setzte er sich zunächst einmal an immer den gleichen Tisch, um von dort aus seine Aktivitäten zu entfalten. Kai wurde zusehends bereit, Verantwortung zu übernehmen. Er hatte nun positive und konstruktive Möglichkeiten, sich auszudrücken und auch abzugrenzen. Rückfälle in sein distanz-grenzenloses Verhalten gab es nach wie vor. Hier hatte seine Gruppe Strategien entwickelt, Kai, der früher der «Klopper» hieß, nicht mehr abzustempeln, ihn vielmehr zu ermutigen, sein verändertes Verhalten beizubehalten.

Verwöhnung ohne Grenzen

Frau Schneider bittet ihren zehnjährigen Sohn Stefan darum, zukünftig den Mittagstisch abzudecken: «Ich gehe arbeiten. Ich schaffe das nicht mehr.»

Stefan sieht seine Mutter fragend an: «Was bekomme ich dafür?»

Sie, irritiert: «Wieso?»

«Ich habe immer etwas bekommen, wenn ich geholfen habe!»

Frau Schneider zuckt mit den Schultern: «Tja!»

«Da muß ich's mir überlegen», sagt Stefan, steht auf und verläßt den Raum. Frau Schneider fängt an, schnell das Geschirr abzuräumen.

Tina kommt aus der Schule nach Hause. Sie besucht die vierte Grundschulklasse. Sie strahlt, zeigt ihrer Mutter eine Klassenarbeit.

«Null Fehler, schau mal!»

«Da wird sich Papa aber freuen. Hat sich das Lernen doch gelohnt.» Kurze Pause.

«Heute abend kommt ‹Ein Fall für zwei›!» Tina blickt die Mutter an, die geschäftig hin und her rennt.

«Hörst du?» Die Mutter bleibt kurz stehen. «Darf ich das sehen?»

«Nein!»

«Aber meine Arbeit ist so gut, ich hab' mich so angestrengt.»

«Frage Papa!» Die Mutter wirkt ärgerlich, während Tina aufspringt:

«Dann darf ich das sehen, der ist lieb, und ich darf alles, wenn ich gut in der Schule bin.»

In Annettes und Sylvias Zimmer hat mal wieder «die Bombe eingeschlagen», wie die Mutter meint. Trotz ihres Drängens bemühen sich die Kinder nicht, das Kinderzimmer aufzuräumen. Sie weigern sich selbst dann, als die Mutter allmählich säuerlicher wird. Die Kinder vertrösten ihre Mutter auf den jeweils nächsten Tag. Nichts geschieht. Die Atmosphäre wird gespannter, aber Annette und Sylvia gelingt es, dies zu überspielen: Mal schmeicheln sie der Mutter, mal helfen sie bei Kleinigkeiten im Haushalt, mal bieten sie Unterstützung beim Einkauf an … bis eines Tages Mutters berühmter Kragen platzt. Sie stürzt in das Zimmer der Kinder, schreit: «Hier wird sofort aufgeräumt! Sofort!» Annette will was sagen. «Keine Widerrede!» Sylvia steht langsam auf, nimmt ein herumliegendes Kleidungsstück und hängt es in den Schrank. «Ich bleibe hier, bis alles aufgeräumt ist!» Frau Meister verschränkt die Arme. Ihre Töchter sehen betroffen aus, aber sie beginnen aufzuräumen. «So», die Mutter lächelt, «und wenn ihr fertig seid, holt ihr euch 'ne Tüte Pommes.» Dann verläßt sie das Zimmer.

Kinder müssen geachtet und respektiert, ihre Wünsche und Bedürfnisse ernstgenommen werden. Achtung, Respekt und Annahme des Kindes gelingen dann, wenn dieses nicht auf Kosten anderer Bedürfnisse – z. B. der elterlichen – geschieht. Auf kindliche Wünsche und Bedürfnisse einzugehen, diese gegebenenfalls zu erfüllen, hat nichts mit verwöhnen zu tun. Verwöhnten Kindern werden entweder keine oder zu enge Grenzen gesetzt: Entweder drückt Verwöhnung Überbehütung aus, oder Verwöhnung kompensiert Beziehungslosigkeit im Zusammenleben. Die materielle Überversorgung der Konsumgesellschaft schafft Voraussetzungen, sich mehr oder minder alles kaufen und leisten zu können, zieht es nach sich, daß aus persönlichen Erziehungs*beziehungen* eine über Waren vermittelte Dienstleistungsbeziehung wird – und dies auch im familiären Bereich. Immer mehr Eltern vermeiden Frustrationen im materiellen Bereich, drücken Beziehungen über das Schenken und Kaufen von Waren aus. Daraus ergibt sich eine Schieflage: Während Kinder materiell zunehmend weniger frustriert werden, man materielle Frustrationen vermeidet – «schließlich kann man sich etwas leisten» –, mutet man den Heranwachsenden in emotionaler Hinsicht viel zu. Unübersehbar ist, daß gefühlsmäßige Frustrationen wie Liebesentzug, emotionale Leere, Verlassenheits- und soziale Ängste in den letzten Jahren zunehmen.

Häusliche Zusammenarbeit funktioniert nicht auf der Basis von Bestechung, weil solcherart Belohnung den Wunsch nach immer mehr, ständiger Belohnung und materieller Belobigung wachruft. Wird diese verweigert, erhalten Kinder das Gefühl, es komme nichts dabei heraus. Die Folge ist – Stefans Reaktionen zeigen es – Rache und aus mütterlicher Sicht Hilflosigkeit. Wer ständig Selbstverständlichkeiten – und die Mithilfe im Haushalt ist eine – materiell belohnt oder Belohnung in Aussicht stellt, trägt nicht allein zum grenzenlosen Immer-Mehr bei, sondern der entwertet auch das Verhältnis zwischen Eltern und Kindern.

Das Gefühl der Zugehörigkeit entwickelt sich über das aktive Mitwirken. Wer Kinder unablässig materiell verwöhnt, läßt sie ohne eigenständige Erfahrung. Das eigene Zimmer aufzuräumen, den Tisch abzudecken, selbstbestimmte Leistungen in der Schule zu erbringen – dafür verdienen Kinder Ermutigung, positive Bestärkung, und – weil Ausnahme die Regel bestätigen – als Überraschungen mal eine materielle Bestätigung. Wer verwöhnt, erzeugt beim Kind Stillstand, motiviert nicht dazu, sich neuen Herausforderungen zu stellen, läßt Kinder orientierungs- und beziehungslos.

Kinder können, wenn sie in einem emotional ausgeglichenen Klima aufwachsen, materielle Frustrationen aushalten. Kinder erfahren dadurch nicht allein Frustrationstoleranz, sie werden angehalten, nach neuen Wegen und Möglichkeiten Ausschau zu halten, sich ihre materiellen Wünsche zu erfüllen.

Benjamin kommt aus der Schule nach Hause. Als die Mutter ihn nach dem Ablauf des Vormittags fragt, bleibt er wortkarg. Jeder Versuch von Frau Peters, mit ihrem Sohn ins Gespräch zu kommen, scheitert an seinen kurzen, meist mürrischen Antworten. Beim Mittagessen fängt er an: «Ich weiß, du magst Batman nicht!» Er zieht das «a» des Wortes ganz lang, so daß es wie «Bääätmään» klingt.

«Wie bitte?»

«Eben Bääätmään aus dem Fernsehen. Da, wo du gleich mekkerst.»

«Ich mag den auch nicht.»

«Sag ich doch!» Benjamins Stimme bekommt einen spitzen Klang:

«Und? Was ist mit Batman?» fragt Frau Peters. Ihr «Batman» hört sich wie «Bettmann» an.

«Batman», verbessert Benjamin.

«Also!» Die Mutter quält ein langgezogenes «Batman» heraus.

«Was ist mit Batman?»

«Ich möchte so 'n Umhang haben. Hab ich im Supermarkt gesehen.»

«Von wem?»

«Von dir.» Benjamins Antwort kommt zögernd.

Frau Peters überlegt: «Ich denke nicht, daß ich dir einen kaufe.»

«Bitte! Bitte!»

«Ich muß noch drüber nachdenken.»

Szenenwechsel. Der Nachmittag desselben Tages. Frau Peters sitzt mit ihrem Sohn zusammen.

«Ich kauf den Umhang nicht!» eröffnet sie das Gespräch.

«Hab ich mir ja gedacht. Du haßt Batman!» Benjamin wirkt beleidigt.

«Wir nähen einen gemeinsam.»

«Will ich nicht. Ich will einen gekauften haben.»

«Mein Angebot steht.»

Beim Abendessen lenkt Benjamin ein: «Gut, nähen wir einen.»

«Das freut mich.»

«Willst du nicht wissen, warum?» fragt Benjamin. Frau Peters zuckt mit den Schultern.

«Ich hab mit Oma telefoniert. Oma kauft mir 'nen richtigen, also die gibt mir die Hälfte dazu. Und dann hab ich ja noch mein Taschengeld.»

«Ist in Ordnung!»

Szenenwechsel. Am nächsten Tag beginnt man mit dem Nähen.

Benjamin kauft die Materialien, ist an der Fertigstellung stark beteiligt. Frau Peters unterstützt ihn, leitet an. Er versucht, das Original zu imitieren, was ihm nicht gelingt. «Also», stellt er nach der Fertigstellung zufrieden fest, «jetzt hab ich meinen. Aber irgendwann besorg ich mir den ‹richtigen›.»

Am folgenden Tag trägt er seinen Umhang beim Spielen, umringt von seinen Freunden. Die «finden das Ding geil». Der Original-Batmanumhang liegt auf dem Gabentisch – ein Geschenk von der Oma. Benjamin zieht ihn ein paar Tage an, dann wird er zur Wanddekoration in seinem Zimmer.

Frau Peters hat Grenzen gesetzt. Sie hat sich den Wünschen ihres Sohnes verweigert, ihm gezeigt, daß sie nicht bereit ist, all seine Wünsche sofort und rückhaltlos zu erfüllen. Sie mutet ihrem Sohn materielle Frustration zu, gibt ihm aber zugleich die Gewißheit, die Sache und nicht seine Person abzulehnen. Ihr Angebot, den Umhang herzustellen, weist auf dreierlei hin:

- Sie erkennt Benjamins Wunsch an, will diesen aber nicht durch Kauf und Konsum erfüllen, vielmehr durch eine *gemeinsame* Tätigkeit. So hat man zugleich Zeit füreinander, kann Beziehungen herstellen.
- Die aufgezeigten Grenzen haben Benjamin den Anstoß gegeben, nach Wegen zu suchen, um doch noch den «richtigen» Umhang zu bekommen.
- Benjamins Frustration ist umgeschlagen in Nachdenklichkeit und Kreativität. Das «Nein» der Mutter hat zu einem sozialen Miteinander und zu Kooperation in der Sache geführt. Das «Nein» hat Benjamin gezeigt, daß er materielle Frustration aushalten und diese Grenze als Herausforderung annehmen kann.

«Weniger ist manchmal mehr» – so hat es der Psychoanalytiker Wolfgang Schmidbauer bezüglich des Konsums ausgedrückt. Dieses «Mehr» ist Beziehung, ist Spannung, ist Auseinandersetzung. Verwöhnt-grenzenlose Kinder haben demgegenüber weniger – weniger an Erfahrung, Handlungssicherheit, Vertrauen in eigene Fähigkeiten und an Mut, sich Neuem zu stellen.

5 «Mama muß mal die Hexe sein.»
Wie Kinder Grenzen suchen und finden

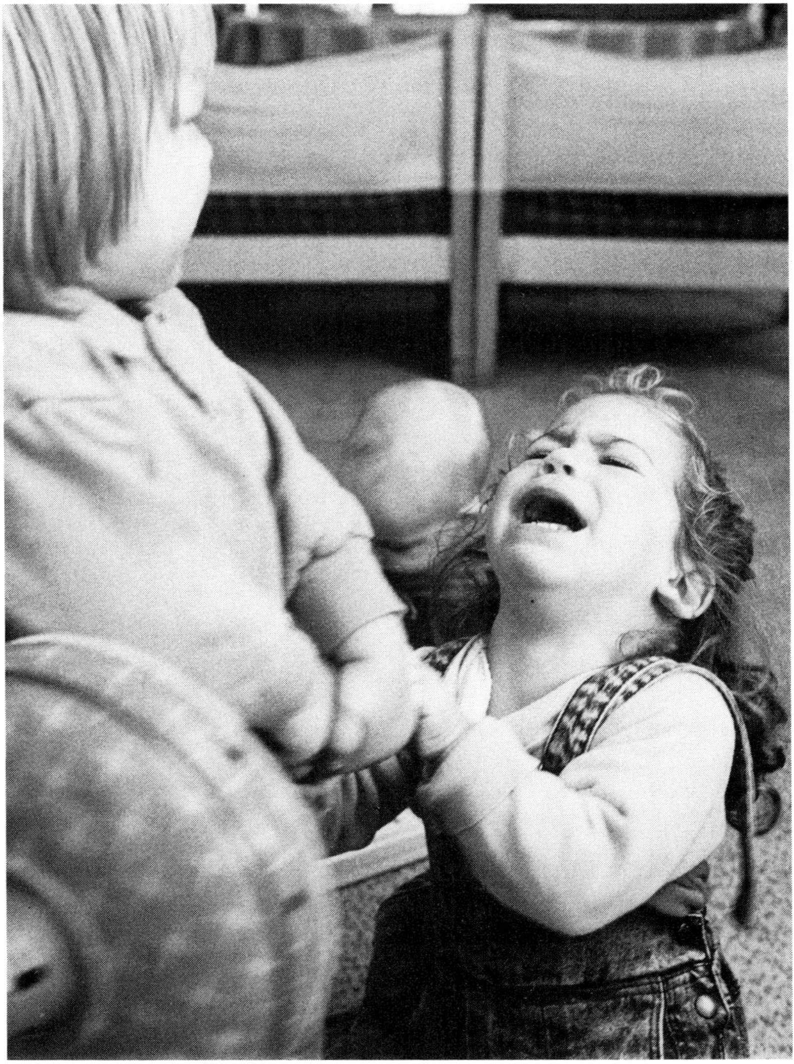

Wer Grenzen sucht, sich an ihnen reibt, ist bereit für neue Erfahrungen. Grenzen zeigen Kindern, was sie und wie weit sie gehen können. Zugleich führen sie Kindern vor Augen, was sie noch nicht können. Grenzpfähle sind wie Leuchttürme, sie weisen eine Zeitlang auf sicheres Fahrwasser hin, leiten bis zu einem anderen Fahrwasser oder bis das offene Meer erreicht ist, in dem nach anderen verläßlichen Koordinaten Ausschau gehalten wird.

Doch wollen Kinder mehr. Mit Grenzen zu spielen heißt mit eigenen Fähigkeiten zu spielen, an eigene Leistungsgrenzen zu gehen, Herausforderungen zu bestehen, um sein Selbstwertgefühl zu stärken, die Tiefe und die emotionale Basis zwischenmenschlicher Beziehungen zu ergründen, die Verläßlichkeit von Normen und Werten auszutesten, die ihnen Eltern und Erzieher vorleben. Die Suche nach Grenzen und die versuchten wie verwirklichten Grenzüberschreitungen weisen deshalb auf zweierlei hin:

- Sie sind Zeichen für kognitive und gefühlsmäßige Entwicklungsschritte des Kindes. Es hat Erfahrungen gemacht, es hat sie verinnerlicht, es ist bereit, anderes, unbekanntes Terrain zu erkunden. Wenn das Kind an Grenzen rüttelt, macht es auf sich aufmerksam, will mehr und anderes, möchte neue Sicherheiten, weil die gewohnten nicht mehr reichen. Grenzüberschreitungen zeigen die Notwendigkeit an, über erweiterte Grenzen veränderte Regeln und mehr Mitsprache des Kindes bei Konfliktlösungen nachzudenken.
- Grenzüberschreitungen weisen den Erwachsenen aber auch darauf hin, sich diesen zu stellen. Eltern – und alle anderen, die mit Kindern pädagogisch zu tun haben – sind Modelle, an denen sich Kinder orientieren. Und wenn Kinder nicht mehr wissen, woran sie bei ihren Eltern sind, dann testen sie deren Grenzen aus.

Grenzüberschreitungen sind normal, aber Grenzüberschreitungen sind zugleich schmerzhaft, konfliktreich, nervenaufreibend und mühsam; dies vor allem dann, wenn es Kindern nicht so sehr darum geht, ihr Können zu beweisen, als vielmehr Eltern in einen Beziehungs-Clinch hineinzuziehen. So haben denn Grenzüberschreitungen neben dem entwicklungsbedingten auch den funktionalen Aspekt. Anders ausgedrückt: Grenzüberschreitungen werden von Kindern – unbewußt und verdeckt – eingesetzt, um sich, ihre Stellung im Familiensystem, im System der Gruppe oder ihre psychosoziale Lage darzustellen. Diese Grenzüberschreitungen fordern Erwachsene heraus, und sie überfordern oft genug.

Grenzüberschreitung und Nachgiebigkeit

Vor dem Supermarkt steht ein Schaukelpferd. Sabrina, vier Jahre, steuert wie selbstverständlich darauf zu, setzt sich darauf, schaut ihre Mutter, Frau Abraham, an, die in einiger Entfernung stehenbleibt:

«Schaukeln! Ich will schaukeln!»

Die Mutter: «So, nun komm!»

Sabrina bleibt sitzen, bettelt: «Bitte, nur 20 Pfennig!»

«Nein, Sabrina!»

«Bitte, bitte!»

Die Stimme der Mutter wird fester: «Du hast gestern geschaukelt …»

«… Bitte, bitte!»

«… Und wir haben abgesprochen, morgen schaukelst du nicht!» Die Mutter schaut Sabrina fest an, die weiter Schaukelbewegungen macht, dabei ihre Mutter nicht ansieht. Frau Abraham: «Und du warst einverstanden.» Sie will sich umdrehen, als Sabrina kleinlaut-weinerlich klagt: «Bitte, bitte. Nur noch einmal, Mama!»

Frau Abraham geht einige Schritte in Richtung des Autos, als Sabrina laut schreit: «Alte Hexe, ich hasse dich!»

Die Mutter bleibt wie angewurzelt stehen, dreht sich um. Sabrina hat Tränen in den Augen, ihre Stimme klingt klagend: «Bitte, Mami, nur noch einmal.« Sie schaut mit traurig-verlorenen Augen.

Frau Abraham nestelt in der Einkaufstasche, untermalt von Sabrinas weinerlichem «Bitte, bitte!»: «Na gut, dieses eine Mal. Aber nur dieses eine Mal. Versprichst du's mir?»

Sabrina strahlt, das Geld fällt in den Schlitz. Die Mutter lächelt gequält, sieht ihrer Tochter mit einer Mischung aus Hilflosigkeit und

Ärgerlichkeit zu und sagt später während einer Bildungsveranstaltung: «So ist's immer. Die weiß, wie sie mich um den kleinen Finger wickelt.» Und dabei schaut sie zur Hand und wickelt diese symbolisch ein.

Sabrina testet – unbewußt – Grenzen aus, sie überprüft, inwieweit sie sich an verabredete Reglen halten muß oder welche emotionalen Mechanismen, welche Druckmittel sie einsetzen kann, um ihre Ziele zu erreichen.

Auf meine Frage: « »Du weißt, wie du zum Schaukeln kommst?» schaut Sabrina mich kurz irritiert an, dann zieht sich ein breites Grinsen über ihr Gesicht. Ich mache mit einer weinerlich-greinenden Stimme ein «Ich will schaukeln» vor. Sabrina lacht, nickt heftig mit dem Kopf: «Genau!»

Frau Abraham hatte zunächst angemessen reagiert und mit ihrer Tochter eine Vereinbarung getroffen. Übersehen hatten beide, was zu tun ist, wenn sich die Tochter nicht an die Absprache hält. Dies hatte Sabrina ausgenutzt, ihre Mutter auf Festigkeit und Konsequenz hin ausgetestet. Die Erfahrung, daß «Mami weich wird», kannte sie aus vergleichbaren Konfliktsituationen: «Wenn ich weine, krieg ich viel.» Sabrina setzt ihre «Wasserkraft» ein, um ihre Ziele zu erreichen. Sie ahnt und spürt, daß sie mit Tränen mehr bewirkt als die Mutter mit ihren Worten.

Sabrina sind die Motive ihrer Grenzüberschreitungen natürlich nicht bewußt. Sie handelt impulsiv, aus einem inneren Drang heraus, ganz im Sinne von Versuch und Irrtum – nach dem Motto: «Mal sehen, wie weit ich heute gehen kann.» Sie möchte wissen, woran sie ist. Da die Mutter aber bei bestimmten emotionalen Haltungen ihrer Tochter nachgiebig ist, Sabrina mithin ihr Ziel – das Schaukeln – erreicht, bestand für sie kein Anlaß, ihre Quengelei zu unterlassen.

«Aber was hätte ich denn tun sollen?» fragte Frau Abraham.

«Was sollten Sie denn tun?»

Sie überlegt einen Augenblick. «Einfach ins Auto gehen!»

«Dann gehört das mit zur Absprache.»

Mutter und Tochter vereinbaren, daß nur bei jedem zweiten Besuch das Schaukelpferd benutzt wird. Darauf verständigt man sich vor dem

Einkauf nochmals. Hält sich Sabrina nicht an diese Absprache, wird die Mutter ins Auto gehen, fünf Minuten warten und dann abfahren. Sabrina ist einverstanden.

Ein paar Tage später. Es ist «Nicht-Schaukel-Tag». Sabrina geht zum Pferd, setzt sich drauf, bleibt sitzen, bettelt, weint, greint. Frau Abraham erinnert kurz und ruhig an die Abmachung, dreht sich um und geht festen Schrittes zum Auto. Sie versucht, ihre weinende Tochter «zu überhören». Später sagt sie: «Auf dem Weg dahin mußte ich mir immer sagen: ‹Ich bin eine gute Mutter!›» Beim Auto angekommen, packt sie ein, setzt sich hinter das Steuer und wartet. Nach zwei Minuten kommt Sabrina, enttäuscht, genervt, ärgerlich. Sie setzt sich wortlos ins Auto. Als Frau Abraham anfährt, schauen sich beide an. Sabrina lächelt.

Vier Gesichtspunkte sind mir bei diesem Umgang mit Grenzüberschreitungen wichtig:

- Während Frau Abraham zunächst darauf verzichtet hatte, auf Konsequenzen bei Regelverstößen hinzuweisen, gehören nun die Folgen zur Absprache. Sabrina weiß, woran sie ist.
- Die Mutter hat ihre Tochter zur Mitarbeit gewonnen. Es ging nicht um ein grundsätzliches «Nein» zum Schaukeln, vielmehr darum, dies auf eine für beide angemessene Weise zu lösen.
- Frau Abraham blieb auch dann fest, als Sabrina ein weiteres Mal ihre Grenzen austesten wollte.
- Wer handelt, verschafft sich Achtung; zeigt, wie er Absprachen ernst meint, und wird so zu einem verläßlichen Partner. Mutter und Tochter erfahren die Notwendigkeit, sich gegenseitig ernst zu nehmen, was wiederum Voraussetzung gegenseitigen Respekts ist.

Macht austesten

Tim, vier Jahre, kommt ins Wohnzimmer, ist durstig und wünscht etwas zu trinken. Die Mutter steht auf, beide gehen in die Küche.

«Möchtest du O-Saft?» Tim nickt. Die Mutter gießt ein. «So, nun trink!»

«Will ich nicht, möchte Milch.»

«Kannst du doch gleich sagen.» Die Milch wird eingegossen.

Tim nimmt das Milchglas, setzt an: «Mag ich nicht, die ist sauer.»

«Ich denke, du bist durstig.» Die Stimme der Mutter wird ärgerlicher.

«Bin ich auch.»

«Was willst du denn?»

Tim überlegt kurz. «Kirschsaft!»

Die Mutter geht zum Regal, holt Kirschsaft.

«Nicht diese Flasche, die daneben.»

«Ist doch die gleiche.»

«Nein.»

«Ist aber die gleiche.»

«Nein!»

«Meinetwegen.»

Die Mutter stellt eine Flasche zurück, nimmt die nächste. «So, nun reicht's aber.» Sie gießt den Saft ein.

«Gib mir den O-Saft, ich glaube, der ist doch besser.»

«Tim, ich glaub, ich spinne. Jetzt reicht's aber wirklich.» Die Stimme wird laut. «Nun trinkst du diesen Saft!» Sie drückt ihm das Glas in die Hand.

Er trinkt einen Schluck, stellt das Glas zurück, verläßt grinsend die Küche, während eine genervte Mutter zurückbleibt: «Jedesmal dieser Nerv! Aber wirklich jedesmal!» stöhnt sie leise vor sich hin.

Ob nun beim Getränk, beim Essen, bei der Kleidung oder beim Spielzeug – von den anderen alltäglichen Konsumartikeln ganz zu schweigen – immer mehr Kinder werden früh in Entscheidungsprozesse einbezogen, haben die Qual der Wahl: Sie stehen lange vor dem Kleiderschrank, noch unfähig oder besser: überfordert, sich zu entscheiden; sie haben sich morgens für ein Essen zu entscheiden, von dem sie mittags nichts mehr wissen wollen. So notwendig der Respekt vor kindlichen Wünschen nund Bedürfnissen ist, so muß dies doch alters- und situationsangemessen erfolgen. Die Klage vieler Eltern, aus jeder noch so kleinen und harmlosen Situation wie der Wahl eines Getränkes oder der Kleidung werde in Kürze «ein richtiger Nerv», zeigt, daß sich viele Kinder mit dem erzieherischen Leitbild von Selbständigkeit überfordert sehen – dies besonders dann, wenn keine Absprachen und Regeln für solche Situationen bestehen. Entsprechende Verhaltensunsicherheiten sind Zeichen dafür, wie Kinder zu früh mit zu weiten Grenzen konfrontiert sind.

Wenn Entscheidungen nicht mit verläßlichen Regeln, verbindlichen Grenzen und Absprachen einhergehen, *fühlen* sich Kinder allein gelassen und verunsichert. Kinder brauchen die Unterstützung und Ermutigung ihrer Eltern ebenso, wie sie bereit sein müssen, eigentätig an der Problemlösung mitzuarbeiten.

Wer Kinder ständig überfordert – dies gilt selbst dann, wenn «man es noch so gut» meint –, hält sie klein, macht sie – ungewollt – unselbständig. Um Kindern die Qual der Wahl zu erleichtern, ist es wichtig, sie aus einer für sie überschaubaren Anzahl – von Gegenständen – auswählen zu lassen. Ansonsten verlieren Kinder sich, werden entmutigt, trauen sich nicht. Die Folgen sind Machtkämpfe, Hilflosigkeiten, über die das Kind sein «Noch-nicht», ausdrückt.

«Was hätte ich denn sagen sollen?» fragt Tims Mutter.

«Was möchtest du trinken, Wasser oder O-Saft?»

«Und wenn das Kind dann aber Kirschsaft möchte?»

«Dann gibt es Kirschsaft und keine weiteren Diskussionen.»

«Aber wenn er den dann nicht will und noch durstig ist?»

«Ich denke, er ist nicht durstig, sondern er prüft Sie, wie weit er mit seinen Wünschen gehen kann!»

Unergiebiger Wortschwall

Durch Handeln Grenzen zu ziehen hilft dem Kind bei der Orientierung. Unendliches Reden dagegen macht Kinder – wie es Rudolf Dreikurs einmal ausdrückte –«muttertaub» – und sicherlich auch «vatertaub».

Die Familien Moser und Schrader sitzen in einem kleinen Gartenrestaurant, um zu essen. Mosers haben zwei Kinder, Marion, acht, und Julian, sechs Jahre, Schraders den siebenjährigen Sven. Nach der Vorspeise fragen die Kinder, ob sie aufstehen dürfen. «Ja, aber nur hier in der Nähe spielen.» Die Kinder nicken, springen auf, fangen zunächst vorsichtig an, die Gegend zu erkunden. Immer weiter ziehen sie ihre Kreise, mal laut schnatternd, mal leise, mal kreischend, mal tuschelnd.

Die Eltern unterhalten sich intensiv, schauen sich gegenseitig an. Die ermahnenden Hinweise «Marion» hierher oder «Sven, nicht so weit» oder «Julian, paß doch auf» klingen mehr dahingesagt und unverbindlich, dazu sind die Eltern zu sehr mit sich beschäftigt.

Als Marion und Sven den Kellner ungewollt anrempeln, weil sie in ihr Toben vertieft sind, meint Herr Schrader schroff: «Mensch, paßt doch auf!» Und als Julian einen Stuhl laut krachend umschmeißt, entfährt es Frau Moser: «Nun hört aber endlich mal auf!» Frau Schrader meint genervt zur Runde der Erwachsenen: «Die sind heute fürchterlich. Man kann sich nicht mal in Ruhe unterhalten.»

Die Kinder ziehen sich in eine Ecke zurück, spielen dort mit umherliegenden Kieseln. Kurze Atempause für die Eltern, unterbrochen von pflichtschuldigen Rufen wie «Julian, vorsichtig», «Sven, nicht mit Steinen werfen ...» Die Kinder sind taub, sie ahnen, daß nicht sie die Adressaten sind, so indirekt klingen die Ermahnungen.

Julian springt auf, läuft zu einem Blumenbeet in der Nähe des elterlichen Tisches und beginnt, auf der Steineinfassung zu balancieren. Die beiden anderen kommen hinterher, tun es Julian nach. Regelmäßig gleiten die Kinder ab, treten auf die Tulpen. «Paßt doch auf», meint Frau Schrader. «Hört doch bitte auf», sagt Herr Moser. «Seid doch bitte vorsichtig, die armen Blumen. Das tut denen doch weh.» Frau Schraders Stimme klingt mitleidig.

Die Kinder setzen ihr Spiel fort. Lustig und laut geht es zu. Als Julian mal wieder eine Tulpe zertreten hat, springt Frau Moser auf: «So, nun ist aber Schluß!» Als ihr Sohn von den Steinen zurücktritt, bleibt sie stehen, setzt sich, stößt ein «Ich weiß nicht, was die haben. Die sind so quirlig!» aus und fährt mit ihrem Gespräch fort.

Sven hat unterdessen ein Wettrennen um den Steinrand des Blumenbeetes vereinbart: «Wer's am schnellsten schafft, gewinnt.» Sie fangen an, bemühen sich, das Beet nicht zu berühren, die Blumen nicht zu zertrampeln – gleichwohl vergeblich. Das ständige «Hör auf!» oder «Laßt das!» der Eltern überhören die Kinder, es kommt ihnen wohl eher wie Anfeuerungsrufe vor – bis, ja bis der Kellner sich vor den Kindern überlebensgroß aufbaut. Seine tiefe Stimme klingt ganz bestimmt: «Schluß nun. Ab an den Tisch!» Die Kinder zögern, der Kellner bleibt stehen, schaut die Kinder fest an, seine Augen bewegen sich langsam in Richtung des elterlichen Tisches. Und dann fügt er ganz freundlich hinzu: «Und wenn's da zu langweilig ist, könnt ihr mir helfen!»

Die Kinder begleiten den Kellner zum Tisch. Als sie dort ankommen, meint Frau Moser irritiert: «Mensch, Harry, sind Sie aber heute ungnädig!» Harry, der Kellner, zuckt die Schultern: «Ich bin doch kein Artist!» – «Wieso?» – «Wenn mir drei Kinder auf der Nase tanzen könnten, würde ich nicht hier arbeiten, sondern im Varieté!»

Restaurants oder Supermärkte ermutigen die Kinder regelrecht zu Regelverstößen. Dort haben sie Zuschauer, die die kindlichen Schritte in unbekantes Terrain teils bewundernd, teils abwartend, teils mißbilligend beobachten, verbunden mit der beruhigenden Gewißheit, nicht in der Rolle von Eltern handeln zu müssen.

Über Regelverstöße und Grenzverletzungen provozieren Kinder Aufmerksamkeit. Indem die Schraders und Mosers nicht angemessen auf die Aktionen ihrer Kinder eingingen, *fühlten* diese sich nicht an- und ernst genommen. Erst der Kellner Harry konnte mit seinem Einspruch und seiner eindeutigen Haltung jene Grenze setzen, die auch die Kinder akzeptieren konnten.

Unzählige Ermahnungen bedeuten in der Regel dann nichts für das

Kind, wenn sie nur so dahingesagt sind. Das Kind «stellt die Ohren auf Durchzug». Viele Kinder ahnen: Viel Gerede und «gute Worte» sind mit Inkonsequenz verbunden. Als Frau Moser aufsteht, um ihren Worten «Jetzt ist aber Schluß» Festigkeit, Ernst und Nachdruck zu verleihen, als sie anfängt, eine Grenze ausdrucksstark einzufordern, bricht sie unvermittelt ab. Die Kinder fühlen sich daraufhin weiter ermutigt für neue «Taten», wissen sie doch aus Erfahrung, daß mütterlicherseits eher geredet denn gehandelt wird; mithin ein Ansporn für sie, weitere Grenzen auszutesten.

- Vielen Kindern sind die Motive ihrer «Grenzscharmützel» nicht bewußt. Deshalb besteht für sie auch kein Anreiz, damit aufzuhören. Und warum soll ein Kind seine Regelverstöße beenden, wenn es dafür Zuwendung – wenn auch negative – bekommt? Strafaktionen oder impulsive Reaktionen führen zu keinem Ergebnis, sind mehr darauf ausgerichtet, das Kind zu erniedrigen oder zu beherrschen. Solche Handlungen mögen kurzzeitig «Beruhigung» und «Erfolg» mit sich bringen, mittel- und langfristig fordern sie das Kind aber heraus, über destruktiv-störende Aktionen mit den Eltern in eine Beziehung, genauer: in eine Macht-Ohnmacht-Beziehung einzutreten.
- Wenn Eltern es mit ihren Anweisungen – z. B. «Hört auf!» – ernst meinen, müssen sie sich voll auf die Einhaltung des ausgesprochenen Gebots konzentrieren. Wenn Kinder beobachten und erleben, wie Eltern solche Anweisungen nur nebenbei – und dies ist wörtlich gemeint – geben, denken sie gar nicht daran aufzuhören. Das ändert sich erst dann, wenn die Eltern zu ihren Anweisungen stehen.
- Eltern wissen, in welcher Situation und zu welcher Zeit es mit großer Regelmäßigkeit «kracht». Die ständigen Ermahnungen, nun besonders brav, nett, ruhig oder angepaßt zu sein, helfen in der Regel nicht. Und je häufiger solche Situationen in Beziehungsstreß ausarten, um so unsicher-ängstlicher geht man in sie hinein und kann sich wieder nicht eindeutig verhalten – ganz im Sinne einer sich selbst erfüllenden Prophezeiung.

Wie kann man sich in solchen Situationen angemessen verhalten? Vielleicht sollten Sie *vorher* in ruhigen Worten mit dem Kind über das

Einhalten von Regeln reden und dabei seine Mithilfe zu gewinnen versuchen. Nicht *gegen* das Kind, sondern *mit* dem Kind lautet die Regel. Aber das gelingt nicht immer – trotz aller Absprachen. In Konfliktsituationen ist es dann wichtig, auf der Einhaltung der abgesprochenen Regeln zu bestehen – und dies in einer festen Körperhaltung und klaren Sprache. Das Kind spürt so, wie verbindlich die Eltern die Einhaltung von Regeln nehmen. Nur durch Tun und Erleben können Regeln und Grenzen verinnerlicht werden – dies so lange, bis neue Situationen kommen, die zu Grenzüberschreitungen reizen.

«Alle anderen dürfen ...»

Kinder haben ihre «bewußten und unbewußten – Strategien, Grenzen zu erweitern oder auszutesten. Je älter Kinder werden – spätestens vom Zeitpunkt des Kindergartenbesuchs an –, um so konsequenter, differenzierter und nachdrücklicher versuchen sie, ihre Positionen zu behaupten und Standpunkte zu erweitern. Ein bewährter – Zaubertrick ist die Selbstdarstellung als Außenseiter, gekoppelt mit – manchmal liebenswürdiger – Nötigung.

Florian, sieben Jahre, kommt aus der Schule nach Hause, geht zur Mutter und fragt: «Darf ich heute abend den Krimi sehen?»

«Es gibt eine Absprache: keine Krimis nach 19 Uhr!» Frau Kösters Stimme klingt bestimmt.

Florian verschwindet in seinem Zimmer, nimmt beim Mittagessen das Thema wieder auf: «Darf ich heute abend den Krimi sehen?»

«Florian, bitte!» Etwas ärgerlich und mißmutig ißt die Mutter weiter.

Florian schweigt.

«Was ist mit dir? Du bist so ruhig?»

Florian, etwas kleinlaut, weinerlich, mit kleinkindhafter Stimme: «Alle dürfen den aber sehen.» Kurze Pause. «Und ich darf in der Pause schon nicht mehr mitspielen.» Er schluchzt: «Die nennen mich Baby, weil ich das noch nie gesehen habe.»

Frau Köster streichelt ihrem Sohn die Hand: «Und wer kann das sehen?»

«Alle!»

«Wer sind alle?»

Florian zuckt die Schultern.

«Gut, dann rufe ich mal Mirko, Martin, Robert, Helena und Anna an! Ich glaub nämlich nicht, daß die das alle sehen!»

Florians Stimme klingt plötzlich trotzig, erhält einen ganz bestimmten Klang: «Glaubst du mir etwa nicht? Das find ich aber gemein! Ruf da bloß nicht an!»

«Alles klar. Ich denke, ihr macht euch da etwas vor in der Klasse, schaukelt euch gegenseitig hoch. Den Krimi siehst du jedenfalls nicht.»

Florian hat den Krimi nicht gesehen, gleichwohl blieben der ständige Streit und die Frage der Mutter, ob sie zu «hart» und zuwenig verständnisvoll reagiert habe.

Es ist völlig normal, wenn Kinder versuchen – bedingt durch die Erfahrung in Kindergarten, Hort, Freizeiteinrichtungen oder Schule –, Grenzen in der Familie in Frage zu stellen, sie zu überschreiten. Diese Grenzen tatsächlich neu zu setzen kann allerdings nur das Ergebnis gemeinsamer Bemühungen aller Beteiligten sein. Wenn sie auf der Basis von Nötigung – «alle anderen dürfen ...» – festgesetzt werden, ist das im Resultat ebenso problematisch wie stures Beharren auf einmal abgesprochenen Regeln: «Das haben wir immer so gemacht. Und dabei bleibt es. Punkt. Basta!»

«Alle anderen dürfen ...» Ob es sich nun um den abendlichen Krimi, das schicke T-Shirt, längeres Aufbleiben, das neueste Monster-Spielzeug oder das höhere Taschengeld handelt: Immer versuchen Kinder auch, neue Grenzen auszutesten, abgesprochene Regeln in Frage zu stellen. Wer sofort nachgibt, der verschafft Kindern einen zweifachen Erfolg mit fragwürdigen Konsequenzen: Kinder lernen daraus, wie sie durch bestimmte Formulierungen und entsprechende Verhaltensweisen ihre Eltern «überzeugen», besser: «rumkriegen», und sie werden solch Modell immer wieder – erfolgreich aus ihrer Sicht – anwenden.

Die Eltern sind in eine Beziehungsfalle getappt, aus der sie sich – und das Kind – nur schwer wieder befreien können.

Es ist sinnvoll – wie es Frau Köster gemacht hat –, auf bestehende Absprachen, Regeln und Grenzen zu verweisen. Dies sollte auf der «Ich-Ebene», nicht jedoch auf der «Man-Ebene» geschehen. Unangemessen ist ein Satz wie: «Man sieht in deinem Alter solche Filme nicht!», angemessen ist dagegen eine Feststellung wie: «Wir haben Filme, die du sehen kannst, abgesprochen. Ich finde, das sollte zunächst so bleiben.»

Leben Sie den Kindern die Verläßlichkeit von Normen und Werten vor. Dies gibt den Kindern Vertrautheit und Sicherheit. Es ist ihnen zuzumuten, daß in anderen Familien ganz andere Modelle praktiziert werden: Das Kind kann vergleichen, kann werten; es erfährt, wie unterschiedliche Erziehungstile Vor- und Nachteile haben. Das Kind spürt möglicherweise Frustrationen, weil die anderen Kinder «immer mehr dürfen als ich!» Solche Frustrationen beziehen sich meist auf materielle Bereiche – und Fernsehvorlieben gehören zweifelsohne dazu. Materielle Frustrationen können Kinder durchaus aushalten, wenn sie emotionale Sicherheit spüren.

Wenn Frau Kösters «Nein» von Florian allerdings als Verbot aufgefaßt würde und er dazu überginge, heimlich den Krimi zu sehen, müßte sie anders handeln. Dann könnte es sein, daß er einmal abgemachte Regeln in Frage stellen will. Florian würde zeigen, daß er mehr kann und anders will. So steht denn hinter dem «Alle anderen dürfen ...» manchmal der Hinweis des Kindes: «Ich bin größer. Ich möchte mehr sehen.» Dies Motiv kann in einem Gespräch aufgedeckt werden und dazu führen, nach neuen Regeln und Grenzen zu suchen. Am Ende kann dann durchaus der Krimi am Abend stehen. Doch ist dies das Resultat eines gemeinsamen Gesprächs, einer Auseinandersetzung und geschieht nicht deshalb, weil es alle anderen dürfen.

Grenzüberschreitungen als Provokation

Nun ergeben sich Grenzüberschreitungen nicht allein aus dem Reiz, Bestehendes und Beherrschbares in Frage zu stellen, nach neuen Ufern Ausschau zu halten. Grenzüberschreitungen wollen provozieren, enthalten auch verdeckte Motive, die Eltern sich klarmachen und in konstruktive Bahnen lenken sollten.

Alexander, neun Jahre, kommt nach Hause, läßt seine Schultasche fallen, geht sofort vor den Fernsehapparat. Dies führt zu regelmäßigen Auseinandersetzungen. Alexanders Mutter: «Es ist ein Greuel. Jeden Mittag gibt es Streit. Ich kann mir Mühe geben, wie ich will, aber regelmäßig gibt es Zoff. Über das Fernsehen und über das Essen. Dabei gebe ich mir soviel Mühe, will mit ihm reden.» Sie schüttelt den Kopf.

Alexander, sein Bruder Harald, fünf Jahre, und die Mutter tragen dieses Problem auf einer Bildungsveranstaltung mit Eltern vor. Ich gebe einige Ausschnitte aus dem Gespräch wieder.

«Eure Mutter beschwert sich mittags über Streit. Sie sagt, sie kann nicht mit euch reden.»

Alexander protestiert: «Die redet nicht, die kommandiert und fragt aus wie ein Kommissar.»

Harald nickt: «Ja, wie im Krimi, nur schlimmer, weil das ist ja echt bei Mama.»

«Wie ist es mit eurem Kommissar zu Hause?»

Alexander setzt sich in Positur: «Ich komme, sie fragt: ‹Wie war's?› Oder: ‹Was habt ihr gemacht?› Oder: ‹Was habt ihr für Hausaufgaben?› Nur Fragen, immer Fragen, wenn ich nicht antworte: ‹Nun sag schon. Muß ich denn tausendmal fragen.› So ist das immer.»

Die Mutter: «Aber mich interessiert doch, was ihr macht. Soll ich denn stumm dasitzen?»

Alexander: «Aber nicht immer gleich ausfragen. In der Schule fragen sie, ich komme nach Hause, und schon fragt wieder einer.» Er macht eine Pause. «Der Fernseher fragt wenigstens nicht, und in meinem Zimmer habe ich dann Ruhe.»

Die Mutter: «Ich bin ja wohl die fürchterlichste Mutter auf der Welt.»

Harald faßt liebevoll ihre Hand: «Manchmal schon. Dann kannst du ganz schön nerven. Wenn ich vom Kindergarten komme, fragst du auch immer, ‹na, wie war's?› Und wenn ich dann sag, ‹ich hab gespielt›, sagst du, ‹was, du hast nur gespielt? Weiter nichts? Hast du da nichts Richtiges gemacht?›»

In diesem Gespräch sind einige Themen enthalten, die man verallgemeinern kann: Zwischenmenschliche Kommunikation nimmt in manchen Familien ab, obwohl man – im Verhältnis zu früheren Zeiten – objektiv mehr freie Zeit hat. Zugleich ist freie Zeit aber verplante Zeit. Deshalb prägt Zeitknappheit das Familienleben – oder genauer: Viele Gespräche zwischen den Familienmitgliedern dienen der Abstimmung des Terminkalenders.

Bei einer von mir jüngst durchgeführten Befragung bei 310 Familien zeigte sich, nur in 35 Prozent aller Haushalte gab es pro Werktag eine Zeit kommunikativer Gemeinsamkeit, eine Zeit, bei der alle Familienmitglieder zusammen waren. Ein anderer Befund verschärfte das Ergebnis: Etwa drei Viertel aller von mir befragten Kinder waren der Auffassung, die Eltern-Kind-Gespräche seien im Endeffekt zu ergebnisorientiert, es müsse häufig «etwas herauskommen». Kommunikationsanlässe als Orte des Berichtens, des Nacherlebens, des Mitfühlens, des Geschichtenerzählens finden selten statt. Knapp vier Fünftel der Kinder empfanden elterliches Reden häufig als Abfragen und Kreuzverhör, in dem Besserwisserei vor einem gemeinsamen Dialog rangiert.

Unterschiedliche Meinungen zwischen Eltern und Kindern werden häufig schwer ausgehalten. Details oder abgesprochene Regeln werden jedesmal aufs neue ausdiskutiert. Eltern halten ihre ausgesprochenen Anweisungen – so fühlen das Kinder – manchmal nur schwer aus, dies vor allem dann, wenn sie kindlichen Widerstand hervorrufen.

Zurück zu Alexander, Harald und deren Mutter. Auf ihre verzweifelte Frage: «Was soll ich denn bloß machen?» hatte Harald eine spontane Antwort: «Einfach mal ruhig sein. Ich merk doch, daß du dich freust, wenn ich komm!» Und Alexander ergänzt: «Ich will einfach meine

Ruhe haben, und wenn ich reden will, dann tu ich das.» Mutter: «Und wenn du mir was verschweigst?» Alexander: «Dann erzähl ich's dir auch nicht, wenn du mich fragst.»

Im Anschluß an das Gespräch finden wir eine Absprache:

- Wenn die Kinder nach Hause kommen, fragt die Mutter nicht nach der Schule und dem Kindergarten,
- jeder mag beim Essen erzählen, was er will,
- die Mutter darf beim Abendbrot nach Schule und Kindergarten fragen.

Das Resultat nach drei Wochen: Alle haben sich an die Absprache gehalten. Der Rückzug von Alexander vor den Fernsehapparat wurde unnötig, der Streit beim Essen vermieden. Die Mutter lernte, die Ruhe beim Essen als angenehm zu empfinden. Sie begann von sich, von ihrem Vormittag und ihrem Erlebten zu erzählen. Dies animierte die Kinder, von allein und freiwillig über ihre Erfahrungen zu berichten. So ist die Kommunikation lebendiger geworden, alle haben miteinander geredet. Alexander brauchte nicht mehr vor den Fernseher zu fliehen, um lästigen Fragen zu entgehen.

Durch die Verletzung von Grenzen wollten Alexander und Harald auf eine für sie unbefriedigende Situation aufmerksam machen. Sie provozierten, um zu veränderten Regeln – hier während des Essens – zu gelangen. Nur indem sich alle Beteiligten anstrengten und mithalfen, war schließlich eine Absprache möglich.

«Du Arschloch!»

Caroline, fünf Jahre, kommt aus dem Kindergarten, singt fröhlich, stellt sich zur Mutter und sagt unvermittelt: «Arschloch! Arschloch! Arschloch!» Dann blickt sie ihre Mutter an, die kurz lächelt und dann ganz fest und freundlich meint: «Caroline, zieh deinen Mantel aus. Das Essen ist fertig.»

Caroline geht und kommt zurück. Beide essen. In den nächsten vier Tagen wiederholen sich Carolines «Arschloch»-Ritual und die Reaktion der Mutter noch weitere Male. Am Abend des folgenden Tages meint Caroline im Anschluß an das Essen: «Hat geschmeckt, du Arschloch!» Die Mutter, ganz bestimmt: «Das sagt man nicht!» Caroline, ganz fröhlich: «Arschloch sagt man nicht!» Diesen Satz wiederholt sie spielerisch ein paarmal. Die Mutter, leicht säuerlich: «Caroline, bitte!» Caroline ist irritiert, meint dann etwas verhalten: «Aber Papa sagt das auch mal.» Die Mutter zögerlich: «Tja, das find ich auch nicht gut!» Caroline lächelt: «Und Papa ist viel größer als ich. Wenn der das nicht mal kann.»

Schimpfworte und Kraftausdrücke faszinieren Kinder, mit und über sie testen sie normative Grenzen und zwischenmenschliche Verhaltensweisen aus. Je kleiner Kinder sind, um so weniger können sie sich die Bedeutung der – meist von älteren Kindern oder von Erwachsenen – ausgesprochenen Wörter vorstellen; Wörter, die geheimnisvoll klingen, Wörter, mit denen man offensichtlich etwas bewirken kann. Kinder übernehmen die Ausdrücke, stellen sie dann in einen ihnen vertrauten Zusammenhang und kalkulieren die Wirkung: Je überzogener die elterliche Reaktion, um so eher ahnen die Kinder, einen Volltreffer gelandet zu haben. Das Kraftwort findet schnell Eingang in ihren Alltag – zu ihrem Vergnügen, zum Verdruß der Erwachsenen.

Genausowenig wie anfänglich überzogen-heftige Reaktionen taugen, genausowenig helfen moralische Bewertungen. Arthur, sechs Jahre, zu seiner vierjährigen Schwester: «Du Ficksau!» – «Selber Vieh ... Vieh ... Fischsau!» Der Vater tritt hinzu, sehr heftig: «Arthur, so etwas sagt man nicht!» – «Warum?» – «Das ist ein schmutziges Wort!» – «Wieso? Hat das was mit Scheiße oder Klackermatsche zu tun?» – «Arthur!» Der Vater ist entrüstet.

Kinder ahnen die machtvolle Wirkung von Kraftausdrücken. Sie wissen aber weder um deren Durchschlagskraft noch Reichweite, deshalb handeln sie – unbewußt oder manchmal auch zielgerichtet – auf der Basis von Versuch und Irrtum.

Anfänglich hat sich Carolines Mutter angemessen verhalten. Sie hat das Verhalten ihrer Tochter ignoriert, weder moralisch bewertet noch nach dem «Woher hast du das?» gefragt. Solche Fragen bringen Kinder schnell in Verteidigungspositionen. Sie geben anderen Kindern die

Schuld. Dies hilft ihnen nicht, ihre Angewohnheiten zu verändern – höchstens in Anwesenheit jener Personen, die die Kraftausdrücke verurteilen.

Bringt Ignorieren die – in diesem Fall – Schimpf- und Kraftausdrücke nicht beiseite, dann ist zu handeln – ansonsten würde das Übersehen und -hören Caroline in ihrer provozierenden Grenzüberschreitung bestärken, sie zum Weitermachen auffordern. Caroline würde das Ignorieren möglicherweise als Gleichgültigkeit deuten, sie würde ihr Handeln so lange fortsetzen, bis Grenzen gesetzt werden.

Wichtig ist jedoch die Art und Weise, wie auf Carolines Provokation reagiert wird. Indem die Mutter auf der «Man»-Ebene antwortet, bietet sie ihrer Tochter Gelegenheit, eigene Erfahrungen und Beobachtungen ins Spiel zu bringen: «Aber Papa sagt das auch!» Angemessen wäre gewesen: «Ich möchte das nicht hören!» oder: «Ich bin kein Arschloch!» Und auf Carolines «Warum»-Frage könnte sie antworten: «*Ich* fühle mich verletzt.» Bei dieser Auseinandersetzung kommt es entscheidend darauf an, daß Caroline bezüglich ihrer Wortwahl, nicht jedoch als Person kritisiert wird. Es ist also zwischen einer Kritik an der Sache und der Kritik an einer sich entwickelnden Persönlichkeit zu unterscheiden. Caroline muß das Gefühl erfahren, alle Persönlichkeitsanteile, eben auch die grenzüberschreitenden, ausleben zu dürfen. Caroline muß dann aber aushalten, Grenzen gesetzt zu bekommen und Konsequenzen zu erfahren.

Entwürdigungen

Frau Beyer erzählt auf einer Elternversammlung: «Meine Tochter ist schlimm.» Nina ist zehn Jahre, besucht die letzte Klasse einer Grundschule. «Sie ist», wie der Vater erzählt, «ein Wunschkind: Wir tun alles für unsere Tochter, sind immer für sie da!» – «Was ist schlimm an ihrer Tochter?» will ich wissen. «Es wird immer schlimmer, von Tag zu Tag. Die macht mit uns, was sie will», klagt Frau Beyer. Ihr Mann ergänzt: «Gestern hat sie mich geschlagen ... Aus heiterem Himmel.

Ins Gesicht. Hier sehen Sie.» Er weist auf einen blauen Fleck am Hals hin. Frau Beyer: «Nur weil er mit ihr nicht spielen wollte ... zack, zack ...!» Sie macht den Schlag ihrer Tochter nach, «... und schon sitzt es im Gesicht.» – «Und was machen Sie?» – «Wir beruhigen sie dann, reden mit ihr ... und so ...», meint der Vater. Er überlegt, sieht sich hilfesuchend um. «Manchmal schreie ich dann zurück. Dann ist's ganz schlimm. Sie heult, zieht sich in ihr Zimmer zurück, schließt sich ein. Und ...», die Mutter sucht nach Worten, «... dann stehen wir bettelnd davor, vor der Tür, und wollen, daß sie aufmacht.» – «Schlägt sie aus heiterem Himmel?» – «Nein, immer wenn wir sie frustrieren, wenn sie nicht bekommt, was sie will.» – «Nina behandelt Sie wie ein Stück Dreck», werfe ich ein. Herr Beyer ganz spontan: «Wie den letzten Dreck.»

Und dann erzählt die Mutter, angefangen habe es vor einigen Jahren mit Worten wie «Komm her, du Arschloch» oder «Gibt's endlich Essen, du blöde Kuh.» – «Und wie haben Sie gehandelt?» – «Ich war freundlich, hab's übersehen. Ich dachte, das sei eine Phase, die vorübergeht.» Frau Beyer wirkt nun sehr überlegt-nachdenklich. «Und dann meinte ich, Nina müsse diese Phase auch irgendwie ausleben.» Ihr Blick geht nach unten. «Ich konnte das früher nicht. Na ja, dachte ich, so sind die Kinder eben heute.» Herr Beyer mischt sich ein: «Aber es ging immer weiter. Zuerst war's nur zu Hause. Und dann ging's weiter, wenn Freunde da waren, dann beim Einkaufen und so. Schlimm, einfach schlimm.» Er blickt rat- und hilflos in die Runde: «Wir wissen da nicht mehr weiter. Zwei Kinder sind schon groß, aus dem Hause. Die hatten auch ihre Phase ...» Er schüttelt vehement den Kopf. «Aber dies, mein Gott, das hätte ich nicht gedacht, wie weit Nina da geht.»

Ein anderes Beispiel. Aufgelöst kommt Britta Althoff, Hauptschullehrerin, in eine Fortbildungsveranstaltung. Sie humpelt, hat Schmerzen. Dann erzählt sie, drei 15jährige Schüler hätten ihr absichtlich auf dem Flur der Schule ein Bein gestellt, sie sei ausgeglitten und schwer gestürzt. Frau Althoff fängt an zu weinen: «Die haben vor nichts und niemandem mehr Respekt, diese Kinder heute.» Sie schluchzt: «Und dabei sind das die Schüler, für die ich mich am meisten einsetze.» In einer späteren Phase der Veranstaltung suchen wir gemeinsam nach Begründungen für den ihrer Meinung nach fehlenden Respekt. «Das kommt nicht plötzlich. Das entwickelt sich», meine ich. Und irgendwann – im Laufe der Rekonstruktion – erzählt sie: «Ich hab die Schüler jetzt acht Monate. Ich denke, vielleicht hat's mit diesen fiesen Wörtern zu tun.» Wie sie das meine, will ich wissen. «Tja, irgendwann fing's mit Bemerkungen über meine geilen Titten an, ganz zum Schluß war's ‹Jetzt kommt die alte Fotze›.» – «Und Sie?» – «Ich hab weggehört, hab's verdrängt. Irgendwann geht's vorbei, läuft sich's tot, hab ich gedacht.» Sie wirkt ganz nach innen gekehrt, schaut verzweifelt: «Aber was hätte ich denn da machen sollen? Wie soll man sich da wehren?»

Manche Eltern, Erzieherinnen und Lehrerinnen sind verzweifelt, besorgt und unsicher über die – nach ihrer Meinung – zunehmende verbale, aber auch personale Gewalt gegenüber anderen. Da ist viel von fehlendem Respekt und fehlender Achtung die Rede. Die geschilderten Situationen – die man um viele weitere, mal dramatischere, mal möglicherweise zum Schmunzeln verleitende Fallbeispiele ergänzen kann – weisen auf einige wichtige Gesichtspunkte im Umgang mit Grenzüberschreitungen hin:

- Grenzüberschreitungen dienen auch dazu, Erziehungsbeziehungen zu thematisieren. Kinder und Jugendliche prüfen durch Versuch und Irrtum, wie weit sie gehen können, wann die Grenze der Belastbarkeit in zwischenmenschlichen Beziehungen erreicht ist, wo die persönliche Integrität des erwachsenen Gegenübers verletzt wird.
- Wenn über zerstörerische Aktionen – gleich, ob gegen Sachen oder gar gegen Personen – die Erziehungsbeziehung berührt wird, dann muß sofort gehandelt werden. Wer persönliche Beleidigungen hinnimmt, verstärkt oder vervielfacht diese. Ignorieren, Überhören und Übersehen mögen beim spielerischen Umgang mit Grenzüberschreitungen – wie bei Caroline – *ein* Mittel im pädagogischen Prozeß darstellen; bei entwürdigenden Beleidigungen werden sie als Gleichgültigkeit gedeutet, als Aufforderung weiterzumachen.
- Aus lerntheoretischen Untersuchungen ist bekannt, daß die Bereit-

schaft, andere Menschen zu verletzen, zu zerstören und zu vernichten, dann gegeben ist, wenn das Opfer *vor* der Tat entwürdigt wird. Die ausländerfeindlichen Aktionen finden hier *eine* Erklärung: Man erklärt sie zu lebensunwürdigen Parasiten, zu Schmarotzern, die «den deutschen» Wohlstand wegfressen, und legitimiert damit seine Bereitschaft zur Gewalt, zu Körperverletzung und Totschlag.

Wenn Erziehende ihrer Ent-Würdigung im pädagogischen Prozeß und Alltag nicht Einhalt gebieten, diese nicht sofort und mit Hinweis auf logische Konsequenzen – auf die ich an anderer Stelle noch eingehe (s. S. 169 ff.) – begegnen, tragen sie sicher ungewollt zu einer Verstärkung von Zerstörung gegen Sachen und Personen bei. Sie erleichtern es Heranwachsenden, Zerstörungswut – ob in Wort oder Tat – ungehemmt auszuleben, und leisten damit ungewollt einen Beitrag zur Mißachtung der eigenen Person.

Grenzen setzen gründet auf der Basis gegenseitigen Respekts und gegenseitiger Würde. Die Würde des Kindes zu respektieren schließt ein, daß das Kind die Würde des Erziehenden respektiert. Die körperlichen und physischen Grenzen des Jugendlichen zu respektieren schließt ein, daß der Jugendliche die körperliche und seelische Unversehrtheit des Erziehenden respektiert. Hierzu ist es notwendig, die eigenen Grenzen zu artikulieren, mit aller Festigkeit auf der Respektierung von Grenzen zu bestehen.

Tut der oder die Erziehende dies nicht, gibt er oder sie sich auf. Statt einer durch Partnerschaftlichkeit und gegenseitigen Respekt sich auszeichnenden Erziehungsbeziehung zeigt sich ein antisoziales und inhumanes Beziehungschaos, das sich durch die Abwesenheit von Regeln negativ auszeichnet und das Menschenwürde weder zuläßt noch ausbildet.

Die leidigen und nutzlosen Fragen nach dem «Warum?»

Bei grenzüberschreitenden Handlungen stellt sich schnell die Frage nach dem «Warum».

Zwei Kinder prügeln sich kräftig, das eine Kind schlägt heftig zu, verletzt das andere: «Warum hast du das gemacht?» wird es gefragt. «Der hat angefangen», laute meist die spontane Antwort.

Ein Kind stößt mit Regelmäßigkeit seinen vollen Trinkbecher um. «Warum machst du das?» – «Darum!»

«Warum»-Fragen – darauf haben Dreikurs und seine Mitarbeiter (1988) hingewiesen – sind kaum geeignet, die Motive der provokativen Grenzüberschreitungen aufzudecken und Kinder zu konstruktiver Mitarbeit bei Überwindung des störend-auffälligen Verhaltens zu gewinnen, Kinder – bis in die späte Grundschulzeit hinein – sind bei der Beantwortung von «Warum»-Fragen häufig überfordert. Solche Fragen sind meist rückwärts gerichtet, suchen nach Gründen und Ursachen und führen in der Sache schnell zu Selbstanklage oder gegenseitigen Schuldvorwürfen. Sie dienen nicht dazu, notwendige Veränderungen anzuregen.

Das Fehlverhalten des Kindes – so Dreikurs – sei nicht das Ziel dessen Handelns, vielmehr versuche es, über das Fehlverhalten – meist unbewußt – ein bestimmtes Ziel zu erreichen. Die Aufgabe des Erwachsenen ist es, die verdeckten Ziele des Kindes durch Fragetechniken für sich – aber nicht für das Kind! – aufzudecken und in konstruktive Bahnen zu überführen. Dreikurs unterscheidet dabei vier Verhaltensdimensionen. Über das Fehlverhalten – z. B. provokative Grenzüberschreitungen – will das Kind

- zunächst Aufmerksamkeit erzielen. Erreicht es sein Ziel nicht, stört es weiter und
- übt Zwang und Macht aus, um so eine Überlegenheit zu beweisen. Gelingt auch dies nicht, so versucht das Kind,
- sich zu rächen. Vergeltung auszudrücken, um, sollte auch so das Ziel nicht erreicht werden,
- sich bzw. andere hilflos zu machen.

Mareike, fünf Jahre, sitzt am Tisch des Kindergartens, hantiert ungeschickt mit Karton, Klebstoff und Schere, sie will einen Hampelmann basteln. Mal fällt die Schere auf den Boden, mal die Flasche mit Klebstoff. Frau Rose, die Erzieherin, setzt sich dazu: «Soll ich dir helfen?» Sie nimmt die Schere in die Hand, fängt an zu schneiden. Mareike schaut woandershin. «Nun, schau's dir an.» Mareike sieht immer noch weg, spielt mit dem Klebstoff.

Nächster Tag. Eine vergleichbare Situation. Wieder fühlt sich Frau Rose gedrängt, Mareike zu helfen, weil sie «hintendran mit dem Basteln war». Mareike und die Erzieherin sitzen an einem Tisch über Eck. Während Frau Rose bastelt, sitzt Mareike eher gelangweilt herum, hampelt und strampelt mit den Beinen, trifft mit einiger Regelmäßigkeit das Schienbein ihrer Erzieherin. Obgleich es schmerzt, meint diese: «So Mareike, nun komm. Hilf!» Aber Mareikes Ungeschick läßt weiter grüßen, während unter dem Tisch die schmerzhafte Kontaktaufnahme weitergeht.

Zwei Tage später. Wieder am Basteltisch. Mareike sitzt allein, die anderen Kinder sind längst fertig. Frau Rose kommt, will helfen. «Na, bist du da, du blöde Kuh!» – «So nicht! Ich bin nett zu dir und du ...» Mareike streckt ihr die Zunge heraus. «Hör auf damit!» Die Stimme der Erzieherin bekommt einen scharfen Klang: «Sonst gehe ich!» – «Blöde Kuh.» Frau Rose geht. Mareike bleibt zunächst wie erstarrt sitzen, versucht dann – gelangweilt – zu basteln, schaut sich häufig um, wobei ihr Blick ständig die Erzieherin sucht. Sie fängt an, mit dem Stuhl zu kippeln, fällt hin, weint, wimmert. Frau Rose kommt hinzu: «Setz dich hin. Ein letztes Mal helfe ich noch.» Mareike verweigert die Mitarbeit, während die Erzieherin bastelt. Sie versucht, mit dem Kind ins Gespräch zu kommen, das verstockt-bockig dasitzt, die Lippen aufeinanderpreßt. Als der Hampelmann fast fertig ist, nimmt Mareike den Pinsel mit Klebstoff und streicht – ganz schnell und ganz plötzlich, ohne daß Frau Rose eine Abwehrchance hätte – diesen über den Ärmel der Bluse. «Bist du verrückt geworden», schreit Frau Rose. «Jetzt reicht's aber!» Sie springt auf, während Mareike hochschnellt, in die Puppenecke läuft, sich dort – unansprechbar für den Rest des Vormittags – zurückzieht.

An dieser Situation lassen sich die vier Ziele von Mareikes störendem Verhalten aufzeigen: Sie will zunächst Aufmerksamkeit, bekommt diese, ist dann freilich nicht bereit, von ihrem Verhalten zu lassen. An den folgenden Tagen stört sie weiter, verstärkt ihre Aktivitäten in Richtung Machtausübung. Ihr gelingt es, die Erzieherin in einen Machtkampf zu verwickeln – und hat ihn damit schon gewonnen. Während Frau Rose – wohlmeinend – auf der thematischen (Bastel-)Ebene handelt, hier Aufmerksamkeit herstellen und Unterstützung anbieten will, geht es Mareike um den Beziehungs-Clinch. Sie verletzt die Erzieherin im wahrsten Sinne des Wortes; rächt sich dafür, nicht verstanden worden zu sein, und bleibt beleidigt zurück, als sich Frau Rose zornig und enttäuscht zurückzieht. Damit ist die letzte Stufe der Eskalation vorgezeichnet: die gegenseitige Hilflosigkeit, die beide handlungsunfähig macht.

Während «Warum-»Fragen rückwärts gerichtet sind, müssen Fragen entwickelt und vom Erwachsenen gestellt werden, die geeignet sind, das Ziel des Kindes aufzudecken. Ob das Kind sein Ziel in der Frage erkannt hat, kann man am Erkennungsreflex – wie Dreikurs ihn genannt hat – ablesen. Er schreibt: «Jüngere Kinder werden entweder zugeben, daß sie sich mit einem der Ziele, die wir Ihnen genannt haben, unerwünscht verhalten haben, oder sie verraten sich durch ihre Mimik oder Gestik. Diesen mimischen oder gestischen Reflex nennen wir Wiedererkennungsreflex. Er drückt sich in der Regel durch ein Lächeln, Schmunzeln, verlegenes Auflachen oder ein Augenzwinkern aus. Ältere Kinder sind schon zu erfahren und geschickt, um noch offen zuzugeben, daß sie Aufmerksamkeit erzielen oder ihre Überlegenheit zeigen wollen. Infolgedessen sagen sie entweder ‹nein› auf unsere Fragen, die ihnen ihr Ziel erkennbar machen sollen, oder sie sitzen uns mit ausdrucksloser Miene gegenüber. Aber auch sie verraten sich durch ihre Körpersprache. Es kann sein, daß ihre Lippen zucken, ihre Augen aufblitzen oder der Lidschlag schneller wird, daß sie ihre Sitzhaltung ändern, ein Bein bewegen, mit den Fingern trommeln oder auch nur mit den Zehen wackeln. Es bedarf einer sorgfältigen Beobachtung ihrer Körpersprache, um zu wissen, ob wir das richtige Ziel erraten haben.»

Dreikurs entwickelte eine spezielle Fragetechnik, um die Ziele im störenden Verhalten des Kindes aufzudecken. «Dadurch», formuliert er, «sieht das Kind, daß wir noch nicht alles wissen. Nur es selbst weiß, wann die richtige Frage gestellt worden ist. Jede Frage beginnt mit ‹Könnte es sein, daß...›»

So wäre

- bei grenzüberschreitenden Ritualen, wie «Aufmerksamkeit auf sich ziehen» zu fragen: «Könnte es sein, daß du möchtest, daß ich mich mit dir beschäftige?» Oder: «Könnte es sein, daß du möchtest, daß ich dich mehr beachte?»
- Bei Machtkämpfen: «Könnte es sein, daß du mir zeigen willst, daß du tun kannst, was du willst?» Oder: «Könnte es sein, daß du der Tonangebende sein willst?»
- Bei Rache- und Vergeltungsaktivitäten: «Könnte es sein, daß du mich verletzen willst?» Oder: «Könnte es sein, daß du mich bestrafen willst?»
- Bei Hilflosigkeit: «Könnte es sein, daß du in Ruhe gelassen werden willst, weil du nichts kannst?» Oder: «Könnte es sein, daß du einfach keine Lust hast, etwas zu tun, ganz gleich, was es ist?»

Bedeutsam ist, daß in der Frage keine versteckte Anklage enthalten ist. Und wichtig ist weiter, «daß das Kind in der Regel sich seines ‹verborgenen Beweggrundes› nicht bewußt ist. Aber wenn wir richtig geraten haben, wird dem Kind plötzlich die Richtigkeit der Vermutung klar. Es ist eine freudvolle Erfahrung für einen Menschen, der sich bisher unverstanden und herumgestoßen fühlte und glaubte, kein anerkanntes Mitglied der Gemeinschaft zu sein, sich verstanden zu fühlen. Dies ist der Anfang von Vertrauen und Selbstvertrauen.» Dreikurs schreibt weiter: «Es ist ungefährlich, einfach zu raten. Solange falsch geraten wird, weist das Kind einfach die Frage als falsch zurück. In dem Augenblick aber, in dem der richtige ‹verborgene Beweggrund› erraten wird, fühlt sich das Kind verstanden, legt seinen Widerstand und seine Ablehnung ab und beginnt kooperativ mitzuarbeiten.»

Auf Mareikes Verhalten im Kindergarten übertragen: Als Frau Rose ihre Situation während einer Fortbildung vortrug, erarbeiteten wir eine Handlungsstrategie. Als Mareike einige Tage später erneut über störendes Verhalten im Stuhlkreis Aufmerksamkeit erlangen wollte, führte sie im Anschluß daran ein Gespräch. Frau Rose: «Könnte es sein, daß ich mehr für dich tun soll?» Mareike schwieg, schüttelte unmerklich den Kopf.

«Könnte es sein, daß ich dir mehr beim Basteln helfen soll?»

«Nein!»

«Soll ich etwas ganz Besonderes für dich tun?» Mareike strahlte.

«Kannst du mir einen Vorschlag machen?»

Mareike überlegte, zuckte mit den Schultern.

«Möchtest du morgens, wenn du kommst, daß ich dich besonders lieb begrüße?» Mareike lächelte. Man vereinbarte, daß Frau Rose Mareike morgens mit einem besonderen Begrüßungsritual anspricht.

Und im sich anschließenden Gespräch erfährt die Erzieherin, daß Mareikes Eltern seit einiger Zeit frühmorgens aus dem Hause gehen, sie von einer Nachbarin in den Kindergarten gebracht wird. Ein intensives Abschiedsritual findet nicht statt. Die Erzieherin hatte die Motive von Mareikes Verhalten nicht erkennen können. Wie sollte sie auch. Erst die Aufdeckung durch die Methode des «stochastischen» Fragens (griechisch stochastikos: «im Erraten geschickt, scharfsinnig, das Richtige treffen») werden die Ziele von Mareikes Fehlverhalten erraten und in konstruktive Handlungsformen übersetzt. Wichtig ist auch: Frau Rose bittet Mareike um Mithilfe.

Verbindliche Regeln

Provokative Grenzüberschreitungen weisen häufig auf fehlende Regeln und Grenzen in der Erziehungsbeziehung hin:

1. Häufig sind Regeln und Grenzen unklar und uneindeutig formuliert. Kinder wollen wissen, was sie in bestimmten Situationen dürfen und was nicht. Oder Regeln und Grenzen existieren bloß unausgesprochen-verdeckt. Um sie aufzudecken, testen Kinder Situationen aus. Sie machen so lange weiter, bis man ihnen Einhalt gebietet.

2. Eltern und andere pädagogisch Handelnde sprechen eigene Grenzen nicht an, argumentieren auf der «Man-Ebene»: «Man macht das nicht!» Da Kinder aus Beobachtungen lernen, sollten Eltern Störungen und eigene Gefühle auf der «Ich-Ebene» ansprechen: «Ich mag das nicht!» – «Ich ärgere mich!» – «Ich fühle mich gestört!» Dadurch entstehen persönliche Grenzen, an denen sich Kinder reiben und orientieren können. Zugleich erleichtern «Ich-Botschaften», zwischen der Kritik an der Sache und der Kritik an der Person zu unterscheiden.
3. Nicht fest artikulierte Grenzsetzungen – z. B. «Wir wollen ruhig sein» – machen Kinder ebenso taub wie häufige Wiederholungen: «Das habe ich dir schon hundertmal gesagt!» Zur Grenzsetzung gehört Festigkeit in Körperhaltung und Stimme. Kinder brauchen das Gefühl, die Ziehung von Grenzen sei ernst gemeint.
4. Kritik an der Sache darf nicht mit Kritik an der Person verwechselt werden. Kinder müssen sich auch dann als Person angenommen fühlen, wenn sie Aktivitäten unternommen haben, die bestehende Absprachen und Regeln verletzen. Nur so sind sie zur Mithilfe an der Veränderung bereit.
5. Wenn Kinder Grenzen als überzogen, übertrieben und unangemessen empfinden, deuten sie dies als Strafe und Verbot und weichen nicht selten in nervende Machtkämpfe aus, indem sie Regeln ständig und völlig überzogen verletzen. Oder sie umgehen Verbote durch Heimlichkeiten. Dann sind Grenzen und Regeln zu überdenken, dann sollten Sie versuchen, die Mitarbeit des Kindes bei der Formulierung neuer Grenzen und Regeln zu gewinnen.
6. Regeln lassen sich – wie ich noch zeigen werde – nur dann einhalten, wenn über logische Folgen und natürliche Konsequenzen bei Regelverstößen nachgedacht wird. Diese kommen dann zum Tragen, wenn das Kind nicht mithilft oder ständig gegen bestehende Absprachen verstößt.

6 «Ich wünschte mir, ich könnte zaubern!»
Über die Kunst, Grenzen zu setzen

Jeder kennt Alltagssituationen, die ganz offenkundig die Notwendigkeit des unverzüglichen Grenzensetzens im Alltag beweisen:

- Der dreijährige Ralf fährt mit einem Dreirad auf eine vielbefahrene Straße zu und will diese – die Fußgängerampel zeigt «Rot» – überqueren. Sein Vater hält ihn mit einem kräftigen Ruck zurück. Auf das fragende «Warum» antwortet der Vater ruhig, in Stimme und Haltung ganz fest: «Es ist Rot. Du bleibst stehen!» Seine Hand auf Ralfs Schulter verleiht den Worten Nachdruck.
- Die siebenjährige Patrizia kneift ihrer Mutter kräftig in den Oberarm. Es fängt an zu schmerzen. «Hör sofort auf», herrscht die Mutter ihre Tochter an. Patrizia lacht. Die Mutter erfaßt ihr Handgelenk: «Es tut mir weh. Hör bitte auf!» Sie geht in die Hocke, schaut Patrizia fest in die Augen. «Warum?» Patrizias Augen flackern. «Ich habe gesagt, hör auf! Es tut mir weh.»

Doch so eindeutig sind nicht viele Situationen. Manche lassen einen schwanken, verlangen nach versichernder Bestätigung, rufen sie doch mehr Fragen denn eindeutige Antworten hervor:

- Martin, neun Jahre, bummelt jeden Morgen – und mit einiger Regelmäßigkeit verpaßt er den Schulbus. «Fährst du mich», bettelt er. «Das ist deine Schuld», meint die Mutter. Martin insistiert weiter, zunächst trotzig, dann – je mehr die Mutter bei ihrem «Nein» bleibt – um so weinerlicher. Schließlich schaut er mit einem sorgenvollen Blick zu seiner Mutter hoch: «Gut, dann bleibe ich eben dumm, und wenn du willst, daß ich sitzenbleibe...» Da lenkt die Mutter ein bißchen resignierend ein: «Komm, schnell, ich fahr dich und kauf dann noch was ein.»
- Bianca kommt mittags ständig nach ausgiebiger «Tratscherei» mit ihrer Freundin zu spät zum vereinbarten Mittagessen. Die Mutter hat angedroht, sie würde mit dem Essen beginnen, und Bianca müsse dann zukünftig mit lauwarmen Speisen vorliebnehmen. Bianca sitzt beleidigt vor ihrem vollen Teller und ißt nicht: «Kaltes Essen ist nicht gut.» – «Das ist dein Problem.» Nach einigem Hin und Her steht sie auf, geht mit den Worten: «Gut, dann bin ich eben hungrig und dann hab ich gleich Kopfschmerzen» aus der Eßecke. «Bleib hier», lenkt die Mutter ein. «Ich stell's in die Mikrowelle, aber nur

dieses eine Mal noch.» Die Male sind in der Zwischenzeit nicht mehr zu zählen.

- Mirko, acht Jahre, steht gegen 21 Uhr im Wohnzimmer. Seit einer Stunde sollte er schlafen. Das Gute-Nacht-Ritual ist längst vorbei. Er hat wiederholt versichert, nicht mehr zu erscheinen. «Ich kann nicht schlafen.» Frau Habermann: «Du weißt, dies ist die Zeit, die Papi und mir gehört. Du kannst lesen, spielen – aber bitte in deinem Zimmer.» – «Papa, ich kann nicht schlafen.» – «Mirko, du kennst meine Meinung.» Er steht unschlüssig herum, die Eltern beachten ihn nicht. Sie lesen weiter in Buch und Zeitung, unterhalten sich kurz. «Papa?» Herr Habermann überhört ihn. Mirko geht zum Vater, schüttelt ihn. Während dieser ungerührt seine Frau anspricht: «Du, Marianne, was ich dir noch sagen wollte ...», dreht sich Mirko verbittert ab: «Ihr mögt mich nicht. Ihr werdet noch sehen, was ihr davon habt.» Wutschnaubend verläßt er den Raum.

Man sollte – und ich beziehe mich da natürlich ein – sich nichts vormachen: Grenzen setzen fällt nicht nur schwer, Grenzen setzen hängt von vielen, manchmal ganz zufälligen Rahmenbedingungen ab: von der ganz spezifischen Alltagssituation, der «Tagesform» der Beteiligten, vom Erziehungsstil – mal ganz von der persönlichen Lebensgeschichte abgesehen.

In den nachstehenden Fallsituationen und Geschichten, in denen es mehr oder minder gelungen ist, Grenzen zu setzen, geht es nicht darum, die Leichtigkeit dieses Grenzensetzens aufzuzeigen: Ich weiß um die vielfältigen Probleme, die damit verbunden sind. Deshalb mögen die Geschichten zweierlei verdeutlichen. Die Schwierigkeiten beim Grenzensetzen sind normal und bedeuten kein erzieherisches Versagen. Eltern sollten Schwierigkeiten als Geschenke betrachten, als Geschenke besonderer Art, aus denen neue, vielleicht unbekannte Kompetenzen abzuleiten sind. Indem man die Schwierigkeiten als Herausforderung betrachtet, deutet man sie *nicht* als Niederlage, Minderwertigkeit, als Nicht-Können, Selbstzweifel oder Unvermögen, sondern unter dem Gesichtspunkt des *Noch*-nicht-Könnens.

Grenzen zu setzen ist eine Form andauernder Bewährung. Hier ist der Weg das Ziel, soll heißen: Grenzensetzen ist nicht in Form eines einmal erlernbaren Unterrichtsprogramms zu erfahren, vielmehr als ständige, lebenslange Herausforderung, als der Widerstreit von Versuch und Irrtum. Umwege und Sackgassen sind gestattet und erlaubt. Sie bedeuten – ganz nüchtern betrachtet – Erfahrungsgewinn. «Fehlerfreies» und reibungsloses Grenzensetzen gibt es nicht: Was gestern noch als Patentrezept gültig war, gilt heute schon nicht mehr und ist morgen hoffnungslos veraltet. Kinder verändern sich genauso wie der Erwachsene, und damit verändert sich jedesmal auch die Erziehungsbeziehung. Sich Fehler zu gestatten gibt Gelassenheit, bedeutet die Abkehr von der Vorstellung, vollkommen zu sein – Vollkommenheit gibt es sowieso nicht, weder in der Erziehung noch sonst.

Wer sich als omnipotente und -präsente Persönlichkeit darstellt, fordert geradezu heraus, an der allzu gelassenen und gefälligen Fassade zu kratzen, um zu sehen und zu spüren, ob dahinter ein Mensch voll von Emotion, Lebensgeschichte, Sinnlichkeit, Engagement und Widersprüchen steckt.

Trotz des Plädoyers für den Mut zur Unvollkommenheit und eine Gelassenheit beim Grenzensetzen sind Beurteilungs- und Bewertungskriterien unverzichtbar. So ist zu überprüfen, ob die für das Kind aufgestellten Grenzen und Regeln der eigenen Bequemlichkeit dienen, die damit verbundenen Konsequenzen offene oder verdeckte Verbote darstellen, die letztlich dazu führen, das Kind einzuengen, oder ob sie der kindlichen Entwicklung dienlich sind, dem Kind Sicherheit, Stabilität, Verläßlichkeit bieten, es ermutigen und herausfordern. Kinder – das gilt insbesondere für jene, die durch Störungen und Schwierigkeiten herausfordern – werden in ihren konstruktiven und aufbauenden Anteilen dann verkannt, wenn man sie nur unter dem Blickwinkel des «Kannst du niemals...?» oder des «Muß du immer...?» betrachtet. Auch das schwierige, auffällige, störende, das Grenzen verletzende oder suchende Kind hat Persönlichkeitsanteile, die es zu fördern gilt, auf die sich ein positives Selbstwertgefühl aufbauen läßt. Daraus lassen sich einige Grundvoraussetzungen des Grenzensetzens ableiten:

- Gerade unsichere, unselbständige, desorientierte und verunsicherte Kinder brauchen überschaubare Regeln und Grenzen. Dazu sind Rituale und Routinen notwendig, die Sicherheit und Selbstvertrauen geben.

- Um Grenzen zu erkennen, benötigen Kinder Erwachsene, die nicht nur anderen Grenzen setzen, sondern eigene, selbstbestimmte Grenzen vorleben. Grenzen zu setzen gründet auf gegenseitiger Achtung, auf der Einsicht in eigene Grenzen sowie dem Respekt vor körperlichen, psychischen und seelischen Grenzen des Gegenübers.
- Grenzen zu setzen kann nur auf der Grundlage des Miteinanders geschehen. Das häufig zu beobachtende Gegeneinander: «Entweder machst du das oder...!» bzw. die Besserwisserei: «Ich meine es nur gut mit dir ...» führt in der Regel zu Machtkämpfen: «Mal sehen, wer gewinnt ...», zu Vergeltung: «Ich hasse dich!» oder zu Hilflosigkeit und beleidigtem Rückzug: «Du kannst mich mal!» Wer Grenzen setzt, muß über die Konsequenz beim Regelverstoß nachdenken. Bei eindeutigen Grenzen müssen die Kinder auch die Folge bei Regelverstößen einschätzen können. Konsequenzen haben nichts mit Bestrafung zu tun: Konsequenzen bauen auf der Mitarbeit des Kindes auf, Regelverstöße und Grenzüberschreitungen zukünftig zu verhindern. Strafen sind rückwärtsgewandt, wollen Rache und zielen auf ein «Ich zeig's dir, wer hier das Sagen hat.»

Gefahren begrenzen

Hinter dem Haus der Familie Teichmann fließt ein kleiner Bach, einen halben Meter tief, der im Frühjahr viel Wasser führt. Teichmanns haben drei Kinder: Peter, elf Jahre, Marion, sieben Jahre, und Hanna, vier Jahre. Das Bachufer ist der bevorzugte Spielplatz der drei Kinder: Dies ist erlaubt, wenn alle Kinder zusammen sind. Marion und Hanna dürfen einzeln nicht hin, weil, wie die Eltern meinen, «dies zu gefährlich ist. Der Bach ist manchmal reißend, und dann haben die kleinen Kinder keine Chance, wenn sie reinfallen.» Während Marion sich an die Absprache hält, geht Hanna häufig allein ans Ufer, spielt nah am Wasser. Als Hannas Regelüberschreitungen zunehmen, versucht Frau

Teichmann eine Absprache. Sie fragt ihre Tochter, ob diese im Garten spielen könne, ohne ans Wasser zu gehen. Beide machen eine Grenze aus, die Hanna – allein – nicht überschreiten dürfe. Hanna ist damit einverstanden. Die Mutter fügt allerdings hinzu: «Wenn du wieder allein an den Bach gehst, spielst du im Haus weiter.»

Der nächste Tag. Hanna spielt im Garten, bewegt sich mehr und mehr auf die Grenze zu, zunächst tastend, dann sicherer werdend, bis sie wieder am Ufer steht. Die Mutter hat das gesehen: «Ich denke, daß es dir schwerfällt, dich an Absprachen zu halten. Du spielst jetzt im Haus weiter.» Hanna versucht, zu verhandeln, Frau Teichmann bleibt fest. Als die Tochter sich etwa eine Stunde im Haus aufgehalten hat, meint sie: «Ich kann draußen spielen. Ich gehe nicht ans Wasser.» – «Gut», sagt die Mutter, «ich vertraue dir.» Hanna geht an diesem Nachmittag nicht ans Ufer. Sie hält sich an die Absprache. Am Abend erklären die Eltern den Kindern nochmals, warum Marion und Hanna nicht allein ans Ufer dürfen. Am Ende des Gesprächs stellen sie klar: «Das gilt nur für dieses Jahr. Wenn ihr bald größer seid, ihr vielleicht schwimmen könnt, entscheiden wir neu.»

Die beiden Mädchen sind auf den großen Bruder sauer, der ihrer Meinung nach Vorrechte hat, darf er doch allein zum Bach. Der Vater erklärt kurz die unterschiedlichen Grenzen in der Erziehung, klärt dies so deutlich, daß keine weiteren Diskussionen aufkommen.

Der folgende Tag bringt das gleiche Ritual. Hanna testet ihre Grenzen aus, Frau Teichmann setzt welche. Als sie noch am vierten Tag die freundliche Festigkeit ihrer Mutter spürt, ändert sich Hannas Spiel im Garten. Zwar wird sie von der Grenze zum Ufer weiter magisch angezogen, aber sie überschreitet diese nicht mehr, hält sich vielmehr an die Absprache.

Diese Situation kann man auf viele Bereiche des Alltags erweitern: sei es die rote Ampel, vor der man stehenbleibt, sei es die Steckdose, in die nichts hineingesteckt werden darf; sei es das Balkongitter, das keinen Drahtseilakt zuläßt; sei es die heiße Herdplatte, deren Anfassen nicht allein Schmerzen bereitet, sondern erhebliche Verbrennungen zufügt. Kinder suchen Gefahrensituationen auf, um sich zu fordern und andere herauszufordern, sich in Gefahren zu erproben. Sich ihnen zu stellen hat mit Probehandeln, mit dem Aushalten eigener Grenzen zu tun.

Nur im Handeln, im eigentätigen Tun erfahren Kinder Grenzen, fühlen sich ganz, nur durch Versuch und Irrtum begreifen sie Wirklichkeit, vermögen sie diese auf den Begriff zu bringen, sind sie in der Lage, konstruktive von destruktiven, aufbauende von hemmenden, lustvolle von schmerzhaften Erfahrungen zu unterscheiden. Schmerz ist nicht über theoretische Erfahrungen, durch Bewahrung und überbehütende Begrenzung zu vermitteln; Kinder sind nicht vor der manchmal rauhen Wirklichkeit zu schützen: Das Kind muß in die Nähe der Hitze, um zu spüren, wie sich diese anfühlt, das Kind braucht das Gefühl von Kälte, um zu fühlen, was das bedeutet.

Gleichwohl: Kinder nicht vor der Wirklichkeit schützen zu können, darf nicht bedeuten, sich vor Verantwortung zu drücken, sie machen und tun zu lassen, was sie möchten. Deshalb gelten für bestimmte lebensgefährliche Situationen *strikte* Verbote, die möglicherweise Grenzen herstellen, die Kindern bestimmte Erfahrungen überhaupt nicht ermöglichen. Mit dem Verbot einhergehen kann die Einsicht in alltägliche Gefahrenquellen, ohne dabei den ursprünglichen Entdeckungs- und Erkundungsdrang von Kindern zu unterdrücken. Ich weiß: Das ist der Gang trockenen Fußes über den Bodensee, die Balance auf einem Seil zwischen zwei zwanzig Meter hohen Pfosten ohne Balancestab.

Neben lustvollen Erfahrungen gehört der manchmal tränenreiche Schmerz: Nur wenn man die Hitze der Herdplatte spürt, faßt man sie beim nächsten Mal nicht an; nur wenn man weiß, wie schmerzhaft der Asphaltboden ist, bewegt man sich situationsangemessener. Auch hier gilt: Nicht immer geht es um Schutz und Bewahrung, vielmehr darum, dem Kind Grenzen aufzuzeigen, ihm zuzumuten, bei der Gestaltung und der Einhaltung von Grenzen mitzuhelfen, selbständig extreme Gefahrensituationen zu erkennen und zu lernen, sie zu beherrschen.

Es geht – und dies zeigt das Beispiel der Teichmanns – nicht darum, Gefahren von den Kindern fernzuhalten, sie vielmehr anzuleiten, allmählich mit Gefahrensituationen umzugehen. Nur über die Bewältigung von extremen Situationen lernt das Kind den Umgang mit der Wirklichkeit, erfährt es, seine Kompetenzen einzuschätzen und zu erproben; spürt es – manchmal – schmerzhaft seine Grenzen. So notwendig die unvoreingenommene Neugier des Kindes ist, sich auf Herausforderungen einzulassen, so überlebensnotwendig ist es zugleich, sich seiner wirklichen Kompetenzen bewußt zu sein, sich nicht zu überschätzen, Maß und Übermaß voneinander zu unterscheiden.

Detlef, 15 Jahre, ist ein S-Bahn-Surfer. Er klettert aus fahrenden Zügen, geht hohes Risiko ein. Er sagt: «Nur wenn ich raussteige, ist wirklich was los. Wie eine Droge ist das, nur billiger.» Detlef hat «nie Grenzen» gespürt, er durfte alles, weiß nicht, was Gefahren sind. «Es kümmert sich doch keiner um mich.» Detlef sucht Extremsituationen auf, um sich zu spüren, nur in dem Moment existentieller Gefahr lebt er auf – und schreit zugleich um Hilfe, damit sein Leben, das in höchster Gefahr scheint, geschützt wird.

Knut, 16 Jahre, klaut regelmäßig Autos, jagt damit abends durch die Gegend. «Am liebsten durch Kurven. Das quietscht so schön. Geile Musik dazu.» Er überlegt: «Ich geh hohes Risiko. Wenn ich sterb, richtig weint keiner.» Knut hat alles, er ist allseitig versorgt – und ist trotzdem allein. «Keiner hilft mir. Ich bin allein. Ich kämpf allein.» So begibt sich Knut in Gefahrensituationen, um sich zu fühlen, nur in ihnen spürt er sich und seinen Körper, er reibt sich an den Grenzen des Todes. Da er keine anderen Grenzen kennt, sind nur sie Herausforderung.

So weist denn der Umgang mit Gefahren auf dreierlei hin:

- Die fremdbestimmte Bewältigung von Gefahrensituationen kann dazu führen, das Kind unselbständig zu machen, es einzuengen, es von der Wirklichkeit fernzuhalten.
- Das Kind in Gefahrensituationen allein zu lassen, zu meinen, es käme da schon wieder heraus, es bewältige sie allein, kann – aus der kindlichen Sicht – als Gleichgültigkeit und Laissez-faire von Erwachsenen gedeutet werden, dazu verleiten, sich ständig extremeren Gefahrensituationen auszusetzen, um auf Alleinsein und Verzweiflung aufmerksam zu machen.
- Ermutigen Sie das Kind, sich beherrschenden Problemsituationen zu stellen, und bieten Sie – falls die kindlichen Fähigkeiten noch nicht ausreichen – Ihre Hilfestellung und Unterstützung an.

Den Tagesablauf regeln

Die Zeitknappheit engt Kinder ein, Terminpläne lassen wenig Raum zur Entfaltung. So notwendig es ist, Kindern selbstbestimmte Zeiten zu lassen, Zeit zum Bummeln, zum Trödeln, zum endlosen In-die-Luft-Gucken, zur immer wiederkehrenden Wiederholung, so notwendig sind Routinen und Rituale im Tagesablauf. Sie bedeuten Abkürzung und Automatisierung, sie bilden Gewohnheiten aus, die Sicherheit und Verläßlichkeit aufbauen, sie verbinden Freiheit und Ordnung miteinander. Routinen entschärfen das Chaos und die Mühen des Alltags, gemeinsam verabredete Regeln und Abfolgen verhindern Streit und Wutausbrüche, tragen zu Absprachen und Konsequenzen bei.

Routinen und Rituale wirken sich konstruktiv aus: Sie geben Familienmitgliedern Möglichkeiten an die Hand, sich in Problemsituationen auf vorher vereinbarte Regeln und Abläufe zurückzuziehen. Alle Beteiligten müssen wissen, woran sie sind. Für das Kind haben ausgebildete, praktizierte und gelebte Rituale Vorteile: Gewohnheiten bilden Fertigkeiten aus, machen Kinder kompetent, um mit unterschiedlichsten Situationen fertig zu werden. Gelebte Rituale und Routinen geben dem Kind Gewißheit und Selbstvertrauen und ermutigen, sich auf eigene Fähigkeiten zu verlassen. Sie weisen dem Kind Wege, sich von anderen unabhängig zu machen, um autonom nach selbstbestimmten Lösungen zu suchen.

Kinder brauchen einen festen Tagesablauf, der nichts mit Verplanung durch den Terminkalender zu tun hat. Kinder brauchen wiederkehrende Zeitpunkte – z. B. das Aufstehen, das Frühstück, die außerhäuslichen Aktivitäten, das Mittagessen, die Schlafensrituale –, damit sich eine innere Uhr ausbildet, die eine Einheit aus linearer Zeit, z. B. Pünktlichkeit, vorgegebenen Zeitstrukturen *und* aus selbstbestimmter Zeit, z. B. Trödeln, Bummeln, endlose Wiederholung, «Zeitvergeudung», bildet. Familien sollten für sich eigene Rituale ausbilden: Dazu gehört der Beginn am Morgen mit dem Frühstück, das Abendritual, die Geschichte vorm Zubettgehen, das gemeinsame Kuscheln, das Vertrautsein miteinander. Der Tagesablauf braucht einen Beginn, auf den man sich freut, und einen Abschluß, an dem das erzieherische Serviceprogramm der Eltern vorbei ist. Denn Eltern brauchen Zeit für sich, Zeit zur Entspannung, zur Einkehr, um sich zu regenerieren und zu finden.

Eltern haben das Recht auf ihre eigene Zeit, ihren eigenen Raum – dies vor allem abends. Dieses Recht müssen Eltern ihren Kindern vermitteln. Natürlich: Bei Krankheit, in Streßsituationen, bei Real- und sozialen Ängsten ist Zuwendung notwendig. Dies ist selbstverständlich. Mir geht es hier vielmehr um die von Kindern provozierten Auftritte, um das elterliche Serviceprogramm zu verlängern. «Ich bin noch durstig.» – «Ich hab noch Hunger.» – «Da ist ein Krokodil.» Wenn Kinder dergestalt Eltern tyrannisieren und unter Druck setzen – und Kinder wissen um die Psychotricks, mit denen sie Eltern «kleinkriegen» –, dann ist es wichtig, wenn Eltern gelassen und bestimmt auf vereinbarte Regeln hinweisen.

Aber zugleich gilt: Wenn Eltern sich ihre Zeiten nehmen, bedeutet dies, daß Kinder auch Anspruch auf ihre Räume und Zeiten, beispielsweise am Nachmittag, haben, in denen und zu denen sie ihre Wünsche und Bedürfnisse nach Langeweile und Nichtstun, nach endlosen Wiederholungen und dem gedankenvergessenen In-die-Luft-Sehen ausleben können, ohne das von wohlmeinenden Erwachsenen vorgeworfen zu bekommen.

Kinder brauchen die Regel, von welchem Zeitpunkt an das Wohnzimmer für sie tabu, ihr eigenes Zimmer der alleinige Aufenthaltsbereich ist; Eltern müssen fühlen, daß auch das Kinderzimmer für sie tabu ist, wenn Kinder dies wünschen.

Eine Zubettgeh-Zeit zu vereinbaren heißt nicht, daß Kinder sofort schlafen müssen. Die Schlafbedürfnisse der Kinder sind unterschiedlich. Wenn Kinder von einem bestimmten Zeitpunkt an nicht mehr im Aufenthaltsbereich ihrer Eltern auftauchen sollen, bedeutet dies nicht: «Wenn ihr in eurem Zimmer seid, müßt ihr schlafen!» Wenn ein Kind den ständigen Wunsch hat aufzustehen, können Sie es danach fragen, was es dazu beitragen möchte, in seinem Zimmer zu bleiben: Das eine Kind braucht etwas Licht, ein anderes die versammelte Kuscheltierparade, ein drittes will in einem Buch blättern, ein viertes seiner Puppe den Tageslauf erklären, ein fünftes horcht nach Gespenstern und findet es langweilig, daß es keine richtigen gibt, ein sechstes unterhält sich mit der Schwester darüber, wie die Eltern am nächsten Tag zu ärgern sind, ein siebtes will vielleicht im Bett der Eltern kuscheln.

Als ich dies auf einer Elternbildungsveranstaltung erzähle, meint Herr Zimmermann: «Aber wenn ich meinem Sohn die Freiheit gebe, einzuschlafen, wann er möchte, schläft er nie ein und ist morgens unausgeschlafen. Und dann geht das in der Schule los. Der besucht die dritte Klasse und lernt dann nichts. Und ich krieg Ärger mit dem Lehrer.»

Kinder gehen bis an die Grenzen. Und Grenzen zu setzen meint, Grenzerfahrungen zu ermöglichen. Kindern nur verbal zu vermitteln, zuwenig Schlaf sei nicht «gut für sie», bleibt abstrakt, nur wenn sie spüren und fühlen, was Unausgeschlafenheit bedeutet, erhalten sie eine körperliche Erfahrung und sind dann vielleicht bereit, zukünftig anders zu handeln. Erst wenn ein Kind unausgeschlafen ist, kann man sich mit ihm über diesen Zustand unterhalten.

Familie Ropers hat Probleme mit ihrem zwölfjährigen Sohn Simon. Er ging zwar abends gegen 8 Uhr in sein Zimmer, schlief jedoch erst um Mitternacht ein. Morgens, als man ihn weckte, war er müde, «stinkig», wie die Mutter sagte. Sie mußte ihn unendliche Male wecken, ehe er aufstand. Als die Auseinandersetzung größer und unerträglicher wurde, meinte sie: «Ich wecke dich morgens und schaue noch dreimal bei dir vorbei.» Simon war einverstanden, schließlich sei er groß, er könne sich und seine Zeit selbst organisieren. Am nächsten Tag fand das verabredete Weckritual statt.

Simon brummte morgens ungnädig: «Ich stehe auf» – aber er schlief weiter. Um 9 Uhr wachte er voller Schrecken auf, wütete herum, beschimpfte seine Mutter, wollte von ihr eine Entschuldigung für die Schule. «Geh hin und sag, was passiert ist.» Er ging in die Schule und meinte zum Lehrer: «Meine Mutter hat mich nicht geweckt.» Da das in den folgenden Wochen noch weitere Male passierte, rief der Klassenlehrer bei Ropers an und verlangte Aufklärung. Die Mutter erklärte die Situation. Als Simon erneut zu spät kam, dies mit dem Versagen seiner Mutter entschuldigte, meinte der Lehrer: «Ich denke, du erzählst mir Geschichten. Wenn du erst um Mitternacht einschläfst, ist das deine Sache. Nur morgens solltest du aufstehen, spätestens nach dem dritten Hinweis deiner Mutter.»

Simon schaute verblüfft.

Er ging von diesem Zeitpunkt an früher – wenn auch nach Meinung seiner Eltern nach wie vor zu spät – ins Bett, stand aber nun selbständig auf.

Er hatte eigene Erfahrungen gemacht, seine Grenzen gespürt. Die Eltern hatten nicht gedroht – «Wenn du zu spät kommst, wirst du schon sehen, was du davon hast!» –, sie versuchten, das Problem auf eine konstruktive Weise zu lösen. Sie beteiligten ihn an der Lösung, entmündigten ihn nicht, machten sich aber auch nicht «seine» Gedanken – «Wie kommt er bloß zur Schule!» – «Was sagt der Lehrer, wenn er zu spät kommt?» – und gaben ihm so Verantwortung für das eigene Tun zurück. Sie hielten ihn nicht von negativen Erfahrungen – z.B. dem Zuspätkommen – fern, klärten darüber nicht theoretisch und abstrakt – «Das ist doch nicht gut, wenn du nicht rechtzeitig kommst!» – auf, sondern ließen ihn über eigene Erfahrungen Grenzen erkennen und finden. Wichtig: Simon erfuhr die schulische Konfliktsituation nicht als Bestrafung, vielmehr als logische Folge aus *seinem* morgendlichen Verhalten. Fühlen sich die Eltern dagegen für Simons Verhalten verantwortlich, setzen sie sich unter Druck und sind angespannt. Solch Verhalten führt meist zu Selbstvorwürfen und Minderwertigkeitsgefühlen.

Die Situation der Ropers verdeutlicht noch einen anderen Aspekt: Die Eltern bestehen einerseits auf bestimmten Zeitgrenzen, z.B. die Zeit des Zubettgehens, des Aufstehens, des Schulbeginns. Zugleich darf Simon zeitliche Erfahrungen machen, einige Zeiträume selbst bestimmen: z.B. den Zeitpunkt des Einschlafens oder des Aufstehens. Dies fördert den verantwortungsbewußten Umgang mit sich, mit anderen und der Zeit, dies bedeutet, Verantwortung für sein Tun – oder auch das Nichttun – zu übernehmen.

Kinder müssen den Umgang mit Zeit erfahren und lernen: Dazu gehört der lineare, funktionale Zeitbegriff – Pünktlichkeit, regelmäßige zeitliche Abfolgen – ebenso wie eine an subjektiven Bedürfnissen ausgerichtete Zeiterfahrung: Trödeln, Bummeln, Langeweile, unendliche Wiederholungen. Der selbstbestimmte Umgang mit Zeit gibt Sicherheit, Vertrautheit, Verläßlichkeit und bildet eine «innere Uhr» aus. Diese ist von Kind zu Kind unterschiedlich: Denken Sie daran, wenn Sie mit Ihrem Kind den Tagesablauf regeln:

- *Kinder brauchen Situationen des Müßiggangs, der Ruhe, der Stille, des Nichtstuns*: Aus dem Fenster gucken, an die Decke stieren, nur so dahocken ... Solche Zeiten dienen der Entspannung, der Selbstbesinnung. Sie sind dazu da, sich auszuhalten. Sie sind Zeiten der Ruhe, in denen nur vordergründig nichts passiert.
  Manche Eltern treiben Kinder in solchen Situationen an – «Habt ihr nichts zu tun?» – «Holt doch euer Spielzeug!» – «Hast du schon die Hausaufgaben gemacht?». Manche schauen neidisch in den Spiegel, den die Kinder ihnen vorhalten – «So gut wie du möchte ich es auch einmal haben!». Sie machen sich sicher auch ungewollt zu Zeitmanagern und gestreßten Freizeitanimateuren ihrer Kinder, denen die eigenen Ideen ausgehen. Und Eltern wundern sich über das Resultat dieser Haltung: Wenn Kinder dann nichts mehr mit sich anzufangen wissen, ihnen «die Decke auf den Kopf fällt», ist noch der mütterliche oder väterliche Rettungsring da: «Was soll ich jetzt machen, Papa?» – «Spiel doch!» – «Was denn?» – «Mit Legos!» «Hab ich schon!» – «Mit Knetgummi!» – «Hab ich schon!» – «Male etwas!» Und mit den Worten «au ja» enteilt das Kind, um nach kürzester Zeit zurückzukommen: «Was nun, Papa?»
- *Kinder sind keine Automaten, die funktionieren, sich ohne weiteres von einer Situation auf die andere umstellen können.* Kinder brauchen – wie Erwachsene – Zeiten des Übergangs, des Sich-Einlassens auf andere Erfahrungsräume: Das Kind, das von der Schule nach Hause kommt, muß sich erst wieder einfinden. Es braucht seine Zeit – deshalb sind die ständigen Fragen der Eltern aus kindlicher Sicht so «nervig».

In Übergangszeiten kann man sich auf eigene Gefühle und Bedürfnisse besinnen. Dies gilt gleichermaßen für die Zeit vor dem Schlafengehen: Da sitzen Kinder am Abend gemütlich bei den Eltern, man ißt gemeinsam – oder die Kinder nur für sich; es folgt das Ritual des Ins-Bett-

Gehens – und dann bleibt das Kind allein. Es schläft nicht sofort ein, muß sich erst emotional einrichten: die Erlebnisse des Tages durchdenken, auf Gespensterjagd gehen, dem Lieblingstier Sorgen und Nöte anvertrauen, auf komische Geräusche achten, sich mit dem Bruder oder der Schwester etwas erzählen, sich – heimlich oder offen – ein Bilderbuch ansehen, ein Buch lesen, sich eine oder mehrere Kassetten anhören. Kinder sind da erfinderisch – und auch was den Machtkampf am Abend anbetrifft, ist ihr Einfallsreichtum groß, um die Eltern «aufzumischen».

Christian, sieben Jahre, hat da seine eigenen Strategien: Er wurde liebevoll ins Bett gebracht, stand aber nach kurzer Zeit regelmäßig auf, kam ins Wohnzimmer und wollte bedient werden. «Ich kann nicht schlafen!» – «Ich hab noch Durst!» – «Ich hab Hunger!» – «Da ist was Komisches im Zimmer!»

Christian wurde bedient – so lange, bis die Eltern, wie sie sagten, «auch bedient waren». Christian hatte es leicht, er hatte aus langer Erfahrung ungeheure Schätze gesammelt, die ihm zugute kamen: «Mama ist da hart.» Das wußte er. Deshalb ging er zielstrebig zum Vater, blieb mit traurig-bettelnden Augen vor ihm stehen – und bekam, was er wollte. Christian funktionierte seinen Vater abends zum Oberkellner um, der zwar im Laufe des Abends immer mißmutiger, jedoch pflichtbewußt jene Wünsche erfüllte, die sein Sohn ihm auftrug – bis Christian am Ende einschlief. Doch irgendwann hielten die Eltern es nicht mehr aus, wie sie sagten. «Was kann man da nur machen?»

Nach einigen Diskussionen einigten sich alle auf ein Ritual: Christian dürfe von einem bestimmten Zeitpunkt an das Wohnzimmer nicht mehr betreten. Auch Ausnahmesituationen sprach man durch. «Wir bedienen dich nicht mehr. Du bist dann Luft für uns.» Christian versprach, sich an diese Regelung zu halten. Die Absprache funktionierte einige Tage, als Christian doch wieder im Wohnzimmer stand. Die Eltern ignorierten ihn. Auch dies hatte man abgesprochen. Christian wartete einige Augenblicke. Nichts geschah. Er spulte sein «Wünscheprogramm» ab. Die Eltern blieben stumm, fest. Am anderen Morgen. «Ich hatte gestern noch Durst.» – «Christian, du weißt, wo du etwas zum Trinken findest.» Am übernächsten Abend ein ähnliches Spiel. Christian kommt, spielt sein Spiel. Die Eltern ignorieren ihn. Christian bleibt, fängt an zu schreien, zu pöbeln. Er beleidigt seine Eltern. Der Vater steht auf, nimmt seinen Sohn freundlich, aber fest in seinen Arm, geht mit ihm aus dem Wohnzimmer, bringt ihn ins Bett. Kurzes *liebevolles* Streicheln – aber kein Wort. Christians abendliche Ausflüge und Kontrollen ins Zimmer der Eltern haben ein Ende.

Wenn Kinder das Recht auf selbstbestimmte Räume und Zeiten haben, so gilt dies gleichermaßen für Eltern. Eltern haben die Aufgabe, klare, offene und verläßliche Regeln aufzustellen, an denen sich Kinder orientieren und an die sie sich halten können. Grenzen der Kinder zu respektieren heißt, Kindern auch zu vermitteln, daß sie Grenzen der Eltern respektieren. Dazu zählen eigene Räume und Zeiten der Eltern. Dies ist Teil der Regelung des Tagesablaufs, der nicht allein auf die Bedürfnisse und Entwicklungsnotwendigkeiten der Kinder auszurichten ist, sondern auch darauf hin, wie die emotionalen Wünsche von Eltern, ihre Wünsche nach Entspannung, Ruhe, Allein- und Füreinanderdasein umgesetzt werden können.

So bedeutsam und wichtig es ist, dem Kind Nähe und gefühlsmäßige Geborgenheit zu geben, eine Familie, die nur diese Beziehungsmuster lebt, wird schnell zum undefinierbaren Beziehungskleister, zum symbiotischen Ineinanderaufgehen, in dem nur noch ein undefinierbares «Wir» existiert.

Familien brauchen neben der Nähe die Distanz, Familien brauchen Grenzen, die dem einzelnen Raum für Individualität geben, ihn davor schützen, sich mit selbst auferlegten Aufgaben zu überfordern, immer nur für andere, niemals für sich verantwortlich zu sein. Grenzenlose Zuneigung und Bereitschaft für andere grenzen an Selbstaufgabe, lassen Gleichwertigkeit und Partnerschaftlichkeit in den Beziehungen nicht zu. Grenzenlose Zuneigung bildet nicht Respekt vor dem Gegenüber aus, fördert vielmehr dessen seelische, physische und gefühlsmäßige Ausbeutung.

«Beim Fernsehen bist du hilflos ausgeliefert»

September 1985: Ich komme zur Teambesprechung in eine Kindertagesstätte. Die Erzieherinnen sind in heftige Diskussionen verwickelt. Ich kenne das Team schon längere Zeit, bin mit einigen Eltern und Kindern, alle zwischen vier und zehn Jahre alt, vertraut, führe dort regelmäßig Elternstammtische zu Erziehungsfragen durch. «Gut, daß Sie heute kommen.» Claudia Rogler, die Leiterin, begrüßt mich. Sie sieht genervt aus, hat nichts von ihrer sonstigen Verbindlichkeit. Sie geht in die Ecke ihres Büros, holt ein Transparent, entrollt es und hält es mir demonstrativ hin: «Hier, so sind unsere ach so normalen Kinder.» Sie lacht: «Normal. Mein Gott, normal.»

Ich versuche, das Transparent zu entschlüsseln: WEIRNSEHN. Ich wiederhole das Wort laut, bekomme keinen Sinn hinein. Sylvia Schmitt, eine Gruppenleiterin, holt ein zweites Transparent. Sie entrollt es, dabei kommen überdimensional gezeichnete Fernsehapparate zum Vorschein. «Ach», entfährt es mir, «nicht Weirnsehn, sondern Fernsehen.» Ich muß unwillkürlich schmunzeln. «Uns ist nicht zum Lachen.»

Claudia Rogler wird ernst: «Wir hatten heut morgen 'ne Demo!»

«Was hatten Sie?»

«Eine Demonstration von den Kindern, von denen Sie immer meinen, die seien vernünftig und könnten mit dem Fernsehen umgehen.» Sie macht eine Pause, in ihrem Blick liegt eine Mischung von Wut, Trotz und Hilflosigkeit. «Das hat mich heute um Jahre zurückgeschmissen.»

Nun will ich wissen, was mit «das» gemeint ist. Wir fangen an, den «Demo-Vormittag» zu rekonstruieren.

Claudia Rogler erzählt:

«Wir wollen für einige Tage mit den Kindern in eine Bildungsstätte fahren und hatten uns im Team entschieden, keinen Fernsehapparat mitzunehmen. Das war klar. Wir haben einige Dauerglotzer in der Gruppe, und wir wollten denen mal was Gutes tun. Gut. Ich habe das meiner Gruppe gesagt. Tja, kein Kommentar und nichts. Die haben das einfach geschluckt. Das war gestern. Heute wollte ich mit denen über die Entscheidung noch mal diskutieren, wollte, daß sie einverstanden sind. Und da fing das Gemotze an. Richtig sauer waren die. Die meisten wollten den Fernsehapparat mitnehmen. Und irgendwann, als es mir zuviel wurde, hab ich gesagt, Schluß nun. Dann sind einige rausgegangen. Jan, den Sie ja kennen, hat sich einige Kinder geschnappt, und um elf Uhr standen sie auf der Matte, zwanzig Kinder, haben mit Transparenten demonstriert und riefen immer: ‹Fernsehen! Fernsehen!›»

Sie schüttelt heftig den Kopf, so als müßte sie die Bilder des Vormittags entfernen. «Das Schlimmste», so eine andere Erzieherin, «da waren unsere Vielseher noch nicht mal dabei. Das waren nur die Kinder, von denen wir meinten, die Eltern würden auf das Fernsehen achten. Nach dem, was ich heute morgen erlebt habe, kann ich nur sagen, gegen die Macht bin ich doch völlig hilflos und ausgeliefert.»

Wir wollten gerade beginnen, die Situation «aufzudröseln», da klopft es an der Tür. Ohne die Antwort abzuwarten, steht Frau Schrader mit Jan, knapp sechs Jahre, dem Anführer der «Demo», in der Tür: «Hier, Jan will sich entschuldigen!»

«Will ich nicht!» Jans Mutter erstarrt.

«Aber du hast doch …»

«Hab ich nicht!»

«Du hast doch gesagt, du willst dich entschuldigen.» Kurze Pause. Jan sieht mich an:

«Das war toll heut morgen. Wie im Fernsehen! Schade, daß du mit deinem Video nicht da warst.»

«Jan, bist du denn total verrückt geworden? Komm jetzt!» Jan bleibt stehen:

«Ich denk, ich soll mich entschuldigen.»

«Dann tu's!»

«Will ich aber nicht.»

Claudia Rogler greift ein, erklärt kurz die Situation, in der wir uns befinden. Jan: «Da bleib ich hier!» Ich schlage vor, Jan solle sich den Vormittag aus der Sicht der Erwachsenen anhören, anschließend könne er kurz erklären, was der Anlaß zur Demo aus seiner Sicht war. «Dann gehst du.» Er nickt. Er hört sich die Schilderungen der Erzieherinnen aufmerksam an – mit einer Mischung aus Schmunzeln und Betroffenheit. Als er dann an der Reihe ist, besteht er darauf, daß seine Mutter den Raum verläßt.

Ich gebe Jans Beschreibung hier sehr stark gekürzt und weitgehend in meinen Worten wieder. Das sei «ja in Ordnung gewesen», meint Jan, «das mit der Entscheidung», den Fernseher nicht ins Landheim mitzunehmen. Aber die hatten sich «doch schon entschieden. Und die haben die Macht, das sind die Mächtigen. Das ist so. Ich bin ja auch mal mächtig.» Ich frage danach, was die Kinder denn so wütend gemacht hat. «Das ist wie bei Mama, die kocht mittags Milchreis und sagt, das wird gegessen. Und ich sag dann, ich mag nicht, und die erzählt mir dann, wie gesund das ist und so. Und irgendwann halt ich mir die Ohren zu und sag, ich eß ja schon. Sonst erzählt die und erzählt. Papa ist dann auch manchmal genervt.» Er zögert, dann wird er ernst: «Ich find, Erwachsene reden manchmal nicht mit uns, die kommandieren!»

«Wie meinst du das?»

«Die sagen, wo's eben langgeht!»

«Wo geht es denn lang?» will ich wissen.

«Mama weiß das eben auch nicht. Und da haben sie ein schlechtes Gewissen.» Ich breche hier einmal ab.

Kinder haben ein sehr genaues Gespür dafür, ob *mit ihnen* oder *über sie* geredet wird. Ich erlebe es – nicht nur in bezug auf die Medienerziehung – immer wieder, daß zwischen Grenzenlosigkeit und Grenzensetzen inkonsequent hin- und hergependelt wird. Kinder akzeptieren – natürlich nicht widerspruchslos – Grenzen, wenn sie begründet werden. Sich aber eine Entscheidung nachträglich von Kindern legitimieren lassen – nach dem Motto: «Oh, du liebe Erzieherin, hast ja mal wieder so recht» – bedeutet, Diskussionen zu entwerten, Dialog mit Monolog zu verwechseln. Jan hat das auf seine Art so ausgedrückt: «Ich glaub, die Claudia hatte mit dem Fernsehen ein schlechtes Gewissen wegen uns oder so. Sonst hätte sie doch nicht mit uns diskutiert.» Dem Team wären somit zwei Möglichkeiten geblieben: Entweder die Entscheidung, auf den Fernseher zu verzichten, kurz zu begründen oder aber über das Für und Wider des Fernsehens in der Bildungsstätte zu diskutieren, die Kinder mithin an der Entscheidung – pro und kontra Fernsehen – zu beteiligen.

Übrigens: Als Jan den Raum verläßt, geht er zur Leiterin, drückt ihr einen kleinen Zettel in die Hand. Es ist ein Bild mit Blumen und Herzen und einer krakeligen Unterschrift. «Danke, Jan!» Darauf Jan, ganz leise: «Ich mag dich und das Fernsehen!» Draußen hör ich Jans Mutter. «Hast du dich entschuldgit?» Jan, sehr laut: «Beeil dich, nachher kommt Alf!»

Januar 1986. Es gibt wieder Streit bei Schraders. Gegenstand ist ein Krimi, den Jan «gerne sehen möchte». Die Mutter ist aus dem Haus, Jan hat seinen Vater überredet. Beide sehen sich den Krimi «Die Fälle des Harry Fox» an. Vergnügt-vertraut sitzen sie zusammen, als Frau Schrader ins Wohnzimmer platzt, sich kurz dazustellt, den Kopf schüttelt und ärgerlich kommentiert: «So'n Scheiß gibt's ja nicht! Und so etwas guckt ihr euch an!» Dann geht sie wieder hinaus.

Jan atmet tief durch, wirkt erleichtert, befreit. Später sagt er einmal: «Wenn Mama da ist, kann ich nichts genießen.» Oder: «Immer mekkern die rum. Und dann bin ich traurig, weil die mich ja meint.» Frau Schrader stellt dagegen: «Wenn ich solche Sendungen sehe, kann ich nicht an mich halten. Dann sag ich eben was!»

So notwendig es ist, wenn Eltern ihren Kindern beim Fernsehen Grenzen setzen – und dies meint, eben nicht allein auf zeitliche, sondern auch auf inhaltliche Grenzen einzugehen –, entscheidend ist die Art und Weise, wie man dabei vorgeht. Frau Schrader nimmt bei ihren Versuchen Jan nicht ernst, im Gegenteil: Ihre abfällige Bemerkung ist eine Kritik am Sohn oder genauer: Sie vermischt ihre möglicherweise berechtigte Kritik an der Sache mit Kritik an der Person. Aus der Sicht Jans kommt ihre Kritik als «Weil ich diese Sendung mag, mag sie mich nicht!» an. Wer Sendungen kritisiert – und dazu besteht häufig genug Anlaß –, sollte das in Form einer Ich-Botschaft tun: «Ich finde diese Sendung scheußlich!» Dies trifft die Sache, nimmt aber die Person mit allen ihren Anteilen an, eben auch jenen, die die Mutter nicht akzeptiert. Jan bleiben dann zwei Möglichkeiten:

- Er kann seinen Geschmack verteidigen: «Ich mag deine Sendungen auch nicht.» – «Du kannst rausgehen, wenn du das nicht sehen willst.»

- Er weiß und spürt, wo die Grenzen zwischen ihm und seiner Mutter sind. Indem sie ihm deutlich macht, wo ihre ästhetischen und moralischen Grenzen bezüglich des Medienangebots liegen, bietet sie ihm Orientierung an. Daran kann er sich abarbeiten, kann eigene moralische Überlegungen aufbauen und wieder verwerfen. Übrigens: Kinder begreifen nur, was eine anspruchsvolle Sendung ist, wenn sie auch anspruchslose gesehen haben und vergleichen können.

Die Gefühlswelt von Kindern angesichts vernichtender, die Person treffender Kritik mache ich Eltern auf Veranstaltungen mit einer kleinen Geschichte deutlich: Eine Mutter sitzt vor dem Fernsehapparat, sieht sich gedankenverloren ihren Lieblingsfilm an, vielleicht eine Heimatschnulze. Die Tränen rinnen unaufhaltsam, ihr Blick wirkt verträumt. Sie ist vom Film völlig in den Bann gezoge. Ihr Mann kommt ins Wohnzimmer, stellt sich kurz dazu: «Über so'n Scheiß heulst du?» Und: «Darüber sollten wir hinterher mal diskutieren.» Um beim Hinausgehen hinzuzufügen: «Wenn du das nicht abkannst, mußt du ausmachen.» Diese Geschichte erntet Gelächter, spontane Kommentare wie «Den hätte ich sofort rausgeschmissen!» oder «Da hätt's die rote Karte gegeben!», aber auch Nachdenklichkeit, wie es den Kindern in vergleichbaren Situationen wohl gehen mag.

Kinder haben ihre eigenen Reaktionen auf die heftige elterliche «Fernsehkritik»: Sie sehen konsequent weiter, eröffnen damit einen täglichen Machtkampf, oder sie weichen aus: zu Freunden, zu Nachbarn, zu den Großeltern. Kritik an Sendungen – ob nun annehmend oder ablehnend – ist notwendig: Sie sollte so formuliert sein, daß sich Kinder daran orientieren können – und Orientierung meint nicht unbedingt Akzeptanz, sondern auch Auseinandersetzung und Reibung.

März 1986. Stammtisch in der Kindertagesstätte, Erziehungsfragen stehen auf der Tagesordnung. Jans Mutter ist anwesend und berichtet von einem Konflikt, der sich «wieder einmal um das Fernsehen» dreht. Jans sehnlichster Wunsch sei zur Zeit «Harry Fox», diese schreckliche Serie mit diesem Großvater als Detektiv, Klischees über Klischees, eine fürchterliche Sendung, lauter Gewalt, aber alles schön verpackt, so daß man nichts merkt». Frau Schrader hat Jan die Sendung verboten, und «komisch, er hat sofort eingewilligt. Ich hab gesagt, mach doch was anderes, spiel doch. Du spielst sowieso zuwenig. Und als Anreiz hab ich ihm erlaubt, zu seinem Freund, zu Felix, zu gehen. Nun sagt Frau Rogler aber, Jan würde viel von der Sendung erzählen, würde Szenen mit Felix gemeinsam nachspielen. Aber er sieht sie nicht! Er sieht sie wirklich nicht.»

Frau Schrader hatte schon mit Jan geredet, doch Jan hatte folgende Erklärung: «Alle anderen spielen das. Da mach ich eben mit. Sonst lachen die doch über mich.» Frau Schrader macht eine Kurze Pause, sie sieht mich an: «So, und nun sagen Sie mir, soll ich ihm die Sendung gestatten?» Da ein weiterer Stammtisch verabredet ist, gebe ich ihr zunächst zwei Aufgaben mit nach Hause: Einmal sollte sie sich «Harry Fox» ansehen, um zu einem genaueren Urteil über die Sendung zu kommen. Dann bitte ich sie, sich nochmals mit Jan über seinen dringlichen Fernsehwunsch zu unterhalten.

Drei Wochen später. Jans Mutter kommt und erzählt, wie sie eines Abends ihren Sohn von Felix abholen wollte. «Ich war etwas früher dran, hab geklingelt. Keiner macht auf. Da bin ich um das Haus herum, konnte ins Wohnzimmer sehen. Stellen Sie sich vor, was ich sehe. Der Fernseher läuft, natürlich Harry Fox. Mein Sohn mit Felix auf dem Sofa, ganz gebannt, ihre Augen leuchten, Cola steht auf dem Tisch, Knabberzeug, so richtig glücklich sehen die aus. Ich bin dann still weggegangen. Als Jan dann nach Hause gekommen ist, hab ich ihn gefragt: ‹Na, habt ihr gespielt?› ‹Na klar!›»

«Ich habe ihm dann von meiner Beobachtung erzählt, ich habe ihn gefragt: ‹Warum hast du nichts gesagt?›»

«Das hättest du mir sowieso verboten!»

«Du darfst es jetzt sehen! Hier!»

«Was?» Er ist erstaunt.

«Hier?»

«Ja!» Er überlegt, «aber nur mit Felix!»

«Warum?»

«Du störst.»

«Ich habe ihm das gestattet, und nach kurzer Zeit war ihm die Sendung nicht mehr wichtig.»

Nicht immer gelingt es so schnell, zu einer konstruktiven Lösung zu kommen. Wichtiger ist mir an dieser Geschichte, wie über Fernsehverbote von manchen Kindern Machtkämpfe begonnen werden.

Jan, der sehr wenig fernsieht, ja manche Tage überhaupt keine Sehwünsche vorbringt, setzt den Krimi ein, um mit seiner Mutter in einen Machtkampf zu treten, den er mit seinen Möglichkeiten führte und schließlich gewann. Die Sendung war ihm letztlich zweitrangig: Für ihn war «Harry Fox» sein Mittel zur Aus-Einandersetzung mit der Mutter. Nur so ist die schnelle Lösung und rasche Distanz von der Sendung zu sehen: Jan fühlte sich durch die Entscheidung der Mutter ernst genommen, verstanden. Frau Schraders Bereitschaft, sich auf Jans Fernsehwünsche einzulassen, gab ihm zugleich die Gewißheit, daß sie ihm vertraute, mit Sendungen umzugehen, die sie selber ablehnte. Und Jan fühlte sich von seiner Mutter mit seinen (Gewalt-)Phantasien angenommen, die seine Mutter so vehement ablehnte.

Winter 1986. Jans Leistungen in der Schule ließen nach. Angebote zur Mithilfe lehnte er ab, ging darauf nicht ein. «Nichts half!» Herr Schrader machte eine kurze Pause. «Und dann fing das mit seiner Unordnung im Zimmer an. Überall blieb was liegen. Es war zum Verrücktwerden. Gut, und in der höchsten Not, was macht man da?» Er schaut mich an. «Wenn das noch mal passiert, dann gibt's eine Woche kein Fernsehen.» – «Und?» Ich schaue ihn an. «Hat das funktioniert?»

Herr Schrader zuckt kurz mit den Schultern: «Hat funktioniert!» – «Wie lange?» will ich wissen.

«Zwei Tage!»

«Und dann?»

«Immer, wenn was rumlag, gab's Druck mit dem Fernsehen. Ich weiß, ist blödsinnig, aber was sollte ich denn machen? War doch das einzige Mittel, das wirklich funktionierte!» Herr Schrader schüttelt den Kopf.

Fernsehverbote genauso wie Belohnungen mit Fernsehen helfen nur kurzzeitig oder oberflächlich. Sie helfen dem Kind nicht, seine Hausaufgaben eigenständiger zu machen oder die Unordnung zu vermeiden. Verbote führen schnell zu Machtkämpfen, zu Heimlichkeiten. Zudem werden Verbote meist unüberlegt ausgesprochen, in der Regel kaum durchgehalten. Viele Kinder erzählen mir, wie wenig ernst sie solche Verbote nehmen. Sie entwickeln Wege, diese Strafen zu umgehen.

Belohnungen verstärken nur die Faszination des Fernsehens. Und: Belohnungen entwerten die Eigentätigkeit und die Selbständigkeit des Kindes. Hausaufgaben zu machen oder Unordnung zu vermeiden sind nämlich Selbstverständlichkeiten, die nicht extra belohnt werden müssen.

Allerdings können bestimmte Handlungen der Kinder das Verbot von Fernsehsendungen durchaus nach sich ziehen, doch stellt sich dies dann nicht als Verbot, vielmehr als *logische Konsequenz* aus diesen Handlungen dar:

- Manche Kinder werden zur Mithilfe im Haushalt herangezogen: den Rasen mähen, den Tisch abräumen, abwaschen etc. In diesem Fall kann es zur gemeinsamen *vorherigen* Absprache gehören, daß die Freizeitvergnügen erst beginnen, wenn alle Bedingungen der gemeinsamen Absprache erfüllt sind. Kinder wissen dann um die Konsequenzen, können sich darauf einstellen.
- Kinder sollten dazu angehalten werden, ihre ausgewählten Fernsehsendungen einzuschalten, sie jedoch auch wieder auszuschalten. Kinder haben damit – häufig bedingt durch das elterliche Vorbild – Schwierigkeiten. Mit der Fernbedienung in der Hand «zappen» (drücken) sie sich noch durch die verschiedensten Programme. Sollten Unterstützungsmaßnahmen und Hilfen der Eltern hier nicht greifen, kann es – um die Absprache einzuhalten – zu einer Konsequenz kommen: «Wenn du deine Sendung nicht ausmachst, gibt es sie beim nächsten Mal nicht!» Drei Gesichtspunkte zeichnen diese Konsequenz aus:

1. Sie steht in einem natürlichen Zusammenhang mit der Sache und ist vorher abgemacht. Konsequenz stellt aber keine Drohung dar. Sie läßt Kindern eine Wahl.

2. Sie ist für einen – bezogen auf das Kind – überschaubaren Zeitraum ausgesprochen. Das Kind wird so nicht entmutigt, sondern angeregt, die eingegangenen Absprachen einzuhalten.
3. Grenzen betreffen die Sache, nicht die Person. Gleichwohl sind vereinbarte Konsequenzen durchzuhalten. Gelingt dies nicht, machen Kinder die Erfahrung eines inkonsequenten elterlichen Erziehungsstils. Die Folgen sind vorhersehbar: Kinder nutzen dies – zu Recht – aus.

Frühjahr 1987: «Wenn man denkt, man ist damit durch», so Frau Schrader, «dann ist der nächste Krach schon da. Ich glaub, das ist eben das Nervende, daß das, was gestern noch zu Lösungen führte, morgen schon ungültig ist. Da ist eben alles im Fluß. Und was man macht, nichts ist wirklich richtig.»

Sie erzählt, wie sie ihrem Sohn «Knight Rider» erlaubt hat. «Ich wollte, daß er nicht wieder abhaut. Also hab ich ja gesagt. Doch dann ist da eben noch Isabell, die ist eben erst viereinhalb. Die sieht sowieso schon zuviel. Gut, sie durfte mitsehen, aber ich habe mich dazugesetzt. Und ich hab ihr alles erklärt. Und auch hinterher, noch beim Zubettgehen, hab ich ihr viele Szenen erklärt, von denen ich meinte, daß das zuviel für sie gewesen wäre. Und vor vierzehn Tagen, nach so einer Sendung, sagt Isabell ‹Mama, du nervst fürchterlich.› Stellen Sie sich das vor: Viereinhalb Jahre, die sagt: ‹Mama, du nervst fürchterlich.›» Sie schüttelt den Kopf, fährt dann aber fort: «Und tags drauf ist Isabell mit Jan gekommen. Und Isabell hat gesagt, sie wolle mit Jan alleine sehen. Das sei viel schöner mit ihm. Der tröstet mich wirklich richtig, wenn's spannend ist. Der ist so ganz lieb zu mir.»

Herr Schrader, der mit zum Elternstammtisch gekommen ist, ergänzt: «Ich versteh das schon, meine Frau ist manchmal sehr rational. Ist doch klar, wenn die beiden so reagieren.» Frau Schrader: «Gar nichts ist klar, du weißt ja auch nicht weiter!» Herr Schrader berichtet daraufhin von seinen Versuchen, den Kindern bei der Verarbeitung von Sendungen behilflich zu sein: «Überall liest man, man solle Kinder nicht allein fernsehen lassen. Und von Ihnen hab ich ja schließlich gelernt, Erlebnisse spielerisch zu verarbeiten. Gut, hab ich gedacht, dann schaust du dir die Sendung mit den Kindern gemeinsam an. Und da hab ich vor dem Gerät drei Autos aus Kissen gebaut – wie bei Michael Knight. Man konnte sich richtig reinsetzen, gemütlich war's. Den Kindern hat's richtig gefallen. Und die haben Spaß gehabt. Die gingen richtig mit, wenn Michael Knight mit seinem Auto Gas gab, haben sie laute Geräusche gemacht, so richtig laute Geräusche. Toll, hab ich gedacht. Beim nächsten Mal machst du das genauso. Und als das Auto wieder schnell fuhr, da hab ich dann laute Fahrgeräusche gemacht. ‹Brumm, brumm› und so, Sie wissen ja schon, wie das ist, wenn ein Auto schnell fährt. Isabell hat mich angeschaut: ‹Papa, hast du was getrunken?› und Jan: ‹Sei vernünftig! Du störst!› Dann haben sie mich weggeschickt.» Er sieht mich an: «Also nichts kann man ihnen wirklich recht machen. Erziehung ist ein undankbares Geschäft.»

So sinnvoll es ist, Kinder bei der Verarbeitung zu unterstützen, ihnen das Gefühl von Nähe und Angenommensein zu vermitteln, so wichtig ist es, dabei die Gefühle der Kinder zu berücksichtigen: Unterstützung und Hilfestellung dürfen dabei nichts mit Bevormundung zu tun haben. Die wichtigste Aufgabe von Eltern – bei der Nachbereitung von Fernsehsendungen – ist es, Kindern Räume und Zeiten, Rahmenbedingungen zu geben, in denen Kinder eigene Erfahrungen und Erfahrungsmöglichkeiten austesten können. Der Wunsch nach Alleinsein, nach eigentätiger Erfahrung sollte respektiert werden. Dies hat nichts mit Mißtrauen gegen die Eltern zu tun.

Ich beobachte, daß Kinder miteinander solidarischer umgehen, wenn es um die Verarbeitung von Gefühlen geht. Deshalb können Eltern, können pädagogisch Handelnde viel aus der Art und Weise lernen, wie Kinder medienbezogene Aneignungs- und Verarbeitungsprozesse gestalten. Dabei gelingt den Kindern ein selbstgestalteter Prozeß um so produktiver, je mehr sie sich der Nähe und des Vertrauens ihrer Eltern – oder der Erzieherinnen – gewiß sind. Dabei darf Nähe nicht mit Dabeisein und Anwesenheit verwechselt werden.

Frühjahr 1989: Jans Vater spricht mich anläßlich eines Familienwochenendes an: «Da gibt's wieder mal ein Problem.» Jan schaltet den Fernsehapparat nicht aus, sobald seine Sendung zu Ende ist. «Der sieht weiter, bedient die Fernbedienung wie eine Orgel. Ich verbiete ihm das, aber ich bin dagegen machtlos.» Da Jan in der Nähe ist, bitte ich ihn hinzu. Jan hört sich die Schilderung des Vaters an, überlegt kurz: «Und du! Du machst auch nicht aus. Du schaltest doch auch hin und her. Du bist doch schon größer, und wenn du das nicht schaffst, wie soll ich das denn schaffen?»

In einem kurzen Gespräch finden wir eine Lösung: Beide treffen eine Absprache, nach Sendungsschluß den Fernsehapparat auszuschalten. Gelingt dies nicht, wird er dabei von dem anderen erwischt, muß er beim nächsten Mal auf «seine» Sendung verzichten. Bei Jan handelte es sich dabei um «Batman», beim Vater um die «Sportschau».

Allein die Tatsache, daß sich Jans Vater bemühte, auch sein Handeln zu ändern, war Ansporn für Jan, es ihm nachzutun. Um es etwas allgemeiner zu formulieren: Das medienbezogene Handeln der Kinder ist Zeichen für dahinterliegende Prozesse, die es zu entschlüsseln gilt. Mir scheint es, daß das Fernsehen von Kindern allzu häufig nur als schlichte Tatsache – «Die sehen doch sowieso nur noch fern!» – «Die lassen sich doch ständig berieseln!› –, nicht aber als Chance begriffen wird, sich auf die Kinder einzulassen.

Dazu nochmals Frau Schrader: «Vor zwei Jahren glotzten die beiden eine Zeitlang nur noch. Da hatten wir einen Elternabend zu dem Thema, und da haben Sie gesagt, wenn Kinder zu viel sehen, immer nur davorhängen, dann kann das auch eine stille Aufforderung der Kinder sein: ‹Beschäftige dich mit mir!› Und auf dem Nachhauseweg hab ich gesagt: ‹Siehste, da hat er recht.› Mein Mann war in dieser Zeit einige Zeit im Ausland, ich bin berufstätig, war selbst mit mir beschäftigt, war nicht gut drauf, und da hab ich die Kindererziehung schleifen lassen. Ich hab dann tags drauf mit den Kindern drüber gesprochen, hab mich bemüht, mehr Angebote zu machen, hab sie aber auch aufgefordert, mich dabei zu unterstützen. Die haben dann mitgezogen, und das mit dem Fernsehen war dann irgendwann kein Problem mehr.»

Frühjahr 1990: Ein Familiennachmittag in der Einrichtung, der durchgeführt wird, weil ich mit meiner Beratungstätigkeit aufhöre. Ich frage die Familien nochmals nach den wichtigsten Erfahrungen aus den letzten Jahren – natürlich nicht nur bezogen aufs Medienthema.

Frau Schrader: «Zu akzeptieren, daß Probleme und Konflikte in der Erziehung normal sind, daß das nichts mit persönlichem Versagen zu tun hat, das ist so schwer.»

Herr Schrader: «Wenn du mit einem Problem fertig bist, mußt du gewiß sein, daß das nächste da ist.»

Jan: «Daß die einen immer wie ein kleines Kind behandeln ...»

Isabell: «Ja, genau ...»

Jan: «Irgendwie merken die Eltern häufig gar nicht, daß man größer wird. Ich bin neun, und die denken immer noch, ich wäre fünf.»

Fernseherziehung gelingt um so produktiver, je mehr sie als Miteinander konzipiert ist. Ein Gegeneinander und eine Besserwisserei führt zu Machtkämpfen und Hilflosigkeit. Dabei ist ein Gelingen nicht frei von Konflikten und Problemen. Wie andere Gegenstandsbereiche des Alltags erschweren und verkomplizieren Medien Erziehungsprozesse, bedeuten sie ständige Herausforderung, ein immerwährendes Überprüfen von Konzepten. Eine idealtypische Fernseherziehung gibt es nicht – Auseinandersetzungen, Heftigkeit, Streit, aber auch Inkonsequenz gehören dazu und: «Der Weg ist das Ziel.»

Generationsgrenzen

«Die berühmte Erfahrung des Alterns?»!

Die Situation: Ein Musikfachgeschäft am Nachmittag. Einige wenige Jugendliche stehen an den Platten- und CD-Ständern; andere «ziehen» sich ihre Musik über Kopfhörer «rein». Ich suche beim Buchstaben «C» eine LP von Eric Clapton, finde sie aber nicht. Als ich einen Verkäufer um Mithilfe bitte, zeigt dieser wortlos auf ein kleines, etwas verstecktes Regal. Ich muß es übersehen haben, frage deshalb nochmals, worauf der Verkäufer etwas lauter, fast genervt antwortet: «Da hinten! Da hinten links!»

In meiner Nähe stehen zwei Jugendliche, vielleicht vierzehn, fünfzehn Jahre alt. Sie müssen die Szene beobachtet haben, und so fangen sie an – ohne daß ich es wohl hören sollte –, sich über mich zu unterhalten.

Der eine – zum anderen –: «Schwerhörig und blind, aber sich Clapton reinpfeifen.» Der zweite, den Kopf heftig schüttelnd: «Wieso? Find ich gut, würd mein Daddy sich nicht trauen. Echt nicht. Ist doch stark, 'ne Glatze und dann noch 'n Clapton ...» – «... Hör auf», fällt ihm der erste ins Wort. «Warste mal in so 'nem Konzert? Nur Opas mit ihren Muttis drin. Die kriegen feuchte Augen, halten Händchen und träumen von früher, als sie ihre Mamas angemacht haben. Das ist doch kein Konzert so was, das ist 'ne Andacht.»

Ich habe die Platte schließlich gefunden, und auf dem Weg hinaus fällt mir das Gedicht vom «Alternden Stonesfan» (F. C. Delius) ein, in dem es u. a. heißt:

«Er latscht in den Diskshop und gleich / auf die Platte los, die er will ... / Um ihn rum, Kopfhörer um die Ohren, / die zehn oder fünfzehn Jahre jüngeren Typen, / die längst was anderes hören. / ... Erinnerungen kommen hoch: / Die Stones im Hydepark damals, da / war ich mittendrin, da hat sich was / bewegt mit uns. Jetzt / fühlt er sich beobachtet. Jetzt / fühlt er sich überlegen: Die hängen hier rum / bei dieser immer schlechteren Musik, / leiden vielleicht an... / an Langeweile, aber ich, / ... was hab ich alles mitgemacht / ... er sieht sich noch mal um, / ist das nun die berühmte Erfahrung des Alterns?»

Grenzziehungen und Widersprüche

Die Verklärung von Vergangenheit führt zur Verwischung von Generationsspezifik und -grenzen; zielt zumeist darauf ab, die ganz eigenen Erfahrungen von Kindern und Jugendlichen in der Gegenwart mehr ab- denn aufzuwerten. Die Offenheit und Klarheit, die mir Kinder und Jugendliche während der gemeinsamen Arbeit immer wieder entgegenbringen, gefällt mir, weil sie mich vor Scheinsolidarisierungen, vor der Gefahr, mich als «Berufsjugendlichen» zu verstehen, schützen und weil sie es mir gestatten, eigene Grenzen zu sehen und zu setzen und die anderer – eben die von Heranwachsenden gezogenen – zu respektieren.

Solch Grenzziehung ermöglicht Vergleiche in den Verläufen von Kindheits- und Jugendbiographien aus unterschiedlichen Jahrzehnten; Vergleiche, die möglicherweise einen Dialog über Unterschiede zwischen den Heranwachsenden «damals» und «heute» herbeiführen können. Aber ein Gespräch zwischen den Generationen darf dann nicht allein bei der Feststellung von Unterschieden stehenbleiben. Mir wird – um nur ein Beispiel zu nennen – zu leichtfertig und zu vorschnell mit dem Adjektiv «neu» argumentiert, wenn es darum geht, den Alltag von Kindern und Jugendlichen zu beschreiben und zu erklären. Denn unabhängig von gesellschaftlichen wie individuellen Veränderungen stellt sich beispielsweise die Adoleszenz weiter als Phase des Suchens und Ausprobierens dar; heißt Adoleszenz auch, sich mit – elterlichen – Traditionen auseinanderzusetzen oder am eigenen Identitätsentwurf zu arbeiten; bedeutet sie Rückkehr zur Körpersprache. Nicht Entwicklungsprozesse haben sich verändert, vielmehr schaffen sich die unterschiedlichen Generationen ganz spezifische Symbole, in denen sie sich wiederfinden oder an denen sie sich abarbeiten können.

Sich die Normalität psychosozialer Abläufe in der Pubertät und damit einhergehender Symbole, Figuren und Helden klarzumachen meint, Standpunkte und Blickwinkel aller Beteiligten wahrzunehmen. Dabei könnten Fragen wichtig werden wie: Welche Fähigkeiten möchte ich der heranwachsenden Generation vermitteln, die ich für unverzichtbar halte? Welche Fähigkeiten haben sich überlebt, und von welchen Fähigkeiten der Heranwachsenden kann ich lernen? Solche Fragen können helfen, Gespräche zwischen den Generationen in Gang zu setzen. Ein Austausch über generationsspezifische (Medien-)Erfahrungen findet nur selten statt; meist geht es um Besserwisserei, mit der mancher Erwachsener ein besseres «Damals» gegen ein schlechteres «Heute» auszuspielen versucht.

Wenn über Kinder und Jugendliche und deren Alltagserfahrungen geredet wird – und dazu gehören eben auch die medienbezogenen Erfahrungen –, habe ich manchmal den Eindruck, als ob solch ein Gespräch, besser: Klage, ja Anklage mehr mit dem Bulletin eines Arztes zu tun hat – ist doch da sehr häufig von phantasielosen, süchtigen, konsumbesessenen Heranwachsenden die Rede, denen nicht mehr zu helfen ist – als mit behutsamen, beschreibenden Deutungen.

Solche Kritik geht einher mit einer harmonisierenden Sicht der Vergangenheit, die gegen eine schlechte Gegenwart ausgespielt wird. Bei der Bewertung der medienbezogenen Erfahrungen der Heranwachsenden werden veränderte Lernprozesse schlichtweg verkannt. Damit einhergehend: Es geht um Macht, schließlich greifen Medien bzw. medienbezogene Erfahrungen in zwischenmenschliche Beziehungen ein. War und ist das Kind beim Lesenlernen noch auf die Kompetenzen des Erwachsenen angewiesen, so gestaltet sich das Erlernen der Bildersprache – bei Fernsehen und Film – anders. Zwar kann der Erwachsene hier unterstützend und begleitend tätig sein, gleichwohl machen Heranwachsende je eigene Erfahrungen, die für Erwachsene fremd und irritierend sind. Unterschiedlichste Erfahrungs- und Lernwelten prallen aufeinander bzw. stehen nebeneinander. Kinder scheinen autonomer, machen selbständiger Erfahrungen; Erwachsene bleiben außen vor. Noch gravierender stellen sich die Erfahrungsunterschiede beim computerbezogenen Handeln dar: Schon Kinder sind häufig kompetenter als ihre Eltern; Jugendliche pfiffiger als ihre Lehrer. Erfahrungen werden nicht mehr von der älteren an die jüngere Generation vermittelt, gewohnte Lern- und damit Machtverhältnisse sind berührt, verändern sich.

Dies möchte ich an zwei Aspekten fallbezogen verdeutlichen: dem medienbezogenen Handeln der Kinder sowie der Funktion des Computers im familialen Kommunikationssystem.

Hannes, zwölf Jahre, besitzt einen Heimcomputer, mit dem er sich ständig beschäftigt. Als Hannes zunehmend die ihm angetragenen Aufgaben versäumt, die Schule – aus der Sicht seiner Eltern – vernachlässigt, kommt es zu einer heftigen Auseinandersetzung. Die Mutter transportiert den Computer aus dem Haus. Als Hannes aus der Schule zurückkommt und sieht, was passiert ist, rastet er aus: «Ihr behandelt mich wie ein Baby, bevormundet mich von vorne und hinten. Ich könnte euch alle umbringen», so erinnert sich Frau Günther, Hannes' Mutter, an die Szene. Hannes geht in sein Zimmer, schließt sich ein und ist erst am nächsten Tag wieder ansprechbar. Die Mutter ist noch ziemlich lange nach dieser Auseinandersetzung «ratlos, denn das hatte ich nicht erwartet, daß er so hilflos reagiert, so völlig hilflos. Aber ich mußte was tun, es war wie eine Sucht bei ihm.» Hannes bekommt das Gerät nach drei Tagen zurück.

Hier zeigt sich, wie Hannes' Mutter dem Computer «zwiegespalten» gegenübersteht. Sie bewundert, wie sich ihr Sohn in eine Sache «hineinstürzen kann». Ihre ambivalente Einstellung setzt sich in einem Sowohl-als-auch-Erziehungsstil fort: «Bei den anderen Sachen, beim Fernsehen und so, hab ich eine klare Meinung, nur beim Computer, der ist mir fremd. Da bin ich ständig am Schwimmen.» Diese Haltung nimmt auch Hannes' Vater ein. Hannes fühlt sich demgegenüber «wegen des Computers wie ein Baby behandelt». Ihn «nervt das Gezerre, weil ich nicht machen kann, was ich will». Vor allem, meint er, würden seine Eltern ihn nicht richtig verstehen, weil sie denken würden, «ich mache nur noch mit dem Computer rum, das stimmt aber gar nicht».

Der vorgestellte Streit zeigt, wie wichtig der Computer für das Selbstverständnis von Hannes und seine Position in der Familie ist. Hannes versteht und empfindet die Wegnahme des Geräts als Angriff auf seine Identität, drückt sich doch im computerbezogenen Handeln auch Selbständigkeit aus, an der sich die Eltern nur negativ reiben können. Die heftige Reaktion auf den Entzug des Computers war nicht die einer Suchtentwöhnung, sondern ungläubiges Entsetzen darüber, daß die Mutter in einen Bereich eingriff, den er vor Sanktionen sicher wähnte. Hannes versuchte mittels seiner Computerinteressen, seine Stellung im Familiensystem genau zu bestimmen. Er hatte sich eine Sphäre geschaffen, die es ihm gestattete, sich auszudrücken, Fähigkeiten auszuprobieren, sich über Kompetenzen zu vergewissern. Der Umgang mit dem Gerät bot zugleich Gelegenheit, die Beziehungen zu seinen Eltern, die aus seiner Sicht nicht immer funktionierenden Wechselbeziehungen von Distanz und Nähe auszufüllen. So symbolisierte die Flucht an den Computer auch den Wunsch nach Distanz, nach Alleinsein. Aber Hannes setzte das Gerät auch ein, um «Nähe» zu suchen. Sein Angebot, der Familie die «Basic-Sprache» beizubringen, wurde freilich ebensowenig angenommen wie ausführliche Erklärungen über neu entworfene Programme.

Hier tritt ein weiteres Problem zutage, das der Computer in die Familien bringt: Er führt zu Unsicherheiten im Alltagshandeln, macht ratlos. Hannes' Mutter: «Es fehlt mir an Kriterien, wie ich das bewerten kann. Ich sehe, Hannes geht kreativ mit dem Computer um – aber reicht das? Können wir das noch mit unseren Maßstäben einordnen? Ich frag mich immer, wie man das alles einordnen kann, ob Hannes phantasievoll und lebenstüchtig wird, wenn er damit umgeht.»

Der Computer wird so zur Projektionsfläche eigener Fragen, Ängste, Träume und Wünsche. «Und das macht es auch wohl alles so schwierig. Man muß lernen, Fragen zu stellen und sich dann die Antworten immer selbst zu suchen, eben nach bestem Wissen und Gewissen.» Und so ist das mütterliche Unbehagen über die vermeintliche Computersucht von Hannes auch die Unsicherheit über die beginnende Adoleszenz, in die Hannes allmählich kommt und die es mit sich bringt, gemeinsame familiale Aktivitäten aufzukündigen, sich aus vertraut gewordenen Zusammenhängen zu lösen. So überlagert sich für die Mutter in der anfangs geschilderten Auseinandersetzung zweierlei: einerseits die Unsicherheiten über eine neue Technologie, die in ihren möglichen sozialen Auswirkungen nicht in alltägliche Wissens- und Handlungskonzepte integriert ist, andererseits Hannes' beginnende Ablösung aus dem Elternhaus und Unsicherheiten darüber, wie sich der neuen Situation zu stellen sei.

Dieses Fallbeispiel gibt – auf der Basis vieler anderer Interviews – den Blick frei auf zwei verallgemeinerbare Trends:

- Kinder nutzen ihre computerbezogenen Kompetenzen häufig aus, um sich innerhalb des Familiensystems zu definieren. Dies gilt immer dann, wenn die Eltern versuchen, ihre Kinder an eine dominante Erwachsenenkultur zu binden. Umgang mit dem Computer bedeutet für die Kinder auch, sich eigener Identität zu vergewissern.
- Medienbezogene Umgangsstile sind biographisch geprägt. In die Wahrnehmung von Medien geht schon erworbenes, vorangegangenes Wissen über andere Medien mit ein. Dies kann Offenheit, aber zugleich Ablehnung bedeuten. Computerdistanz findet hier eine Erklärung. In dem Maße, wie sich der Bildschirm als «Leitmedium» etabliert, sich Kinder und Jugendliche darauf beziehen, können sich medienbezogene Handlungsmuster herausbilden, so daß die Nichtakzeptanz des Computers als generationsspezifisches Moment zu deuten ist.

Generationsspezifik erschwert Fernseherziehung

Die generationsspezifischen Medienerfahrungen erschweren Erziehung, belasten Eltern-Kind-Beziehungen – dies vor allem dann, wenn die Medienerziehung in der Familie als Gegeneinander und Besserwisserei verstanden wird. Machtkampf und Hilflosigkeit sind die Konsequenz.

Nun ist es zweifellos richtig, Kinder bei der Verarbeitung von Fernseherfahrungen zu unterstützen; zweifellos ist es sinnvoll, auf die Gefühlslagen der Kinder einzugehen: Aber die Unterstützung und Hilfestellung darf nicht in Bevormundung und in die Enteignung von Erfahrungen münden. Die wichtigste Aufgabe von Eltern – z. B. bei der Nachbereitung von Fernsehsendungen – ist es, Kindern Räume und Zeiten, Rahmenbedingungen zu geben, in denen Heranwachsende eigene Erfahrungen austesten können. Der Wunsch nach selbständiger Bearbeitung sollte respektiert werden und hat nichts mit Mißtrauen gegen die Eltern zu tun. Dafür um so mehr mit generationsspezifischen

Alltagserfahrungen: Einerseits drückt sich darin der Wunsch nach Autonomie und Selbständigkeit aus, Kinder wollen – auch bezüglich der Medien – eigene Erfahrungen machen, Grenzen ausloten, Emotionen aushalten, Lösungskompetenzen für unklare Situationen entwickeln. Andererseits wissen Kinder, daß sie miteinander wesentlich solidarischer umgehen, wenn es um die Verarbeitung von Gefühlen geht. Deshalb können auch Eltern, können Erzieherinnen viel aus der Art und Weise lernen, wie Kinder medienbezogene Aneignungs- und Verarbeitungsprozesse gestalten. Dabei gelingt den Kindern ein selbstgestalteter Prozeß um so besser, je mehr sie sich der Nähe und des Vertrauens ihrer Eltern gewiß sind.

Um hier nicht mißverstanden zu werden: Die generationsspezifischen Unterschiede in der Wahrnehmung von Umwelt und Medien erfordern nicht eine zwanghafte symbiotische Übereinstimmung von Eltern und Kindern, sondern Unterscheidung und Distanz auf der einen, Dialog und Nähe auf der anderen Seite. Unterscheidung und Distanz sollten die ganz unterschiedlichen Ausdrucksformen und Erfahrungsmöglichkeiten von Erwachsenen und Kindern anerkennen, Erwachsene aber zugleich veranlassen, kindliche Erfahrungen daraufhin abzuklopfen, was an neuen, möglicherweise für Erwachsene gültigen Formen darin gebunden und enthalten ist. Dialog und Nähe drükken aus, daß es sich in der Beobachtung und Begleitung kindlicher Wahrnehmungsstile nicht um ein gleichgültiges Sichgewährenlassen handeln kann, sondern darum, den Kindern jene emotionale Vertrautheit und Sicherheit zu verschaffen, die eine eigenständige Suche nach neuen Erfahrungsräumen erfordert.

Konsequenzen und Regeln

Wenn alte und neue Medien im Alltag von Familien und Kindern, wenn generationsspezifische medienbezogene Erfahrungen eine Rolle spielen, dann sollte dies Auswirkungen auf das erzieherische Handeln haben. Diese Konsequenzen will ich thesenartig so zusammenfassen:

- Um die Medienerfahrungen von Kindern zu begreifen und zu verstehen, ist eine Reflexion der eigenen medienbezogenen Deutungs- und Handlungsmuster von Erwachsenen unabdingbar. Auch Eltern haben über ihre eigenen fernsehbezogenen Bedürfnisse nachzudenken. Eine Vorgehensweise jedoch, die in den Heranwachsenden nur eine Ansammlung von Defiziten – phantasielos! spielunfähig! – sieht, wird Kindern nicht gerecht.

- Es geht um die Entwicklung einer kinder- und familienbezogenen Argumentation. Es geht um die Abkehr von allgemeingültigen Rezepten und darum, sich an konkreten Fällen zu orientieren.
- Vorrangiges Ziel jedes erzieherischen Handelns müßte es sein, die unmittelbaren Fähigkeiten und Fertigkeiten von Kindern zu fördern. Dies bedeutet, ihnen bei der Verarbeitung und Umsetzung medienbezogener Erlebnisse Hilfestellung zu geben, sie dabei zu unterstützen. Medien gehören zum Alltag, sind Teil ihrer Alltagserfahrungen. Gleichwohl versuchen Kinder, das Medienerleben in jene Formen der Weltaneignung zu überführen, die ihnen am vertrautesten sind: das Spiel und das Gespräch.
- Die unterschiedlichsten medienbezogenen Erfahrungen von Kindern und Eltern sind zum Ausgangspunkt von Bildungserfahrungen zu machen. Anders ausgedrückt: Das medienbezogene Handeln in Familien berührt alle Interaktionen und Beziehungen. Ob daraus produktive Möglichkeiten erwachsen oder ob damit negative Strukturen verstärkt werden, hängt davon ab, inwieweit solche Generationsunterschiede im Gespräch aufgearbeitet werden können.

Daraus ergeben sich einige Regeln zur Fernseherziehung, die ich in dem Buch «Kinder können fernsehen» (rororo Nr. 8598) ausführlicher dargelegt habe:

1. Motive. Es ist wichtig, sich über die Motive klarzuwerden, die einzelne Haushaltsmitglieder dazu bringen, fernzusehen. Dabei sollte zwischen überdauernden und momentanen Bedürfnissen unterschieden werden. Sieht man gerade fern, weil es den aktuellen Bedürfnissen entspricht, oder wollte man eigentlich etwas ganz anderes machen? In dem einen Fall sollte man zu seinem Fernsehbedürfnis stehen. Im anderen wäre es wichtig, adäquate Möglichkei-

ten der Bedürfnisbefriedigung zu finden. Wenn ein Kind extensive Fernsehwünsche hat, liegen dem möglicherweise individuelle Rahmenbedingungen zugrunde: z. B. ein kritisches Lebensereignis, eine aktuelle Situation, fehlende Freizeitalternativen oder auch das elterliche Fernsehverhalten.

2. Fernsehverbote helfen in der Regel wenig, sie führen meist zu einem Machtkampf zwischen Eltern und Kindern, fördern kindliche Widerstände und Proteste. Fernsehverbote haben in der Regel meist keinen Rückgang des Fernsehens zur Folge, sie fördern ausweichende Handlungen, z. B. «heimliches» Fernsehen bei Freunden oder Großeltern.
3. Fernsehen ist weder eine Belohnung noch eine Strafe und auch kein Babysitter. Falls es doch einmal dazu kommt, sollten die Eltern ihren Kindern zumindest ihre Handlungsweise verständlich machen und begründen. Nur so können sie möglichen späteren Erpressungsversuchen begegnen.
4. Das Fernsehen muß sich dem Tagesablauf des Kindes unterordnen und nicht umgekehrt: Der kindliche Tagesablauf muß auf das Fernsehen abgestimmt werden. Die Fernsehdauer ist im Hinblick auf die sonstigen Freizeitaktivitäten zu begrenzen. Aber wichtig: Zeitweise auftretende «Glotzertage» sind kein Grund zur Beunruhigung.
5. Kinder sollten nach Möglichkeit nicht allein fernsehen. Sie wünschen sich vor allem Gleichaltrige oder Freunde als Partner, weil sie sich besser einfühlen können als Erwachsene.
6. Gespräche über das Fernsehen sollten auf Drohung, auf Moralisieren, Ausfragen oder Nicht-ernst-Nehmen unbedingt verzichten. Man sollte daher grundsätzlich nur in Ich-Botschaften – «Ich mag nicht ...» – reden. Durch Verallgemeinerungen – «So etwas sieht man nicht ...» – oder Belehrungen – «Was siehst du da wieder für einen Schwachsinn» – fühlen sich Kinder abgewertet und nicht verstanden.
7. Kinder brauchen Zeit zum Nachbereiten. Die Dauer hängt allerdings sowohl vom jeweiligen Kind als auch davon ab, wie stark es von der Sendung emotional berührt ist. Man sollte vermeiden, die Kinder im Anschluß an eine Sendung aus- und abzufragen. Statt

dessen sollte man warten, bis das Kind von sich aus ein Gespräch anbietet. Dann sollte man aktiv zuhören. Man sollte mit der eigenen Anteilnahme und der Meinung nicht hinter dem Berg halten.

Und bei alldem sollte man daran denken: Es gibt keine ideale und widerspruchsfreie Fernseherziehung. Fernseherziehung ist ein gegenseitiger und gemeinsamer Lernprozeß. Je dynamischer und offener solch ein Prozeß ablaufen kann, um so spannender wird er für alle Beteiligten sein.

Konsequent sein – konsequent handeln

Grenzensetzen – ich hatte es betont – hat nichts mit Bestrafung zu tun. Strafen heben meist auf eine abstrakte Moral ab – «Man tut das nicht!» –, mit der ein Vorschul- und Grundschulkind nicht viel anzufangen weiß. Strafen bedeuten Vergeltung, Herrschaft und Besserwisserei, wollen Willen brechen, Zwang ausüben und dienen nicht – und dies scheint mir wichtig zu sein – der Verbesserung und Veränderung des störenden bzw. schwierigen Verhaltens oder der Grenzüberschreitung. Strafen mögen zwar kurzfristig Erfolg zeigen, letztlich verschärfen sie negative Haltungen oder Einstellungen.

Freilich: Wer Grenzen setzt, der muß zugleich darüber nachdenken, wie er bei Grenzverletzungen und nicht eingehaltenen Absprachen reagiert. Dabei kann es nicht um Strafe oder Verbote gehen, vielmehr um logische Konsequenzen und um natürliche Folgen (Dreikurs).

Diese sind – im Gegensatz zur Strafe – mit dem Fehlverhalten z. B. bei Grenzverletzungen, verknüpft; sie beziehen sich auf das Hier und Jetzt, sind nicht rückwärts gewandt, indem sie den Ursachen des Fehlverhaltens auf der Spur sind. Sie sind vielmehr nach vorne gerichtet, zielen auf eine konstruktive Konfliktlösung. Natürliche Konsequenzen zeigen dem Kind: Ich kann mehr als nur Grenzen verletzen oder Regeln nicht einhalten, ich kann auch konstruktiv sein. Strafen verstärken Minderwertigkeitsgefühle – das, was man alles nicht kann! –, logische Folgen verstärken das Selbstwertgefühl – das, was ich alles kann! Deshalb geschehen natürliche Folgen freundlich, fest und auf der Basis gegenseitiger Achtung.

Natürliche Folgen enthalten keine Drohung – «Wenn du dein Zimmer nicht aufräumst, dann...» –, sie sind darauf ausgerichtet, nicht jeder ungebührlichen Forderung des Kindes nachzugeben. Zugleich ermutigen sie das Kind, bei der Veränderung des störenden Handelns mitzuhelfen. Absprachen sind keine Kompromisse, sondern der Versuch aller Beteiligten, durch gemeinsame Überlegungen eine als unangemessen und störend empfundene Situation zu lösen. Während Strafen entmündigen und entmutigen, bauen natürliche Folgen auf. Natürliche Folgen geben die Verantwortung für das Tun und Lassen an das Kind zurück: Sie lassen Kinder die Folgen unangemessenen Tuns spüren; sie zeigen zugleich Wege und Auswege.

Anziehen

Bei Ankes Anziehritualen gab es jeden Morgen «richtiges Theater», wie die Eltern, Herr und Frau Saile, monierten, «die steht vor dem Schrank und kann sich nicht entscheiden.» Um Anke, 7 Jahre, die Wahl zu erleichtern, legt Frau Saile gemeinsam mit ihrer Tochter abends drei Kleidungsstücke zurecht. «Aus denen kann sie wählen. Sonst wird sie nie fertig.» Herr Saile schüttelt den Kopf: «Und trotzdem schafft sie es nicht.» Er zieht die Augenbrauen hoch: «Und damit sie rechtzeitig in die Schule kommt, dann helf ich ihr dann. Aber es ist, wie gesagt, nervig.»

Während Frau Saile ihrer Tochter auf die Sprünge hilft – «Und hast du dein Schulbrot auch nicht vergessen?» –, bringt Herr Saile Anke zur Schule, weil sein Arbeitsweg dort vorbeiführt.

«Was würde passieren, wenn Sie ihr nicht helfen würden?» frage ich.

Beide sind irritiert, dann Frau Saile: «Na, die würde nie in die Schule kommen!»

«Ich denke doch!»

«Wieso?» Herr Saile schaut mich an.

«Sie bringen Ihre Tochter doch hin!»

Herr Saile überlegt: «Gut, dann geht sie im Pyjama in die Schule!»

«Oder Sie erklären ihr, im Pyjama nehme ich dich nicht mit.»

Frau Saile klingt besorgt: «Aber dann muß sie allein in die Schule oder kommt zu spät.»

«Das ist die natürliche Folge ihres Verhaltens.»

«Was sollen wir machen?»

Wir verabreden: Sailes versuchen, mit Anke über das nervige Morgenritual zu reden, gemeinsam nach einer für alle befriedigenden Lösung zu suchen. Zugleich stellen Sie aber freundlich und fest klar: «Im Pyjama gehst du nicht in die Schule.» In den Tagen nach dem Gespräch gelingt es Anke, sich rechtzeitig anzuziehen. Irgendwann beginnt wieder «der Nerv». Frau Saile erinnert an die Abmachung. Der nächste Morgen: Anke bummelt, sitzt räsonierend vor ihren Kleidungsstükken, vergißt die Zeit, als Herr Saile das Zimmer betritt: «Anke, ich gehe. Tschüs! Ich sehe dich heute abend.»

Anke springt auf, will den Vater zurückhalten. Er streichelt ihr die Wange, fährt zur Arbeit. Anke zieht sich sehr schnell an, geht zur Mutter: «Wie komme ich zur Schule?» – «Zu Fuß.» – «Dann komme ich zu spät.» Die Mutter, in freundlicher Festigkeit: «Anke, ich denke, das hältst du aus.» – «Was soll ich sagen?» – «Sag's, wie's war.» Ankes «Anziehnerv» hatte kurz darauf ein Ende.

Frau Dose arbeitet als Erzieherin in einer Tagesstätte. Sie ist alleinerziehend. Markus, fünf Jahre, besucht den Kindergarten. Er wird jeden Morgen von der Mutter in die Einrichtung gebracht, «weil der Weg zu weit für ihn ist». Morgens gibt es Probleme mit Markus' Bummelei: Er spielt mit Legosteinen, dem Playmobil und He-Man-Figuren und vergißt die Zeit. Seine Milch trinkt er nebenbei – den Pyjama hat er noch nicht ausgezogen. Und jeden Morgen eskaliert die Situation. «Um ¾ 8 geht's los. Ich rufe: ‹Bist du fertig?› Er: ‹Gleich.› Und so geht's weiter. Alle dreißig Sekunden. Bis ich um fünf nach acht den Rappel krieg, ihn mir packe, anziehe, zack, zack. Er wehrt sich, will das nicht: ‹Du tust mir weh!› Und so haben wir jeden Morgen unseren Kampf.»

Auf Kooperationsangebote geht Markus nicht ein. Er zeigt keine Bereitschaft zur Mithilfe, läßt seine Mutter immer wieder auflaufen. «Die Stimmung», so meint sie, «wird immer mieser. Und ich hab 'nen richtigen Horror vorm Morgen.» In einer «ruhigen Stunde» am Wochenende erklärt sie Markus: «Ich möchte, daß du dich anziehst. Ich denke, daß du das schaffst. Im Kindergarten machst du das ja auch.» Markus hört aufmerksam zu, lächelt, als ob er sich verstanden fühlt. Dann fügt sie hinzu: «Markus, ich muß pünktlich zur Arbeit. Ich nehme dich dann im Pyjama mit und gebe dir die Sachen mit. Die kannst du dann im Kindergarten anziehen.»

Markus ist ein cleverer Junge. Am Montag – nach dem Wochenende – ist er nicht angezogen: Gedankenverloren sitzt er im Schlafanzug vor den Legofiguren. «Markus, komm, es ist Zeit.» – «Noch nicht.» – «Markus, komm.» «Aber ich bin noch nicht angezogen.»

Frau Dose zeigt ihm die Kleidungsstücke, nimmt ihren Sohn auf den Arm, will gehen. «Laß mich los!» Er zieht sich schnell die Schuhe an. Im D-Zug-Tempo rennt er zum Auto. Seine Mutter steigt ein. «Gib mir die Sachen», meint er mit einer Mischung aus Bestimmtheit und Irritation. Während der Fahrt zum Kindergarten zieht er sich an. Als er aussteigt, meint er: «Bist du aber streng geworden!» Er lächelt kurz: «Ich mag dich.» Am Nachmittag bittet Markus seine Mutter um Hilfe: «Du mußt mich bitte zweimal erinnern. Dann schaffe ich das auch.» Es gibt kaum noch nervige Morgenrituale.

Aufräumen

Marion, acht Jahre, räumt ihr eigenes Zimmer nicht auf. «Wie ein Saustall sieht es dort aus», klagt ihre Mutter auf einem Elternabend zum Thema «Aufräumen». «Nur wenn ich Druck mache, geht's. Du darfst nicht ausgehen, nicht fernsehen oder so. Dann ist das Zimmer im Nu sauber. Aber», so die Mutter nachdenklich, «nach vier Wochen geht das Theater von vorne los.»

Petra Schale hat mit ihren beiden Kindern andere Erfahrungen gemacht. Davon berichtet sie auf dem gleichen Elternabend. Auch bei ihr waren die Kinderzimmer in einem «wüsten Zustand». «Verbote», so erinnert sie sich, «halfen nur eine kurze Zeit. Dann war's wieder wie früher.»

«Und was haben Sie gemacht?»

«Sachen, die rumliegen, wasche ich nicht, hab ich gesagt. Nur das Zeug, das im Wäschesack liegt, wird gewaschen.» Und dann erzählte sie vom Ergebnis: «Jan, der Zehnjährige, hatte eines Tages keine Sachen mehr. Die lagen verstreut herum. Der mußte ohne Strümpfe in die Schule. Und Bernd hatte keine Unterhosen mehr zum Anziehen. Der hat sich dann aus Not seine Badehose angezogen. Das gab ein Riesentheater. ‹Scheiß Mutter› und so. Sie kennen ja diese Vorwürfe.»

«Was haben Sie gemacht?»

«Kopfhörer aufgesetzt und Beethoven gehört.»

«Und Ihre Kinder?»

«Als sie sich abgeregt hatten, gab's Entschuldigungen und das Versprechen, sich zu ändern.»

«Und?»

«Klappte. Allerdings haben sie mich gebeten, sie einmal in der Woche an die Wäsche zu erinnern.»

Von einer ähnlichen Erfahrung erzählt Frau Fritz, Mutter dreier Söhne, acht, zehn und vierzehn Jahre alt. Nicht nur sie – auch ihr Mann – hatten die Angewohnheit, Kleidungsstücke dort, wo sie sie ausgezogen hatten, «einfach fallen zu lassen».

Viele Jahre hat sie alles aufgesucht, aufgeräumt, weggepackt, «bis es mir zuviel wurde». «Ich hab 'ne Familienkonferenz einberufen», erinnert sie sich. «Alles, was unaufgeräumt in der Wohnung rumliegt, sammle ich auf, packe es in einen Zaubersack, der jede Woche geöffnet wird.» Alle waren einverstanden. «Aber die hatten die Folgen nicht bedacht.» Frau Fritz schmunzelt. «Nach ein paar Tagen hatten sie keine «Klamotten» mehr, die sie brauchten, und dann ging's los: ‹Kannste nicht mal waschen? Wo ist das?› Tja: Und am Wochenende haben sie gewaschen, weil Betteln um Gnade nicht half. Ich war stur.

Aufgeräumt haben sie, aber durchgehalten habe ich, bis die Woche rum war.»

Frau Friedrichs hat etwas anderes erfahren. «Die Kinder räumten nie ihr Zimmer auf. Nichts half. Ich dachte, die seien irgendwie überfordert mit dem Aufräumen. Ich hab dann angeboten, die ersten 15 Minuten mitzuhelfen, damit sie ermutigt werden, an ihren Saustall heranzugehen. Und das funktionierte, weil sie dann Land gesehen haben.»

Herr Polster verrät ein anderes Rezept und meint: «So ganz ohne Druck geht's eben doch nicht. Druck und Verbot müssen schon sein.»

Meine Antwort: «Mit Druck geht's nicht und mit Verboten lernen Kinder nicht, im Haushalt konstruktiv mitzuarbeiten.» Er ist beharrlich: «Nur mit Druck geht's.» Dann berichtet er von seiner Methode. Samstag ist in seiner Familie Aufräumtag – jeder für sich in seinem Zimmer, und «bevor nicht aufgeräumt ist, gibt's kein Vergnügen. Alle waren damit einverstanden.»

«Das ist konsequent», meine ich, «kein Druck. Ihre Kinder wissen, worauf sie sich einlassen.» Aktion und Reaktion hängen eng zusammen. Für ein Kind ist das überschaubar, nachvollziehbar. «Und wenn es Probleme mit dem Aufräumen hat, dann kann es sich Hilfe holen. Das haben Sie ja angeboten.»

«Und was ist der Unterschied zum Verbot, zum Druck?»

«Wenn Sie sagen, heute darfst du nicht fernsehen, weil du nicht aufgeräumt hast, oder du siehst heute fern, weil du aufgeräumt hast, dann wird das Fernsehen als Strafmittel oder zur Belohnung eingesetzt.»

Wichtig ist, daß ein Kind bereit ist, beim Aufräumen mitzuhelfen – *ohne Belohnung*. Nur so lernt es, das eigene Zimmer selbständig in Ordnung zu bringen, dazu sind Kinder anzuleiten. Dabei müssen die Maßstäbe über Ordnung zwischen Eltern und Kindern nicht übereinstimmen: Was im Wohnzimmer als ordentlich gilt, kann im Geltungsbereich des Kinderzimmers anders aussehen.

Der Nerv mit dem Essen

Maren, sechs Jahre, sitzt mit Vater, Mutter und dem älteren Bruder Daniel zum Mittagessen zusammen. Es gibt Gulasch. Maren: «Mag ich nicht!» Sie stützt demonstrativ ihren Kopf auf die Arme, wirkt bockig.

Mutter: «Maren, probier's doch bitte einmal!»

Maren: «Mag ich aber nicht. Das weißt du!»

Die Mutter füllt ihr mit den Worten: «Nun probier's doch wenigstens, wenigstens einen Löffel» Gulasch auf den Teller.

Während die Familie ißt, stochert Maren im Teller herum, spielt mit dem Essen, fängt an, mit dem Stuhl zu kippeln.

Vater: «Maren, bitte. Entweder du ißt jetzt oder es ...» Maren hat ihre Ohren auf Durchzug gestellt. Langsam kehrt Spannung ein. «Sitz still!»

Maren: «Ich möchte Spaghetti.»

Vater: «Die gab es doch gestern.»

Es kommt zu einem kurzen, heftigen Wortwechsel. Als der Nerv und die Spannung einige Zeit anhalten, hält es die Mutter nicht mehr aus. Sie steht auf. «Also gut», sagt sie eher unwillig, «ich mach dir schon Spaghetti, damit dieses fürchterliche Gerangel aufhört.»

Maren sitzt immer noch gelangweilt am Tisch, der Vater ißt mißvergnügt seinen Gulasch. Der Bruder beobachtet aufmerksam die Szene: «Alte Zicke!» – «Blöder Bock», entgegnet Maren. Als die Mutter mit den Spaghetti kommt, haben Vater und Daniel das Essen beendet. Beide stehen auf. Maren ißt ihre Spaghetti, die Mutter sitzt dabei. Beide unterhalten sich angeregt.

Paul, neun Jahre, nörgelt jeden Mittag am Essen: Mal mag er das Essen, mal mag er es nicht. Frau Beißner brät ihm dann «'ne Extrawurst. Er ist sowieso ein schmales Hemd. Und wenn er dann nichts ißt.» Sie schüttelt den Kopf. «Nein. Das geht nicht.»

Die Situation eskaliert, wird unerträglich: «Das Mittagessen war ein Horror. Wenn ich schon seine Schritte an der Haustür hörte, gab's 'nen Schlag in den Magen. Das war entsetzlich.» Sie überlegt: «Dabei hab ich mir so 'ne Mühe gegeben. Er durfte sich das Essen wünschen. Doch mittags wollte er nichts davon wissen, was er morgens gesagt hatte. Und dann gingen die Diskussionen los ...»

«Und wie endeten die?» will ich wissen.

«Es gab meistens 'ne Extrawurst oder eine wüste Auseinandersetzung. Paul zog sich dann beleidigt zurück.»

«Und Sie?»

«Ich hinterher. Wollte ihn überreden zu kommen.»

Ihr Kopf bewegt sich heftig. «Wie kann ich das nur ändern? Der spielt mir auf der Nase herum!»

Frau Beißner redet mit Paul. Man vereinbart, sich an die morgendliche Absprache über das Essen zu halten. Doch mittags fängt «das Theater wieder» an. Paul beginnt zu schimpfen, will die Vereinbarung nicht wahrhaben. Die Mutter sieht ihren Sohn an, sagt mit ganz bestimmter Stimme: «Du brauchst nichts zu essen.» Paul tobt weiter.

«Ich denke, du gehst, Paul.» Paul horcht auf, wirkt irritiert: «Aber ich habe Hunger.»

«Ich habe dir Essen gemacht. Du kannst essen. Ich denke, es schmeckt dir.»

Paul springt auf, stößt unverständliche Verwünschungen aus, nur «du alte Hexe» versteht Frau Beißner noch – dann ist Paul verschwunden.

Nach zwei Stunden kommt Paul aus seinem Zimmer zurück: «Ich habe Hunger.» Seine Stimme wirkt kleinlaut. «Heute abend gibt es ein leckeres Essen», meint Frau Beißner.

«Ich hab aber jetzt Hunger.»

«Ich denke, du hast mich verstanden, Paul!»

Paul geht zur Mutter, legt seinen Kopf an ihre Schulter. Frau Beißner streichelt seinen Kopf. «Wollen wir Frieden schließen?»

«Paul, ich bin nicht sauer auf dich.»

«Ich mein wegen der Hexe.»

Sie lächelt: «Manchmal bin ich auch eine.»

«Ich hab mal gehört, Hexen mögen Kuchen. Darf ich welchen vom Bäcker holen?»

«Meinetwegen, du Schlitzohr. Aber das ist jetzt 'ne Ausnahme.»

- Pauls Machtkämpfe beim Essen nehmen allmählich ab.

Florian und Klaus, zwei Brüder, sechs und neun Jahre alt, bummeln auf dem Weg aus der Schule nach Hause. Sie unterhalten sich mit Freunden, trödeln, spielen, machen Umwege. Derweil wartet die Mutter, Frau Klauser, zu Hause mit dem Essen. Sie ist in Druck, muß sie doch am frühen Nachmittag zur Arbeit. «Das ist Streß», sagt sie. «Ich habe alles fertig, und die beiden kommen nicht.» Die Folge ist, daß schnell gegessen wird, «eine richtig ungemütliche Situation, absoluter Streß.» Frau Klauser bittet ihre Söhne darum, rechtzeitig zu kommen. Ohne Erfolg – dafür nehmen die mittäglichen Reibungen an Lautstärke und Heftigkeit zu.

Der Streß am Nachmittag beginnt sich auf die abendliche Essenssituation auszuwirken. Auch sie wird zusehends angespannter. Nach einiger Zeit *droht* Frau Klauser: «Ich fange jetzt um Viertel vor eins mit dem Essen an, egal, ob ihr da seid.» Die Kinder protestieren. Ihnen ist das gemeinsame Mittagessen wichtig. Aber die Drohung bleibt ohne Folgen: Die Kinder kommen nach wie vor zu spät, Frau Klauser setzt ihre Worte nicht um: «Dann säßen die ja da ganz allein hier. Das bringe ich nicht über mein Herz.»

Die Klausers stellen diese Situation auf einem Familienseminar vor. Alle sind sich einig darüber, wie wichtig das gemeinsame Mittagessen für alle ist. Im Laufe des Gesprächs wird den Kindern klar, daß sie bei der Lösung mithelfen müssen. Sie versprechen, sich zu beeilen, sich gegenseitig daran zu erinnern, zügiger nach Hause zu gehen.

«Und wenn es nicht klappt?»

«Dann darf Mama anfangen, und wir essen allein.»

In den folgenden vier Tagen klappt die Absprache vorzüglich, gemeinsam freut man sich über das Ergebnis – bis Florian und Klaus wieder die Zeit vergessen. Frau Klauser beginnt mit dem Essen, erst zögerlich, dann zunehmend säuerlich – aber am Ende ganz selbstbewußt: «Ich hatte nicht gedacht, daß ich so stark bin, mich an die Absprache zu halten.»

Sie deckt den Tisch ab, stellt das Essen warm. Als sie das Haus verläßt, kommen Florian und Klaus. Die Mutter, schon im Mantel, bereit, aus dem Haus zu gehen, meint ganz freundlich: «Ich gehe jetzt. Das Essen steht auf dem Herd.» Sie umarmt beide und geht. Die Kinder fangen an zu streiten, warum wer wen nicht an die Absprache erinnert hat. Sie wärmen sich ihr Essen, setzen sich und fangen bald mit dem Essen an. In einem späteren Gespräch meint Florian anerkennend: «Hätt ich nicht von Mama gedacht.» Klaus meint ganz direkt: «Ich schon. Mal mußte sie ja was lernen.»

Die Situationen lassen einige übergreifende Gesichtspunkte deutlich werden:

- Es geht bei der Absprache über Regeln darum, die Kinder anzuregen, anzuleiten und zu unterstützen. *Bestrafung und Achtung des Kindes schließen sich aus.* Aber: Kinder, die ungebührliche Forderungen stellen, mißachten ihre Eltern, machen sie zu funktionierenden Sklaven.
- Kinder lernen bei Grenz- und Regelüberschreitungen aus natürlichen Folgen: Dies gilt bei den Alltagsthemen «Unordnung» und «Bummelei» ebenso wie bei den Auseinandersetzungen über das Essen. Wichtig ist: *Das Kind sollte die natürlichen Folgen fühlen, sie nicht als Drohung spüren.* «Wenn du nicht ißt, wirst du hungrig sein!» stellt eine Drohung dar: «Du brauchst nicht zu essen!» bedeutet für das Kind eine Wahl: Es ist meine Sache zu essen. Tue ich das nicht, bin ich hinterher möglicherweise hungrig.
- Der Umgang mit Unordnung macht zusätzliche Aspekte des Grenzensetzens und der Erziehung mit natürlichen Folgen deutlich: Das Kind wird aufgefordert und ermutigt, einen Beitrag zur Einhaltung von Ordnung zu leisten. Wenn Kinder nicht die Folgen der Unordnung fühlen, besteht für sie nur selten Anlaß, sich um die Ordnung im Zimmer oder in der Wohnung zu bemühen. Kinder *lernen* aus Erfahrung – nicht aus drohenden oder «guten» Worten. Selbst wenn Kinder nicht aufräumen wollen, sind Bestrafungen – z. B. durch Fernsehverbot – überflüssig und unangemessen. Sie fördern in der Regel Widerstände, verlangen gleichzeitig vom Kind keine konstruktive Mitarbeit bei der Lösung des anstehenden Problems.

- Bei Grenzüberschreitungen und Regelverletzungen wird zu häufig mit Worten gekämpft. Formulierungen wie: «Das hab ich dir schon hundertmal gesagt» machen Kinder taub. Grenzen zu setzen und natürliche Folgen zu erfahren legt das Schwergewicht auf jenen Dreh, der das Alltagsproblem *löst*. Die natürliche Folge bleibt nicht bei der Ursachenforschung stecken – fragt nicht ständig nach dem «Warum» –, sondern ist auf das Hier und Jetzt, auf die pragmatische Lösung orientiert. «Warum»-Fragen bringen Kinder schnell in die Opfer- und Verteidigerhaltung, Eltern in die des Besserwissers. Natürliche Folgen fordern das Kind, arbeiten mit den konstruktiven Anteilen des Kindes, setzen Vertrauen in seine Kräfte und tragen so zur Stärkung des Selbstwertgefühls bei.

Eine kleine Geschichte mag dies verdeutlichen. Maria, ein rußlanddeutsches Kind, ist sechs Jahre alt und befindet sich seit zwölf Wochen in einer Kindergartengruppe. Dort findet sie überhaupt keinen Kontakt. Die einzige Bezugsperson bleibt die Erzieherin. Maria lehnt die Spielangebote der anderen Kinder ab. Und sie tut sich schwer damit, wenn ihre Erzieherin ihr Grenzen setzt. So ist es kein Wunder, wenn die Erzieherin zunehmend genervt auf den «Quälgeist» Maria reagiert. Eines Tages beobachtet sie, wie Maria geschickt mit Schere und Faden umgehen kann. Da im Zuge eines Verkleidungsprojektes Näharbeiten anstehen, erhält Maria den Auftrag, die anderen Kinder im Nähen zu unterweisen. Dies macht sie mit großer Ernsthaftigkeit. Marias Selbstbewußtsein, ihre Selbständigkeit wächst. Sie fühlt sich akzeptiert, genau wie die anderen Kinder anfangen, Maria anzunehmen.

Nach Beendigung des Projekts hat sich Maria von der Erzieherin als alleiniger Bezugsperson gelöst und andere Kinder als Personen, an denen sie sich orientieren kann, gewonnen. Marias Erzieherin hat mithin den Dreh gefunden. Sie knüpft an die Kompetenzen des Kindes an, baut sie auf, ermutigt sie. Daraus folgt eine wachsende Autonomie, z. B. «Ich kann alleine» und nicht: «Ich bin alleine.» Daraus folgt weiter ein gesteigertes Selbstbewußtsein, z. B. «Ich schaffe es» und nicht: «Ich komme nicht zurecht!» Und daraus folgt schließlich ein erweiterter Horizont, z. B. «Ich finde mich zurecht» und nicht: «Ich komme nicht zurecht.» Maria geht auf andere zu, übernimmt Verantwortung und stellt sich neuen Herausforderungen.

Natürliche oder logische Folgen entkrampfen Konfliktsituationen. Sie zeigen dem Kind, wie weit es gehen kann und geben dem Kind zugleich Verläßlichkeit: Natürliche Folgen sind vorhersehbar, das Kind weiß, woran es ist. Der Umgang mit Regelverstößen wird dann nicht von Tagesformen abhängig, verläuft vielmehr nach für alle erkennbaren Lösungsschritten:

1. Die Beschreibung und das Erkennen des Konflikts.
2. Das Durchspielen von Lösungen. Dazu gehört, die Mitarbeit des Kindes zu gewinnen. Dazu zählt weiter, abgesprochene Regeln auf ihre Gültigkeit hin zu überprüfen.
3. Den Dreh zur Konfliktlösung finden: Lösungen sind wie Dietriche (de Shazer), sie müssen passen. Lassen sie sich nicht drehen, ist nach anderen Lösungen zu suchen – ganz im Sinne des stochastischen Fragens.
4. Es ist nach Wegen zur Umsetzung zu suchen. Dabei sollte darauf geachtet werden, das Selbstwertgefühl des Kindes zu stärken. Kinder sind nicht daraufhin zu beobachten, was sie nicht können, sondern daran zu messen, was sie können. Es ist nach positiven und konstruktiven Ausnahmen im Verhalten zu suchen.
5. Bei Verstößen gegen Absprachen ist über natürliche Konsequenzen nachzudenken, auf Strafen ist – selbst dann, wenn es im Finger juckt und sie kurzzeitige Erfolge bringen – zu verzichten.
6. Absprachen sind auf ihr Ergebnis hin zu überprüfen. Gelungene Resultate sollten als Ermutigung genommen werden, auf dem gefundenen Weg weiterzumachen.

7 «Wenn das doch so einfach wär ...»
Über Schwierigkeiten mit dem Grenzensetzen

Viele der geschilderten Situationen habe ich mit Eltern, Lehrern, Erzieherinnen oder Sozialarbeiterinnen in Beratungs- und Bildungsveranstaltungen erarbeitet und durchgesprochen. Viele Lösungsvorschläge wurden akzeptiert und in den pädagogischen Alltag umgesetzt; manchmal mußte der gefundene «Dietrich» in der Praxis auch verändert bzw. ausgetauscht werden. Aber es gab auch Widerstände, Kopfschütteln, Unverständnis. Einige Teilnehmer und Teilnehmerinnen konnten sich nicht – oder nicht so schnell – auf die Tips und Dietriche einlassen, einige kritisierten, das «sei ja alles schön und gut», aber für die Praxis in Elternhaus und Schule unbrauchbar und zu abstrakt. Einige kurze Gesprächsausschnitte können die Richtung der Kritik veranschaulichen.

«Wenn ich manche der Vorschläge höre, gut, ich kann das akzeptieren, aber Erziehung ist Streß. Und ich will nicht immer gestreßt sein!»

«Ich will einfache Rezepte! Und die sollen funktionieren! Wozu gibt es denn pädagogische Experten? Die beschäftigen sich tagaus, tagein mit den Fragen. Wenn die nicht einmal Antworten wissen, wer dann?»

«Wenn ich Bücher lese oder Veranstaltungen besuche, dann ist mir alles klar. Aber nach einem anstrengenden Arbeitstag sieht es schon wieder anders aus. Dann kommt dieser ganze Frust hoch: Eigentlich müßtest du jetzt so handeln ... aber ich hab dann einfach nicht mehr die Kraft dazu. Und dann bau ich Mist, obgleich ich's besser weiß. Das nervt.»

«Ich hab mir vorgenommen, es anders zu machen. Anders als früher. Und da steck ich eben zurück. Da halt ich die Klappe, obgleich ich schreien möchte. Tu ich aber nicht, weil ich kann keine Kinder anschreien. Jedenfalls nicht in der Schule. Das kriegt dann mein Mann zu Hause ab ... oder die eigenen Kinder sind die Sündenböcke.»

Ich will anhand dieser nicht zufällig ausgewählten Zitatausschnitte auf vier Gesichtspunkte hinweisen, die das Grenzensetzen erleichtern und zu mehr Gelassenheit ermuntern sollen:

- Institutionelle und gesellschaftliche Rahmenbedingungen machen Erziehung nicht leichter, belasten vielmehr jene außerordentlich, die jeden Tag erzieherisch tätig sein müssen.
- Pädagogische Arbeit bedeutet psychischen und physischen Streß.

Zum Grenzensetzen in der pädagogischen Arbeit – darauf gehe ich im letzten Kapitel ein – gehört Einsicht in eigene Grenzen und die Kraft, selbstbewußt zu eigenen Grenzen zu stehen.

- Mehr denn je kommt es auf den «Mut zur Unvollkommenheit» (Dreikurs) an. Wer Erziehung als «Hochleistungssport» versteht und praktiziert, überfordert sich und die Kinder. Fehler können – ich hatte es betont – Geschenke sein.
- Erziehungsstile fangen im Kopf an. Der Kopf konstruiert erzieherische Realität. Veränderungen in der Erziehungspraxis fangen im Kopf an, beginnen damit, pädagogische Alltagssituationen umzudeuten und neu zu strukturieren.

«Ich bin hart gewesen!»

Viele Erziehende – ob nun Eltern oder Fachpersonal – beschreiben und empfinden sich, wenn sie konsequent gehandelt haben, als «zu hart», «zu streng» oder «zu grob» – egal, ob es sich um die verweigerte Fernsehsendung, das nicht gekaufte T-Shirt, den Wunsch nach dem sofortigen Nachhausekommen, den verbalen «Anpfiff», die drohende Geste oder das laute Wort handelt.

Ich gehe hier nicht auf jene Eltern ein, die Kindererziehung mit Zurichtung und Stahlbädern verwechseln – nach dem Motto: Gelobt sei, was hart macht!; jene Eltern, die den Willen von Kindern brechen, sie zur Unterwürfigkeit und Anpassung erziehen, die Mitgefühl und Annahme im Keim ersticken, wo Zuwendung nur negativ und schmerzhaft – z. B. durch Schläge – erlebt wird.

«Heute war ich sehr hart», erklärt mir Gabriele Abraham. Was sie damit meine, will ich wissen. Sie beschreibt die Situation: Ihre beiden Söhne, acht und zehn Jahre alt, hatten zum wiederholten Male im Wohnzimmer ihre Kleidung verstreut, obgleich «klar ist, das gibt es nicht! Aber die haben nicht auf mich gehört!» Sie macht eine wegwerfende Handbewegung: «Die denken, die können alles mit mir machen. Als heute wieder eine Jacke rumlag, war ich auf 190! Ich bin einfach geplatzt.» Die beiden Jungen hätten sie erschrocken angeschaut und mit den Worten: «Ja, ja, ist schon gut», die Kleidung weggetragen. «Mußt du dich immer gleich aufregen», habe der eine noch gesagt. Ihre Antwort: «Ihr müßt mich nicht zur Weißglut bringen.» Frau Abraham mag nicht laut werden, sie haßt das Schreien «wie die Pest. Ich komme mir vor wie eine Hexe.»

So verständlich ihre impulsive Reaktion sein mag, zur Veränderung ihres und des Handelns ihrer Kinder trägt ihre verbale Einmischung nicht bei: Sie wird auch zukünftig «hart» handeln oder reagieren, wird sich nicht akzeptieren, wenn sie laut wird oder konsequent handelt. «Hart» hat für sie – wie das Gespräch mit ihr zeigt – zwei Bedeutungen:

- «Ich mag nicht so gerne konsequent sein. Deshalb sage ich lieber nichts und mache es selber.» Und:
- «Ich will nicht laut werden.»

Das Zusammenleben mit Kindern erfordert Routinen und Regeln, die von allen eingehalten werden. Nur wenn alle Familienangehörigen mithelfen, ist eine Ordnung möglich, die allen auch Freiheiten zugesteht. Dazu zählt, sich über Konsequenzen klar zu sein, die bei Grenzüberschreitungen in Kraft treten, selbst wenn es sich – wie Frau Abraham meinte – um so «Nebensächlichkeiten wie die Kleider» handelt. Ignorieren kann manchmal Nachlässigkeiten verstärken. Die Folgen sind klar: Frau Abraham trägt die Kleidung so lange ihren Kindern nach, bis man sie «zur Weißglut gebracht» hat.

Konsequenz hat aber nichts mit Härte zu tun. «Härte» – wie bei Frau Abraham – stellt eine impulsive, wenig konstruktive spontane Reaktion dar, die am Problem des Aufräumens nichts verändert. *Konsequenzen ergeben sich dagegen logisch und natürlich aus den Regelverstößen.* Diese wären in einem Gespräch zwischen Mutter und Söhnen auszuhandeln. Die Kinder wissen dann, woran sie sind. Unüberlegt-impulsive Reaktionen, wie sie Frau Abraham gezeigt hat, werden häufig als Erniedrigung erlebt und führen letztlich dazu, die Kleidung weiter herumliegen zu lassen.

«Das mit den Konsequenzen kriege ich schon hin», meint Frau Abraham. «Aber mit diesem Schreien ...»

«Das wird vielleicht wieder passieren!» Ich sehe sie an.

«Und dann?» Sie zuckt die Schultern.

«Sagen Sie sich: Ich kann schreien!» Ihre Augen verengen sich zu einem schmalen Spalt.

«Aber ich will, verdammt noch mal, keine Hexe sein!» Sie wirkt ungehalten.

«Hexen sind aber weise und schöne Frauen!» meine ich lächelnd.

«Aber doch nicht im Märchen! Verdammt!» Sie ist einigermaßen wütend.

«Leben Sie im Märchen?» frage ich. Sie überlegt einen Augenblick:

«Dann wäre ich nicht hier!»

Ich mache einen Vorschlag: «Wenn Sie schreien, stellen Sie sich als schöne, weise Hexe vor.»

«Und das hilft?» Frau Abraham schüttelt den Kopf.

Nach ein paar Wochen treffen wir uns wieder. Sie erzählt mir, sie habe nur zweimal angesetzt, um zu schreien, sei jedoch sofort in Lachen ausgebrochen. Die Kinder seien irritiert gewesen:

«Sollen wir dir helfen?» Und dann hätten sie die abgesprochenen Aufgaben erledigt.

Mir kam es darauf an, daß sich Frau Abraham auch mit jenen Persönlichkeitsanteilen annehmen konnte, die sie nicht mochte und akzeptierte. Wer aber nur gegen die – aus seiner Sicht – negativen Anteile – z. B. «Ich will nicht schreien!» – ankämpft, verbraucht dabei Kraft und Energie. Sinnvoller und im Sinne einer Handlungsänderung scheint es, jene Anteile anzuerkennen, die stören und hemmend sind. Erst wenn ich diese annehmen kann – z. B. «Ich kann schreien!» –, entwickle ich Energien, um störende Anteile in konstruktive zu verändern. Aber dies ist ein Weg, der manchmal mit Umwegen und Sackgassen verbunden ist.

«Das hört sich gut an», meint Herr Bruns, «aber es ist verdammt noch mal nicht leicht. Ich komme mir schon hart und schroff vor, wenn ich mal auf Abmachungen bestehe. Das mag ich nicht, und das will ich nicht akzeptieren.» Und im weiteren Verlauf erzählt er von seinem

Vater, der «hart und unversöhnlich» gewesen sei. «Schläge waren die einzige Nähe. So will ich nicht sein.»

Er klingt brüchig: «Meine Kinder sollen mich nicht hassen ...», schluckt: «Sie sollen keine Angst vor mir haben!»

«Was denn?»

Herr Bruns überlegt, hebt die Schultern: «Mich akzeptieren, wie ich bin!»

«Wie sind Sie?» Er lacht: «Manchmal ein Stinkstiefel!»

«Sollen die denn auch den Stinkstiefel mögen?»

«Wenn sie's aushalten!» Er schüttelt sich vor Lachen, hält sich die Nase zu. «Mann, o Mann!»

«Gibt's eine andere Formulierung für hart?» Herr Bruns holt tief Luft:

«Weiß nicht?» Er schaut hilfesuchend umher: «Na ja, schroff, gemein, unterdrückend, besserwisserisch ...»

«Wer war so?»

«Mein Vater», kommt es wie aus der Pistole geschossen.

«Und Sie?»

«So bin ich nicht, vielleicht konsequent. Aber geht das denn mit Kindern nicht ohne Konsequenz? Verdammt, nun wollt ich alles anders machen ... und bin wie der Alte. Alles wiederholt sich!» Er schüttelt vehement seinen Kopf, die Füße stampfen kurz auf.

«Sie sind doch anders: *konsequent*!» werfe ich ein.

Viele Eltern meinen, man müsse auf eigene Räume, eigene Zeiten, eigene Bedürfnisse und eigene Wünsche verzichten. Die Beschneidung und Begrenzung kindlicher Freiräume wird als unangemessen, egoistisch, erwachsenenorientiert, als «hart» betrachtet. Nun gibt es in der erzieherischen Praxis durchaus viele Fallsituationen, in denen sich der Erwachsene als besserwisserischer Erzieher über kindliche Kommunikationsansprüche skrupellos hinwegsetzt und Kinder in ihren Entfaltungsmöglichkeiten hemmt.

Aber zugleich gilt: Kindern Freiheiten für ihre kognitive und emotionale Entwicklung zu gewähren, darf nicht zur elterlichen Selbstaufgabe führen. Die Besinnung auf die erzieherischen Traditionen und

Praktiken der Herkunftsfamilie darf weder zum Kult noch zur unreflektierten Abrechnung führen – Besinnung meint, jenem Sinn nachzuspüren, den man in der eigenen Erziehung fortführen möchte, um jenen Un-Sinn zu überwinden, der psychische Verletzungen mit sich gebracht hat.

Herr Bruns erzieht anders als sein Vater. Aber er hat die väterliche «Konsequenz» als Unmenschlichkeit und Erniedrigung erlebt. Dies bringt ihn nun in Schwierigkeiten: Einerseits weiß er um die Notwendigkeit von Konsequenzen, andererseits machen ihm seine «Empfindungserinnerungen» (Zimmermann) einen Strich durch die Rechnung. «Härte» hat für ihn eine ähnliche negative Bedeutung wie «Konsequenz». Nur indem man den lebensgeschichtlichen Bedeutungsrahmen aufbricht, kann Herr Bruns Sätze wie «Ich bin fest» oder «Ich bin konsequent» akzeptieren. Erziehungsrealität wird vom einzelnen im Kopf hergestellt: Aussprüche oder Einschätzungen wie «Ich bin hart», «Ich bin streng», «Ich bin grob» etc. deuten und bewerten erzieherische Konsequenzen negativ. Das Grenzensetzen wird dann als problematische Erziehungsstrategie eingeschätzt, die «man» gerne vermeiden würde, weil «es doch auch anders gehen müßte».

Dahinter stehen in der Regel zwei Grundhaltungen:

- Da man sich fürchtet, konsequent zu handeln, erzieht man mit «langer Leine», lebt eine Toleranz vor, die die eigene physische und psychische Realität mißachtet. Hier kann Beratung ermutigen, natürliche und logische Konsequenzen im pädagogischen Prozeß einzuführen.
- Die Bewertungen «hart», «grob» oder «streng» sind gedankliche Konstruktionen, die sich an der Biographie orientieren: Die einst erlebte und erlittene Erziehung geht ein Gemenge mit der nun praktizierten Erziehung ein. Und was man einst als Verletzung erlebt und erlitten hat, will man nun vermeiden. Es kommt zu einer wenig überlegten Auseinandersetzung mit der eigenen Familientradition. Man ist ängstlich darauf fixiert, Fehler nicht zu wiederholen. Um eigene Grenzen zu finden, sich in seinem Erziehungsstil angemessen einzuschätzen, ist es wichtig, Formulierungen wie «Ich bin hart» etc. genauer zu be- und umschreiben, sie eventuell umzudeuten. Wenn

Konsequenzen notwendig und geboten sind, sie in der Folge von Absprachen als natürlich und logisch erscheinen, ist es angemessen, von «Ich bin fest», «Ich bin klar» oder «Ich bin konsequent» zu reden.

«Mut zur Unvollkommenheit» oder Der Umgang mit Erziehungsstreß

Pädagogisches Handeln strengt an. Erziehung ist für alle Beteiligten häufig Streß: Eltern und Erzieher stoßen ständig an Grenzen – «Was soll ich denn nur machen!» –, erleben Gefühle der Ohnmacht und Beschränkung – «Manchmal kann man doch nichts machen!» – oder überfordern sich – «Ich will alles richtig machen!» –. Kinder erleben die pädagogisch Handelnden als gereizt, unausgeglichen, inkonsequent, ständig «unter Strom stehend», sind Versuchsobjekte in der Disziplin «Erziehung als Hochleistung».

Mehr denn je kommt es darauf an, mit Streßsituationen so umgehen zu lernen, daß sie Achtung *für das Kind und den Erziehenden* gewährleisten. Die Zauberformel heißt «Mut zur Unvollkommenheit». Sich und anderen Fehler zuzugestehen – ja, sich für gemachte Fehler etwas zu kaufen –, entkrampft das erzieherische Handeln, gestaltet die Erziehungsbeziehungen konstruktiver, menschlicher. «Mut zur Unvollkommenheit» bedeutet kein Plädoyer für gedankenlose Fahr- und Nachlässigkeit. Es gibt Grenzen, die eingehalten werden müssen, oder anders formuliert: Es gibt Erziehungspraktiken, die die Kinder in ihrer kognitiven und emotionalen Entwicklung behindern, die die Ausbildung von Selbstwert und Ich-Identität nicht zulassen, die mit sozialer Angst und Verunsicherung verbunden sind. Dazu zählt die Mißachtung physischer Grenzen des Kindes in Form des sexuellen Mißbrauchs; dazu gehört körperliche Gewaltanwendung als «Mittel» der alltäglichen Erziehung, darunter fällt die andauernde psychische und seelische Erniedrigung des Kindes durch emotionale Leere, Liebesentzug, Abweisung, Über- und Unterforderung.

Niederlagen – z. B. der Eltern – gehören zum Erziehungsalltag.

«Manchmal schreie ich doch», klagt Herr David, «obgleich ich mir's schon hundertmal vorgenommen habe. Aber irgendwann platze ich. Dann geht's mir schlecht, weil ich nicht so sein will. Und dann weiß ich, ich lerne es nie, ein richtiger Vater zu sein.» – «Manchmal rutscht mir die Hand schon aus.» Frau Schröder schaut unsicher, verzweifelt. «Vor allem mal abends nach der Arbeit. Dann bin ich müde, und wenn dann noch ein falsches Wort fällt, tja, dann kann es schon passieren.» Sie verleiht ihren Worten mit der Hand Nachdruck. «Aber dann mein ich auch, der Björn hat's so gewollt.»

Werden Niederlagen nicht eingestanden, entstehen häufig Schuld- und Minderwertigkeitsgefühle – «Ich kann es nicht!» –, oder man rationalisiert eigenes Versagen und Nicht-Können – «Ich wäre ja o. k., aber du bist es nicht! Deshalb muß ich so handeln!»

«Mut zur Unvollkommenheit» meint, seine persönlichen Energien darauf zu verwenden, Unvollkommenheit zu akzeptieren, den Umgang mit Fehlern als Chance zu begreifen. «Wenn ich mal ausgeflippt bin», sagt Frau Schröder, «und ich mich beruhigt habe, gehe ich zu meinen Söhnen und entschuldige mich. Früher hab ich's ihnen auch erklärt, warum ich geschrien habe, aber dann haben sie nur gemeint, ist schon o. k.»

«Ich hab's ähnlich gemacht», meint Frau Frost. «Ich bin häufig auch geplatzt, manchmal hat's was gesetzt. Ehrlich.» Sie wiegt ihren Kopf. «Dann war ich hier auf einem Elternabend, und Sie ...», sie deutet auf mich, «haben gesagt: Bitten Sie Ihre Kinder um Mithilfe. Auch die sind verantwortlich für die Atmosphäre, die Stimmung in Ihrer Familie.»

«Und wie ging's weiter?»

«Ich hab dann zu den Kindern gesagt: Ihr müßt mithelfen, damit ich nicht so platze.»

«Und wie haben Sie's gelöst?»

«Streß gab's ja nur an bestimmten Tagen. Wenn ich nachmittags zur Arbeit mußte. Aber auch nicht immer. Eben nur manchmal. Tja, und dann hatte mein Jüngster, der war sechs, was von einem Erdbeben gehört und was von einer ‹Richterskala›, die die Stärke anzeigt. Und er meinte, meine Ausbrüche seien wie ein mittleres Erdbeben. Und dann hat er für mich eine …», sie schmunzelt, «‹Mama-Skala› eingerichtet: von eins, das war gutgelaunt, bis sechs, Vorsicht: absolute Gefahr! Ich hab darauf an den problematischen Tagen meine Stimmung angezeigt, und die wußten, woran sie waren. Manchmal konnten wir richtig darüber lachen.»

«Und hat's geklappt?»

«Meistens! Aber dann haben die mich so gereizt, daß ich völlig außer mir war. Dann brauchten die's auch. Heute erzählen sie, sonst wär's zu langweilig mit mir gewesen. Na ja.» Diese Gespräche verdeutlichen den «Mut zur Unvollkommenheit» auf ganz anschauliche und ungewöhnliche Weise:

- Da ist zunächst das Eingeständnis «Ich hab Mist gemacht», verbunden mit dem Wunsch, die Situation zukünftig anders zu gestalten. Das Problem nimmt man zum Anlaß, über Veränderungen nachzudenken.
- Es wird aber nicht bei den Ursachen des Problems angesetzt bzw. stehengeblieben. Dies führt meist nur zu gegenseitigen Schuldzuweisungen oder zu Schuldgefühlen – «Ich bin schlecht» – oder zu unproduktiven Rationalisierungen –«Ihr habt es so gewollt!» Man fragt nicht nach dem «Warum» von Streß und Genervtsein, vielmehr danach, *was* der Genervte bzw. die Gestreßte macht oder *wann* sie es nicht macht. Eine solche Betrachtungsweise konzentriert sich allein auf die Lösung: «Wie kann ich eine Situation verändern?» Anders ausgedrückt: Nicht alle problematischen Situationen werden angesprochen, vielmehr wählt man nur eine aus und versucht, sie zur Entspannung zu bringen.
- Die Lösung geht von *positiven Ausnahmen* aus, davon, was funktioniert, und verstärkt diese – «Tue mehr davon, was funktioniert!». Dadurch werden die Fähigkeiten aller Beteiligten zur Problemlösung in den Vordergrund gestellt.
- Das Problem und seine Lösung werden – z. B. in Form der vorgeschlagenen «Mama-Skala» – auf den Begriff gebracht. Man weicht den Problemen nicht aus. Der Umgang mit Problemen wird für die

Familienmitglieder deshalb zum Geschenk, weil Unvollkommenheit ermutigt, nach neuen Wegen zu suchen, sich Herausforderungen zu stellen.

«Das ist reine Theorie!»

«Wenn ich das hör, was Sie heute zum Grenzensetzen sagen, dann ist das für mich reine Theorie.» Herr Wolter ist Hauptschullehrer. «Ich hab 22 Schüler in meiner Klasse, eine achte Klasse, in einem viel zu engen und zu stickigen Raum. Die Schüler kommen aus einem sozialen Brennpunkt, sind ziemlich aggressiv, manche straffällig, absolut unmotiviert. Da sind Techniken, wie Sie sie entwickeln, absolute Theorie.» Herr Wolter macht eine wegwerfende Handbewegung. «Alles gut gemeint, ehrlich, aber absolute Theorie, verstehen Sie?» Er schaut mich verzweifelt an. «Wenn ich meinem Schulleiter solche Vorschläge mache, dann zuckt der die Achseln oder will nichts von meinen Schwierigkeiten wissen. Alles hat bei ihm eben zu funktionieren.»

«An mir hängt alles», erklärt mir Frau Lempe, «alles. Mein Mann ist unterwegs auf Montage. Ich bin genervt, gestreßt. Das Geld reicht hinten und vorne nicht. Da muß ich mitarbeiten, und dann die drei Kinder.» Sie atmet tief durch. «Wenn ich das alles beherzigen will. Nein, das geht nicht, wirklich nicht! Alles gut gemeint. Aber mir hilft's nicht.» Ihre ganze Haltung drückt Abwehr aus.

In den bisherigen Überlegungen habe ich gesellschaftliche, soziokulturelle oder institutionelle Zwänge nicht immer ausdrücklich und ausführlich thematisiert. Mir ist bewußt, daß viele der hier entwickelten pädagogischen Handlungsmöglichkeiten und erzieherischen Techniken zum Grenzensetzen ihre eigenen Grenzen haben, die sich aus einer Vielzahl von Rahmenbedingungen ergeben und die manche Vorschläge zunächst und vordergründig als Theorie erscheinen lassen.

Hohe Klassenstärken, unzureichende Versorgung mit Erzieherinnen, Lehrern und Lehrerinnen, mit sozial- und heilpädagogisch ausgebildeten Fachkräften, Mängel in der Aus- und Fortbildung, Zeit- und

Raumnot erschweren beispielsweise Beziehungsformen in der Schule, die gegenseitigen Respekt und gegenseitige Achtung ausbilden. Für viele Pädagogen ist der Umgang mit Heranwachsenden – Stichwort: Gewalt in der Schule! – Überlebenskampf. Umgekehrt sind viele Kinder und Jugendliche erniedrigenden Zurichtungstechniken, angstmachenden Gewaltformen in der Erziehung ausgeliefert.

Für manche erscheinen meine Denkansätze und Lösungsvorschläge zunächst vielleicht unrealistisch, weil zu weit von der erfahrenen Wirklichkeit und den lebbaren Alternativen entfernt. Aber: Erzieherische Wirklichkeit und pädagogisches Handeln entstehen im Kopf – und dies gilt auch für Lösungen. «Das ist Theorie»: Solcher Satz zielt darauf, alles und alles sofort zu verändern. Hilfreicher ist es jedoch – ungeachtet aller erschwerenden Rahmenbedingungen –, nach jenen produktiven Ausnahmen zu suchen, die selbst unter erschwerten Rahmenbedingungen funktionieren und die das Gefühl des Könnens bzw. des Noch-nicht-Könnens vermitteln.

Ich hatte es betont: Familienerziehung ist anstrengend, voll von Fallen, Problemen, Unzulänglichkeiten. Zeit- und Raumknappheit lassen befriedigende Erziehungsbeziehungen nicht immer zu. Finanzielle und materielle Nöte bedingen, daß Erziehungs- und Beziehungsfragen hintangestellt werden, wenn es denn überhaupt Fragen gibt. Alles hat mehr oder minder zu funktionieren. Dies ist eine Beschreibung – keine Be- und Abwertung.

Aus meiner Tätigkeit in sozialen Brennpunkten weiß ich um das Bemühen, es «anders», «besser» oder «richtiger» zu machen, spüre ich den Widerspruch zwischen dem «eigentlich» Möglichen und den ganz real lebbaren bzw. praktizierbaren Erziehungsstilen. Ich bemerke Widersprüche, die Eltern häufig unzufrieden machen, das Gefühl der Minderwertigkeit und der Inkompetenz verstärken.

Gerade bei dieser Klientel haben Elternbildung und -beratung die Aufgabe, Selbstwertgefühl und vorhandene Kompetenzen zu fördern, mit jenem Wissen und jenen Fähigkeiten zu arbeiten, die vorhanden sind, nicht jedoch im jammernden «Es funktioniert nichts» oder selbstbemitleidenden «Ich mache immer alles falsch» steckenzubleiben. Es ist vielmehr danach zu suchen, was wann und wie funktioniert.

Und dann fallen mir «Zaubertage» – wie ich sie nenne – ein, «Zaubertage», an denen vieles klappt, wie «man» es sich wünscht. Dies ist kein Patentrezept gegen Alltagsfrust, gegen Ärger, gegen materielle und emotionale Unterversorgung, aber es bietet einen Ausweg, besser: einen ersten Schritt an; denn zaubern kann – fast – jeder.

Denn schon das Märchen zeigt, Zauber und zaubern setzen ungeahnte Kräfte frei. Frau Albert hatte sich auf einem Elternseminar über ihren Alltag beklagt, über den beruflichen Streß, die gefühlsmäßige Leere, vor allem über materielle Sorgen. Ihr Mann war wie sie ständig von Arbeitslosigkeit bedroht, was zu Reibereien und ständigen lautstarken Auseinandersetzungen führte. Auf die Frage, was wäre, wenn dies alles nicht wäre, meinte sie: «Das wäre zauberhaft.» «Dann zaubern Sie. Machen Sie sich Ihren Zaubertag.» Und einige Zeit später erzählt sie mir: «Ich fand das einen ziemlichen Quatsch, wie Sie das damals auf dem Elternabend gesagt haben. Das mit dem Zaubertag. Ehrlich, ziemlichen Quatsch. Das war schon echt albern. Ich bin dann nach Hause gegangen und hab's meinem Mann erzählt. Der hat nur den Kopf geschüttelt. Tags drauf war wieder fix Stimmung bei uns, der absolute Streß.»

Ihre Augen richten sich hilfesuchend nach oben.

«Mir sind schon fast wieder die Nerven durch, wie immer. Ich war drauf und dran zu schreien, da sagt mein Mann ganz plötzlich: ‹Jetzt wird das Schreien weggezaubert.› Ich war verblüfft, Marion und Barbara waren's auch. Die meinten: ‹Au ja.› Und dann war's still. Wir haben überlegt, wie man das Schreien wegzaubern kann. Die Kinder hatten tolle Ideen. Am Ende haben wir ein Krokodil gebastelt, das die Schreie frißt. Und immer, wenn einer nun laut war und zickig, war einer der Krokodilwärter. Das hieß dann: Nun reicht's. Das ging natürlich nicht jeden Tag. Aber so ein- oder zweimal in der Woche war Zaubertag. Oder wenn die Kinder mal spürten, jetzt ist dicke Luft, dann wollten sie zaubern. Gut, der Streß ist immer noch stark. Aber ich hab gemerkt, ich bin nicht mehr ganz meinen Launen ausgeliefert. Irgendwie kann ich etwas erreichen, wenn ich will. Das tut gut.»

Es geht mir nicht darum, die soziale Armut und die gefühlsmäßigen Problemkonstellationen, denen Familien ausgesetzt sind, zu verkennen oder gar zu verharmlosen. Es soll auch nicht der Eindruck erweckt werden, als sei jede krisenhafte Situation schnell und mit wenig Anstrengung zu klären oder genauer: wegzuzaubern. Wichtig ist mir, daß komplexe Problemkonstellationen, die auf grundsätzliche psychosoziale, individuell meist nicht veränderbare Rahmenbedingungen zurückzuführen sind, durch die Konzentration auf ein Problem bzw. eine Zielperspektive viel von ihrer Ausweglosigkeit verlieren. Die Suche nach und das Durchspielen von Lösungen stärkt das Selbstwertgefühl, indem es Verantwortung für Handeln zurückgibt und gleichzeitig das Gefühl von Machtlosigkeit und Minderwertigkeit relativiert.

Die Einführung und das Durchleben eines «Zaubertages» bei der Familie Albert macht die Vorteile eines lösungsorientierten Vorgehens, wie es vom amerikanischen Therapeuten Steve de Shazer entwickelt wurde, deutlich:

- Der «Zaubertag» stand am Beginn, nicht am Ende des gemeinsamen Weges. Er wurde durch das Tun der Familienmitglieder konstruiert.
- Der «Zaubertag» ging nicht an die Ursache des Stresses, er setzte an die Stelle von erlebten und beklagten Unzulänglichkeiten eine veränderte Handlungsperspektive, etwas Neues, nicht Gewohntes.
- Der «Zaubertag» erweist sich angesichts der komplexen materiellen Krise der Familie als kleine, wenn auch – und das ist entscheidend – lebbare und praktizierbare Perspektive.
- Schließlich: Was für die Familie Albert beim «Zaubertag» gilt, ist für andere Familien möglicherweise nicht praktikabel. Das Finden von Lösungen gelingt nur individuell auf dem Hintergrund der ganz spezifischen und besonderen Perspektive einer Familie.

Vom Umgang mit Ausnahmen

Ausnahmen beim Grenzensetzen sind genauso wichtig wie die schon dargestellten natürlichen Folgen und logischen Konsequenzen. Dabei sind zwei Formen der Ausnahmen zu unterscheiden:

- Einmal die Suche nach positiven Ausnahmen, um den Blickwinkel der Ausweg- und Perspektivlosigkeit – «Mein Sohn macht *immer* ...» – «Wie *oft* soll ich dir das noch sagen ...» – «Kannst du denn *niemals* ...» oder «Ich mach es *nie* richtig ...» – zu überwinden. Über die Verstärkung positiver Ausnahmen – nach dem Motto: «Mehr vom ‹Guten›» – können nach vorn gerichtete Lösungen entwickelt werden, die dem Handelnden das Gefühl der Kompetenz geben.
- Ausnahmen bringen Überraschungen in die Erziehung, indem sie das Unerwartete tun, Ausnahmen von der Regel konstruieren. Ausnahmen können so spielerisch und auf eine ganz eigene Weise mit Grenzen spielen. Dies will ich an einigen Situationen konkretisieren.

Herr und Frau Sommer beklagen sich über das «fürchterliche Eßverhalten» ihrer beiden Kinder, vier und sechs Jahre alt. «Jeden Tag gibt's abends Streß. Sie spielen mit dem Essen. Absprachen helfen nicht. Nur wenn wir sie lassen, dann ist's o. k. Aber das geht auf unsere Kosten.» Als die Sommers sich darauf einigen, daß die Kinder zweimal pro Woche – «Wir nennen es Schweine-Essen» – so speisen dürfen, wie sie wollen, nehmen die Auseinandersetzungen ziemlich schnell ab.

Frau Kaiser hat es, wie sie sagt, «satt». Ihre Tochter zieht sich fürchterlich an: «Meistens läuft sie wie ein Clown herum. Es ist nicht zum Hinsehen.» Beide einigen sich darauf, daß es dreimal in der Woche einen «Clowns-Tag» gibt, an dem sich die Tochter so kleidet, wie sie es möchte.

Die Familie Reuter hat drei Kinder zwischen fünf und zwölf Jahren. «Der Älteste bringt immer so schweinische Wörter aus der Schule mit. Nur Arschloch, blöde Kuh, Pißnelke und so. Und das greifen die Kleinen begierig auf. Man hat den Eindruck, bei uns geht's wie auf der Toilette oder in der Gosse zu.» Herr Reuter ist über die «Fäkalsprache», wie er sie bezeichnet, entrüstet. Drohungen, Verbote helfen nicht, die Absprache, wenigstens beim Essen eine «schweinewortfreie

Zeit», so der Ausdruck von Frau Reuter, einzuhalten, werden von «den Kindern mehr oder minder akzeptiert. Aber hinterher geht's um so intensiver weiter.»

Herr Reuter: «Die waren so gerissen. Bestimmte Gesichtsausdrücke standen für diese scheußlichen Wörter, Nase zuhalten beispielsweise für Arschloch und so. Die schauten sich nur an und schon lachten sie.»

Die grenzüberschreitenden Ausdrücke der Kinder wiesen auf einen Machtkampf hin, der bei den Eltern Gefühle der Hilflosigkeit – «Was können wir da nur machen?» – zurückließ, auf seiten der Kinder weitere Rache- und Vergeltungswünsche hervorrief. Dann machte Frau Reuter eine wichtige Beobachtung. Immer wenn die Kinder «die Sau rausgelassen hatten, war's o. k. Die brauchten das offensichtlich.» Sie machte den Vorschlag einer zeitlich begrenzten «Schweinewort-Zeit». Dann konnten die Kinder mit allen Ausdrücken «um sich schmeißen». Die drei waren über den Vorschlag überrascht, gingen darauf ein, man verabredete eine Zeitgrenze – zuerst zehn, später fünf Minuten – und einen Zeitpunkt. Dieser variierte von Woche zu Woche. Die Absprache funktionierte, «obgleich's uns am Anfang», wie Herr Reuter schwer atmend meinte, «schwerfiel. Aber diese entsetzlichen Auseinandersetzungen hörten auf.»

Grenzüberschreitungen sind Versuche der Orientierung, der Reibung an bestehenden Normen und Werten, des Probehandelns. Grenzüberschreitungen sind – aus der Sicht von Kindern – häufig spielerisch-lustvolle Schritte, aus der Perspektive der Erwachsenen bedeuten sie Nerv und Streß. Die Einführung von Ausnahmen verspricht Lösungen:

- Sie zeigen Verständnis für grenzüberschreitende Aktionen, signalisieren Kindern Annahme: «Du bist o. k!»
- Sie zeigen dem Kind zugleich die Grenzen, die Normen und Werte der Eltern an. Sie verweisen darauf, daß das Verständnis für einen Sachverhalt nicht mit dessen Akzeptanz verwechselt wird. Ein Elternteil kann die Fäkalsprache der Kinder auf dem Hintergrund von deren Entwicklung verstehen, braucht sie aber nicht zu akzeptieren.

- Ausnahmen stellen suchende Schritte dar, daß Achtung und Respekt nur auf der Grundlage gegenseitigen Bemühens möglich sind. Ausnahmen nehmen auf die Bedürfnisse und Wünsche aller am erzieherischen Prozeß Beteiligten Rücksicht.
- Ausnahmen zuzulassen sind spielerische Umgangsformen mit Grenzüberschreitungen. Sie bauen auf der Überlegung auf, daß man Veränderungen im Handeln als Weg versteht, bei dem jeder Schritt ein Ziel darstellt.

In einem Kindergarten ist das Team übereingekommen, Kinder dürfen Cowboy und Verfolgungsjagden spielen, dabei «schießen» – wenn auch nur mit selbstgebastelten Pistolen aus «Lego, Hölzern oder ähnlichem», wie die Erzieherinnen sagen. Gleichwohl gibt es «schießfreie Zonen», Räume, in denen «solche Pistolen» nicht benutzt werden dürfen, in denen entsprechende Spiele untersagt sind. Die Kinder sind von dieser Regel unterrichtet. Zugleich gibt es die Absprache, nur jene Kinder in das «Schießspiel» – so die Meinung der Kinder – einzubeziehen, die dies wünschen. Freiwilligkeit ist oberstes Gebot.

Die Erzieherinnen waren auf das Nebeneinander von «waffenfreier Zone» – wie es eine nannte – und der Akzeptanz von «Waffen» gekommen, weil sie beobachtet hatten, daß das vorher bestehende Verbot, generell nicht mit Pistolen zu spielen, zu Heimlichkeiten oder zu problematischen Tabuisierungen führte. Wenn eine Erzieherin ein Kind beim Spiel mit Pistolen aus Stöcken und «Lego»-Steinen erwischte, es auf die bestehende Absprache hinwies, erhielt sie nicht selten zur Antwort, das sei keine Pistole, sondern nur ein Sprechfunkgerät.

In dieser Grenzüberschreitung – eben des bestehenden Verbots – zeigten sich zwei wichtige Gesichtspunkte: Die Kinder fühlten sich unbewußt – nicht mit allen Persönlichkeitsanteilen – z. B. ihren aggressiv-gewaltförmigen – angenommen. Die Mißachtung genereller Regeln war ihr Versuch, auf sich aufmerksam zu machen. Das Verbot, gewaltförmige Spiele zu unterlassen, war – wie sich in der Beratung des Kindergartenteams zeigte – allein an den Wünschen und Bedürfnissen der Erzieherinnen ausgerichtet. Dies spürten die Kinder, wurde die Regel doch sehr allgemein – «Man tut das nicht!» – bzw. unter Hinweis auf die anderen, «ruhig» spielenden Kinder aufgestellt. Die Kinder wußten nicht, woran sie waren, sie fühlten sich nicht ernst genommen.

Durch die Ausnahmen werden die verschiedenen Grenzen klarer gestaltet: Die Kinder wissen nun, daß die Erzieher ihre ganz eigenen Probleme mit dem Thema «Gewalt im Spiel» haben. Dies wurde den Kindern erklärt. Die Kinder ihrerseits fühlten sich durch die Erzieherinnen nun in ihrer ganzen Persönlichkeit angenommen. Sie hatten das Gefühl, nicht zurückgewiesen zu werden, wenn sie ihre Bedürfnisse nach Wildwest und Verfolgungsjagden intensiv auslebten. Und durch die Einführung von Regeln beim Spiel – «schießfreie Zone», Freiwilligkeit der Teilnahme – wurde das Spiel nicht einem grenzenlosen Selbstlauf überlassen, den die Kinder möglicherweise als Gleichgültigkeit und Laissez-faire gedeutet hätten.

So weisen Ausnahmen bei Grenzüberschreitungen und bei Grenzsuchen auf zweierlei hin: Sie stellen den einzelnen mit seinen Möglichkeiten in den Mittelpunkt, sie orientieren sich an den ganz individuellen, ganz spezifischen und ganz situativen Bedingungen eines Erziehungsfeldes, sie zeigen dem einzelnen seine persönlichen Kompetenzen, ohne sich an anderen zu orientieren – «Warum klappt das nur bei anderen! Nie bei uns!» – Und: Ausnahmen sind lösungsorientiert. Sie haben nicht das Verdrängen des Problems – z. B. des Schießens oder der Fäkalsprache – zum Ziel. Ausnahmen stehen für einen Anfang. Schließlich: Ausnahmen arbeiten mit Überraschungen. Sie tun das Unerwartete.

Kinder wissen um die Reaktionen von Erwachsenen bei störendem auffälligem Verhalten. Viele Eltern handeln impulsiv-spontan: Sie schimpfen, schreien, leiden mit, trösten ... Meist sind solche – aus der Sicht der pädagogisch Handelnden – verständlichen Reaktionen nicht dazu angetan, problematisches in konstruktives Handeln zu verwandeln. Es kommt vielmehr darauf an, das Nicht-Erwartete, das für das Kind Überraschende zu tun.

Überraschungen sind wie Dietriche: Entweder sie passen zur Lösung, sie sind die Lösung ... oder sie passen nicht. Dann müssen andere Dietriche gefunden und probiert werden. Dietriche sind der Schlüssel zum Problem – mit dem entscheidenden Unterschied allerdings: Dietriche passen auch dann, wenn sie nicht alle Details des Schlüsselbartes aufweisen. Der Schlüssel geht der Sache auf den Grund, der Dietrich will nur eines – das Zauberkästchen öffnen, in dem die Lösung liegt. Zwei Situationen aus der Eltern- und Erwachsenenbildung mögen das konkretisieren.

Monika Brahms hatte ständig «Nerv» mit ihrem sechsjährigen Sohn Kai. Dieser «Nerv» spielte sich regelmäßig an der Kasse des Supermarktes ab. «Je näher wir kamen, um so schneller ging es los: ‹Ich will Kaugummi, ich will Bonbons›, dies und das. Dieses ewige Gequengel meines Sohnes in den höchsten Pieptönen! Und je mehr ich ‹nein› sagte, um so heftiger wurde sein Getue. Manchmal war's, als ob er Zuschauer brauchte. Er konnte dann Schreianfälle kriegen, sich auf den Boden schmeißen, sich wälzen. Absprachen, ihm hinterher etwas zu kaufen, funktionierten eigentlich nicht: Mal ging's, mal nicht.»

«Wann ging es?»

Sie überlegt.

«Wenn ich ihn vorher nochmals ganz deutlich an die Absprache erinnert hatte», sie stockt, «oder ihm an der Kasse deutlich sagte: ‹Jetzt hör auf. Brauchst du etwa Zuschauer?› Aber dann guckten die Leute. Irgendwie war mir das peinlich.»

Sie sieht mich an:

«Aber irgend etwas muß passieren, sonst schreie ich!»

«Tun Sie's!» Ich lache.

«Wie bitte?»

Sie schreckt auf. «Ich soll ihn anschreien?»

«Machen Sie, was Ihr Sohn macht. Auf den Boden schmeißen und dann schreien.»

«Und die Leute? Die wundern sich. Ich bin bekannt am Ort, ich bin Lehrerin.» Sie schüttelt den Kopf.

«Die be-*wundern* Sie, was für eine tolle Mutter Sie sind.»

«Nein, das geht wirklich nicht.»

Einige Tage später ruft sie mich an. «Ich hab's gemacht. Gestern.»

Dann erzählt sie, wie ihr Sohn – je näher die Kasse kam – anfing zu klagen, zu jammern, zu quengeln, sich wieder mal auf den Boden zu schmeißen.

«Ich hab den Wagen weggeschoben, mich dann hingeschmissen. Hab extra meine alten Jeans angezogen. Alles erstarrte, auch Kai. Der hörte sofort auf, stand auf, gab mir die Hand: ‹Hör auf! Bitte hör auf!› Später haben wir darüber geredet. Er hat dann gemeint: ‹Ich kann fies sein, gell!›»

«Und wie ging's Ihnen?»

«Ich war ungeheuer stolz auf mich, fühlte mich stark wie nie zuvor. Eine Frau hat mich vor dem Laden angesprochen: ‹Soviel Mut möchte ich auch mal haben!›»

«Und das Gequengel beim Einkaufen?»

«Ist erst mal vorbei, aber ich kann dem Frieden kaum trauen.»

Überraschungen sind paradoxe Eingriffe; sie verstärken das auffällige störende Verhalten, bauen auf eine Aktion auf, die das Kind nicht vorhersieht. Monika Brahms hat Kai ihre Grenze gezeigt, ihm deutlich gemacht, wann sie sich in Achtung und Respekt verletzt sieht. Der Dietrich paßt – wie auch in der anderen Situation.

Ann-Kathrin, knapp sechs Jahre, kommt jeden Morgen in den Kindergarten, stellt sich vor ihrer Erzieherin, Frau Helmers, auf, holt tief Luft und rotzt in deren Richtung. Sie trifft zwar nicht, aber das Ziel ihrer Begierde ist deutlich. Frau Helmers ignoriert das Verhalten zweimal, artikuliert dann sehr deutlich ihre Grenzen. Ann-Kathrin fährt mit ihrem Verhalten fort.

«Ich möchte zurückspucken», entfährt es ihr spontan, als ich sie während einer Beratung frage, was sie tun möchte.

«Was hindert Sie?»

«Ich kann's nicht!»

«Wie ginge es?»

«Nur in Gedanken!»

«Dann tun Sie so, als ob Sie spucken, und malen Sie sich aus, wie die Rotze bei Ann-Kathrin runterläuft!»

Frau Helmers bricht in Lachen aus.

Der nächste Morgen: Bevor Ann-Kathrin sich postieren kann, steht

Frau Helmers überlebensgroß vor ihr, holt tief durch die Nase Luft, allen Rotz aus Stirn- und Nebenhöhlen im Mund versammelnd – und fängt mit einem Male schallend an zu lachen. «Ein wunderschönes, farbenprächtiges Bild. Rotze ...», sie stockt «... Mensch, kann Rotze schön sein.»

Ann-Kathrin wirkt konsterniert, überrascht, sagt kurz «Guten Morgen» und geht. Bei den beiden folgenden Begrüßungen ergibt sich ein ähnliches Ritual. Am vierten Morgen, als Frau Helmers mal wieder tief Luft holt, fragt Ann-Kathrin verstört: «Bist du erkältet? Oder warum machst du so komische Geräusche, bevor du lachst?»

«Ich hatte einen spontanen Einfall. Ich bin in die Hocke und habe wie eine Hexe aus dem Märchen mit tiefer Stimme gesagt: ‹Damit ich dich besser anspucken kann.›»

Ann-Kathrin konnte sich vor Lachen kaum beruhigen, prustete, hüpfte umher, verschwand, kam nach einiger Zeit mit einer Zeichnung wieder. Darauf waren zwei Hexen, eine kleine, die aussah wie Ann-Kathrin, und eine große, die Ähnlichkeit mit der Erzieherin hatte. Beide spuckten. «Schenk ich dir. Aber zeig mir noch, wie weit du spukken kannst.» Frau Helmers ist mit Ann-Kathrin hinausgegangen, und beide haben ein Wettspucken veranstaltet.

Der Dietrich paßte in diesem Fall. Frau Helmers hatte durch eine unerwartete Aktion ihre Grenze mit jenen Mitteln aufgezeigt, mit denen Ann-Kathrin die Grenze der Erzieherin austesten wollte. Als die verbale Absprache nicht das gewünschte Ergebnis zeigte, hat die Erzieherin ihre Grenzen vorgeführt, hat dem Kind ein magisches Bild – das der Hexe als Verkörperung der «bösen» Mutter bzw. der «bösen» Anteile – angeboten, das Ann-Kathrin verstand und das ihre Situation spiegelte. Ann-Kathrin wußte, daß «man» nicht spucken durfte. Sie wollte überprüfen, wie weit *sie* gehen konnte bzw. durfte, ob sie dann noch angenommen war und Verständnis finden würde, wenn sie störend-auffällig Grenzen überschritt.

Schläge setzen keine Grenzen

«Ich will ja nicht schlagen», erzählt mir eine Mutter auf einem Elternabend, «aber manchmal rutscht mir die Hand doch auch aus. Tut mir zwar leid, aber das passiert. Wenn die nicht hören, dann setzt es was ... tja, anders krieg ich die nicht zur Ruhe ... Ehrlich.»

«Wie soll ich mich da sonst durchsetzen», fällt eine andere Mutter ins Wort, «die hören ja nicht. Ich denke, mal ein bißchen hart anpakken ... das schadet nicht. Nicht an den Kopf, aber zwei-, dreimal was auf den Hintern, das hilft.» Und ein Vater meint:

«Ist ja alles schön und gut mit dem Reden und so, was man so liest und hört. Aber es geht eben nicht. Die holen sich ihre Tracht Prügel ab. War bei uns früher auch so. Alle Vierteljahr gab's was. Die Zeit war wieder reif, meinte mein Vater. Geschadet hat's, denke ich, nicht.»

Ein anderer Vater wiegt nachdenklich den Kopf: «Ich weiß nicht. Wenn ich mal 'nen Klaps gebe, ich bin total fertig ...» – «Genauso geht's mir auch», hakt eine Mutter ein. «Genauso. Aber ... Manchmal geht's nicht anders. Ich bin überfordert ... fertig. Ich möchte es ... anders machen, aber ...» Sie zuckt die Schultern: «Es geht nicht. Wirklich nicht. Da gucken zu viele zu. Tja ... und irgendwann stehst du so unter Druck, dann knallt es.»

Dies sind einige kurze Gesprächsausschnitte, die ich mit Eltern über den Zusammenhang von Grenzensetzen, Bestrafen und körperlicher Züchtigung geführt habe. Wie Kinder darüber denken, fühlen und leiden, habe ich am Anfang beschrieben. Grenzensetzen hat nichts mit Bestrafung oder Drohung zu tun, schon gar nicht mit körperlicher Züchtigung, mit Schlägen oder dem berühmt-berüchtigten «Klaps» oder der «Ohrfeige», die «noch nie geschadet», vielmehr «das Denkvermögen erhöht» habe. Züchtigungen sind keine pädagogische Maßnahme, mögen sich auch kurzzeitige «Erfolge» einstellen. Schläge demütigen, sie beschädigen die Würde des Erziehers und des Kindes. Schläge als Mittel des Grenzensetzens sind Eingeständnisse von Niederlagen. Schläge kennzeichnen und produzieren «verwundete Menschen» (Dreikurs).

In den Begründungen für den Einsatz körperlicher Strafen finden sich einige immer wiederkehrende Argumentationsmuster:

- Da sind zunächst einmal Lebensumstände, die überfordern, die den Widerspruch zwischen ungeahnten Möglichkeiten und wirklich lebbaren Alternativen offenkundig werden lassen. Kinder werden zu Projektionsflächen für eigenes Versagen, man treibt an ihnen den eigenen Beelzebub aus.
- Kinder erfüllen nicht die in sie gesetzten Erwartungen. Dies führt nicht selten zu Bestrafungsaktionen, die das Selbstvertrauen und das Selbstwertgefühl von Kindern weiter schmälern. Soziale Ängste, Versagensängste, Angst vor Liebesentzug und körperlicher Bestrafung sind die Folge.
- Schlagen als Mittel und Möglichkeit der Bestrafung und des Grenzensetzens wird – «in Maßen eingesetzt» – als Erziehungsmittel legitimiert. So kann sich das Schlagen schnell zur Gewohnheit entwikkeln, dies besonders dann, wenn sich dadurch kurzzeitige Erfolge zeigen.
- Für viele Eltern sind die Zuneigung zu Kindern und deren körperliche Züchtigung kein Gegensatz. Dies dann nicht, wenn Eltern das subjektive Gefühl entwickeln, Kinder «holten sich Schläge geradezu ab» bzw. «zielten darauf ab, eine Ohrfeige zu bekommen».

Die Folgen «schlagender Argumente» beim Grenzensetzen sind vielfältig: Zweifelsohne produziert nicht jede Ohrfeige seelische Krüppel, nicht jede Ohrfeige hat lebenslange irreparable Konsequenzen. Selbst wenn Ohrfeigen oder «hartes Anfassen» auch keine langfristigen Auswirkungen haben *müssen* oder körperliche bzw. seelische Schäden anrichten, sind sie als pädagogische Maßnahmen *keinesfalls* zu rechtfertigen. Mögen viele Erziehende auch meinen, Schläge und Züchtigungen stärkten ihre Autorität, weil sie nur so der Gefahr entgingen, sich zur Marionette kindlicher Launen machen zu lassen. Letztlich dokumentieren Eltern nur Hilflosigkeit, Ohnmacht. Sie verringern Ansehen und Autorität. Schläge und Züchtigungen fördern allenfalls die Angst vor leerer und schwacher Autorität. Das Kind wehrt sich – unbewußt – gegen die erlittenen Demütigungen. Das Kind tritt mit dem Erziehenden in einen Machtkampf. Es rächt sich, übt Vergeltung, macht den

Erziehenden hilflos, indem es durch sein Verhalten körperliche Züchtigung geradezu provoziert. Der Erziehende hat den Eindruck, als «wolle» das Kind Schläge. Dahinter steckt Rache des Kindes. Es führt dem Erziehenden erzieherische Hilflosigkeit und Ohnmacht ständig und immer aufs neue vor Augen. Und das Kind lernt: Wenn *ich* einmal Macht habe, dann habe ich das Recht, Gewalt auszuüben, zu züchtigen.

Für viele Kinder stellt sich die körperliche Züchtigung als das Erleben von Angst und Ohnmacht dar. Der physische Schmerz vergeht manchmal schnell, was bleibt, sind die psychischen Wunden und Narben: Gefühle der Scham, der Bloßstellung und des Ausgeliefertseins.

An die Stelle körperlicher Züchtigung tritt in der letzten Zeit – in manchen familiären Erziehungsstilen – der Liebesentzug oder die verbale Züchtigung. Kinder werden durch den Entzug von gefühlsmäßiger Zuwendung, die Vermittlung von Schuldgefühlen, durch Anschreien oder durch ständige Nörgelei bestraft. Die Konsequenzen solcher Strafaktionen sind weniger offenkundig: Der seelische Schmerz geht nach innen. Trauer und Unsicherheit sind jedoch sichtbare Folgen. Das Gefühl des Ausgeliefertseins trifft das Kind besonders hart, läßt es allein, verlassen, macht es unsicher, untergräbt das Vertrauen.

Wie auch immer: Die Anwendung von Strafen als Mittel des Grenzensetzens hilft dem Kind nicht, sich in seinem auffälligen Verhalten zu verändern. Überspitzt formuliert: Ohrfeigen und Liebesentzug zeigen keine Handlungsalternativen auf, garantieren keine Besserung, verstärken vielmehr Feindseligkeit und gegenseitige Mißachtung. Körperliche oder seelische Züchtigung stehen für mißglückte Konfliktlösungen, sie sind Rache und fördern Rachefeldzüge.

«Aber was soll ich denn machen», klagt eine Mutter, «wenn mir die Hand ausgerutscht ist. Soll ich denn im Erdboben versinken oder mir alles gefallen lassen?»

Ich hatte es schon betont: Gefühle der Nutz- und Wertlosigkeit sind genausowenig ein Ausweg wie Rationalisierung oder Legitimierung der Schläge. Zwischen dem Zeigen menschlicher Regungen und Gefühle, die die eigenen Grenzen anzeigen, und dem verbalen und körperlichen Ausflippen, das Kinder verletzt, liegt eine Vielzahl von Handlungsalternativen. Und wenn man seine Grenzen überschritten, die Achtung des Kindes und die eigene Würde verletzt hat, dann ist dies als Eingeständnis einer Niederlage zu werten, ganz im Sinne des «Mutes zur Unvollkommenheit» – ohne Wenn und Aber. Sich beim Kind zu entschuldigen, seine Mitarbeit einzufordern, damit aus der Erniedrigung und dem Verlust der Selbstachtung gegenseitige Anerkennung und konstruktive Zusammenarbeit wird, wäre dann der nächste Schritt.

8 «Es ist anstrengend, konsequent zu sein ...»
Der Mut zu eigenen Grenzen

Die Grenzen erkennen

Eltern, Erzieherinnen, Lehrer und Lehrerinnen opfern sich auf: «Man will nur das Beste für das Kind ...», «Man will alles anders machen ...», «Man will es richtig machen ...», «Man will das Kind verstehen ...», «Man will das Kind annehmen ...». Ich beobachte: Eltern, Erzieherinnen, Lehrer und Lehrerinnen ordnen sich unter. Für viele stehen das Kind, das Kindeswohl und die allumfassende Fürsorge an allererster Stelle. Die eigenen Bedürfnisse und Wünsche, das eigene Wohl, das eigene Sich-angenommen-Fühlen werden hintangestellt, eigene Grenzen nicht gespürt, gefühlt und gezogen. Der eigene Körper, die eigenen Gefühle scheinen stillgelegt.

Grenzenlose Liebe, grenzenlose Zuneigung, grenzenloses Aufgehen im pädagogischen Beruf oder in der familialen Erziehung haben zu tun mit einer Aufgabe der eigenen Person, des eigenen Selbst. Konturen des Körpers und des eigenen Ichs verschwimmen. Man mutet sich viel und zu viel zu, man ist ständig für andere, kaum für sich selbst da, stellt sich als jemand dar, mit dem man alles machen kann. Dahinter steckt das Gefühl, immer und ständig gebraucht zu werden, unentbehrlich zu sein; dahinter steckt manchmal Gefall- und Selbstsucht. Man gibt sich auf, vernachlässigt sich, man nimmt sich selbst nicht mehr wahr. Wer in der Kindererziehung aufgeht, wird – im wahrsten Sinne des Wortes – unscheinbar, unsichtbar – gleichwohl zum Spielball anderer Interessen. Man wird, macht sich zum Opfer und Sklaven, dem nicht Respekt und Achtung, allenfalls Mitleid entgegengebracht wird, dem man freilich, immer wieder und aufs neue, Verletzungen und Niederlagen zumutet.

Wer Kinder achten und respektieren, sie für Achtung und Respekt sensibilisieren will, muß lernen, sich selber ernst zu nehmen, sich zu achten, sich zu respektieren. Nur wer sich selber liebt, zu sich selber steht, sich in seiner ganzen Person akzeptieren kann, nimmt andere an, steht zu anderen, vermag sie zu lieben. Nur wer sich selber Grenzen setzt, sie vorlebt, vermag anderen Grenzen zu setzen, der kann ihnen die Möglichkeiten und Risiken des Grenzensetzens anschaulich und überzeugend vermitteln.

Selbstaufgabe und Selbstverlust machen eine Situation und ein Traum deutlich, den mir eine Erzieherin, Angelika Reuter, mitgeteilt hat: «Ich hatte einmal ein Kind, ein ganz schwieriges Kind in der Gruppe. Die Mutter war drogenabhängig. Jetzt ist sie ein Sozialfall, würd ich sagen. Der Junge hatte schwer zu leiden, bekam sehr viel zu Hause mit. Ich denke, er bekam die Schläge mit, die der Mutter vom Vater zugefügt wurden. Die Mutter war mit der Situation völlig überfordert. Ich hab sie auf Beratungsstellen hingewiesen, nichts ist geschehen. Und irgendwann ist mir alles über den Kopf gewachsen, diese Gespräche mit ihr. Und ich hab gemerkt, das bringt alles nichts.» Frau Reuter überlegt, schluckt: «Tja, dann hab ich Grenzen gesetzt, weil ich spürte, dieser Situation bist du nicht gewachsen. Aber gleichzeitig ...», sie stockt, «ja, gleichzeitig sah ich eben das Kind, dessen Elend. Es war, als ob mir das Problem auf einem silbernen Tablett gereicht wurde. Und eigentlich müßte ich ja zugreifen, hab ich mir gesagt. Schließlich bin ich Erzieherin, ausgebildet, ich hab gelernt, mich auf so etwas einzulassen.»

Sie faltet die Hände, blickt hinunter: «Also, die Mutter konnte ich loslassen. Das war mir schon klar. Aber ich hab mich, je mehr ich die Mutter losgelassen hab, viel intensiver um das Kind gekümmert, ganz intensiv sogar. Einfach aus dem Gefühl heraus.» Frau Reuter stockt, unterbricht kurz, fügt ganz langsam, ganz bedächtig hinzu: «Ich wollte ihm das geben, was er zu Hause nicht bekommt. Ich glaub, da war auch das schlechte Gewissen gegenüber der Mutter.» Sie schüttelt ihren Kopf: «Aber insgesamt war ich eben völlig hilflos. Und irgendwie ließ mich das Gefühl nicht los, ich müßte doch insgesamt noch mehr tun ... Das hat mich beschäftigt, ließ mich nicht los, bis in den Traum hinein: ein ganz intensiver Traum.»

Sie setzt sich aufrecht hin: «Ich beschäftige mich mit Torsten im Gruppenraum. Es kommen schwarz gekleidete Männer mit Maschinenpistolen herein und reißen den Bub an sich. Sie wollen ihn entführen. Ich verhandle mit diesen Männern. Sie sollen ihn zufrieden lassen, sage ich, er habe eine schwierige Lebenssituation. Doch diese Männer reagieren nicht. Da stelle ich mich ihnen zur Verfügung, sage ihnen also, sie können alles mit mir machen. Nur sie sollten um Himmels willen diesen Jungen zufrieden lassen. Das tun sie dann auch. Dieses Angebot nehmen sie in Anspruch und versuchen, mich vor allen Mitarbeitern und den Kindern bloßzustellen. Ich soll mich nackt ausziehen, was ich auch tue. Sie schmeißen mich dann auf den Fußboden, und ich werde vergewaltigt. Bei der Vergewaltigung sehe ich immer den Torsten vor mir, wie er mich anschaut. Ich bin sehr hart. Ich zeige keine Regung. Ich habe geballte Fäuste, meine Fingernägel schneiden teilweise dabei meine Hand auf. Und dieser Junge sieht das. Ich werde ein paarmal vergewaltigt. Der Traum wechselt. Man ruft die Polizei. Wir hören draußen eine Menschenmenge. Der Junge soll ja entführt werden und wird rausgezerrt. Wir alle hinterher, sämtliche Kolleginnen und Kinder sind in der Gewalt von diesen Entführern, werden mit Pistolen bedroht. Wir kommen heraus, draußen steht eine Menschenmenge, sämtliche Eltern sind da, Polizisten sind aufgebaut. Über mir kreisen Hubschrauber. Die Mutter schreit: ‹Um Gottes willen, mein Sohn. Torsten, komm her!› Ich werde festgehalten. Torsten auch. Ich schreie: ‹Mein Gott, helft doch, helft doch.› Und zu den Polizisten: ‹Warum macht ihr denn nichts?› Aus dieser Hilflosigkeit heraus entwickle ich eine Wut und eine Kraft, daß ich mich aus der Gewalt der Täter lösen kann, mir eine Maschinenpistole greife und diese Entführer erschieße. So!»

Sie atmet tief aus: «Und dann kommt ein Weiteres: Dieses ganze Erlebnis hat mich selbstverständlich krank gemacht. Ich konnte es nicht verarbeiten, war sehr lange im Krankenhaus und mußte mich in eine Therapie begeben. Dann, nach einem Jahr, wurde ich ins Fernsehstudio eingeladen und wurde gefragt, wie ich das Ganze verarbeitet habe, die Entführung, die Vergewaltigung. Ich habe gesagt: ‹Aufgrund dessen, daß ich mich in die Therapie begeben habe, habe ich es ganz gut verarbeitet.› Ja, und wie es denn dem Jungen gehen würde. Da habe ich gesagt: ‹Das müssen Sie mich nicht fragen, er ist mit dabei. Sie können ihn gern mal hereinrufen.› Und dann rufen sie den Jungen. Er setzt sich auf meinen Schoß, wird gefragt: ‹Na, Torsten, wie ist es dir ergangen, als du Frau Reuter gesehen hast. Hast du Angst gehabt, daß du stirbst? Hast du überhaupt vor diesen Männern Angst gehabt, die dich bedroht haben?› – ‹Nein›, sagt Torsten, er habe keine Angst gehabt, denn als er gesehen habe, wie Frau Reuter nackt am Boden lag, ihre Fäuste geballt hatte, so daß die Fingernägel ins Fleisch gegriffen haben, da habe er ganz genau gewußt, mir passiert nichts. Sie hat die Kraft, mich hier heil herauszuholen, uns allen passiert nichts. Na ja, das Ganze wurde dann im Traum sehr theatralisch, und der Reporter fing an zu weinen, ich dann auch. Ich bin dann sehr aufgelöst aufgewacht.»

Gemeinsam habe ich mit Angelika Reuter versucht, den Traum, der auf eine sehr dramatische Weise Selbstaufgabe, Opferhaltung und Unterordnung konkretisiert, zu deuten. Sie war langjährige Erzieherin, die anfangs ganz in ihrem Beruf aufging, die sich und ihre Bedürfnisse hintanstellte – bis ihre Energie, ihre Kräfte buchstäblich am Ende waren. Sie fing dann an, sich abzugrenzen, sich ernst zu nehmen. Sie lernte, ihren Körper und die Anstrengungen zu spüren. Diese Veränderungen begannen zunächst im Kopf. Sie setzte sich auf eine rationale Weise mit ihrem Selbstbild auseinander. Emotional waren die Beziehungen zu früheren Selbstbildern – eben stark zu sein und leiden zu können – noch da. Körperlich und gefühlsmäßig machten sich die «alten» Anteile bemerkbar.

Sie erzählt: «Wenn ich Torsten sehe oder auch die Mutter, dann bin ich immer bewegt, obgleich ich das nicht will. Irgend etwas in mir akzeptiert das noch nicht. Als ich im Traum vergewaltigt wurde, habe ich mir gesagt, da mußt du eben durch, das schaffst du, beiß die Zähne zusammen, das ist deine Bestimmung, deine Aufgabe …»

«Sie geben nie auf …»

«… ja, das war meine Aufgabe.»

«Um eine Aufgabe zu erfüllen, mußten Sie sich aufgeben, sich opfern …» Sie nickt.

Selbstlose Aufopferung im pädagogischen Handeln – gleich ob im Kindergarten, in der Schule oder im Elternhaus – ist keine Seltenheit. Körperliche und seelische Belastungen werden hingenommen. Man schluckt hinunter, halst sich weiter Probleme auf, erträgt vieles. Erziehung wird zum psychischen Streß, zur körperlichen Belastung.

Psychosomatische Symptome sind aber nicht der Ausdruck falschen Denkens oder falschen Handelns; in ihnen spiegeln sich Erfahrungen.

Solche Symptome geben Hinweise darauf, wie Wirklichkeit wahrgenommen wird. Wer an diesen Symptomen ansetzt, erfährt manches über die Befindlichkeiten anderer Menschen. Ein Beispiel mag das zeigen:

«Ich lasse mich immer einwickeln von den Kindern», klagt eine Mutter, die unter Atembeschwerden leidet. Dabei drückt sie sich mit beiden Händen auf die Brust, so daß ihr die Luft fast wegbleibt. Nun kommt es nicht so sehr darauf an, den *Ursachen* für das körperlich empfundene «Einwickeln» auf den Grund zu gehen. Wichtiger ist, gemeinsam nach Wegen zu suchen, wie sie freier atmen kann, um damit dem Ein-Wickeln durch andere zu entgehen.

Liebe zu sich selber und Sich-annehmen-Können mit allen Stärken und Schwächen sind Voraussetzung dafür, die eigenen Grenzen zu erkennen, eigene Grenzen zu ziehen.

Die Erkenntnis «Ich bin wichtig» bedeutet, das Handeln an den eigenen Möglichkeiten, den eigenen Wahrheiten und Überzeugungen auszurichten, bedeutet «Mut zur Unvollkommenheit» und andere nicht zu Sündenböcken bei Niederlagen und Schwächen zu machen. Je mehr man zu eigenen Möglichkeiten und Unmöglichkeiten steht, um so mehr entwickelt man Mut und Spontaneität, um so mehr stellt man sich auf neue Herausforderungen und Wagnisse ein. Selbstliebe hat nichts mit überzogenen Allmachtsphantasien, mit Egozentrismus oder Selbstsucht zu tun. Selbstliebe ist die Grundlage für eine gefühlsmäßig volle Erziehungsbeziehung.

Erziehungsschwierigkeiten im Elternhaus, im Kindergarten und in der Schule, Frustrationen bei Eltern und pädagogischem Fachpersonal haben zu tun damit, daß diese sich allzu schnell und bereitwillig den Ansprüchen der Kinder unterordnen. Sie haben zu tun mit pädagogischen und psychologischen Rat-Schlägen, die die Bedürfnisse von Eltern mißachten. Solch Rat-Schläge sind Schläge, weil sie aus einem Miteinander in der Erziehung Abhängigkeit und Sklaverei werden lassen. Wer Kindern immer und ständig gefällig sein will, der fällt, fällt auf, stellt sich als Untertan dar, der zieht sich kleine oder größere Herrscher heran, die nur schwer die Fähigkeiten zur Kooperation erlernen, die nur lernen, wie man den eigenen Willen durchsetzt.

Ja zu sich zu sagen schließt allerdings ein, das Ja des Kindes zu sich anzunehmen. Nicht immer und ständig gefällig zu sein, zieht nach sich, daß Kinder ähnliches vorleben. Auch Kinder haben ein Anrecht darauf, nicht immer und ständig zu gefallen. Wer für sich Grenzen setzt, der muß bereit sein, die Grenzen, die die Kinder setzen, anzunehmen.

«Es ist anstrengend, konsequent zu sein!»

«Erziehung ist», so erzählt ein Hauptschullehrer, «immer schwieriger. Nicht nur wegen der aggressiveren Schüler. Ich meine, insgesamt. Und zugleich fühl ich mich allein gelassen. Deshalb bin ich unsicher, suche nach Auswegen. Ich weiß natürlich, es gibt keine Rettungsringe. Und trotzdem suche ich.»

Eine Grundschullehrerin berichtet in einer Fortbildungsveranstaltung: «Ich weiß nicht mehr, woran ich bin. Das betrifft nicht nur die Gewalt unter Schülern. Und dieses Gefühl, denke ich, überträgt sich auf Kinder. Woher sollen die denn eigentlich wissen, was richtig und was falsch ist, wenn ich das nicht mal weiß.» Und eine Kollegin ergänzt: «Diese Unsicherheit führt auch dazu, daß man komplizierte Überlegungen, wie jetzt über die Entstehung von Gewalt beispielsweise, so wie Sie das machen ... gar nicht mehr aushält. Man sucht gierig, ich schließe mich da gar nicht aus, nach so richtig schön einfachen Erklärungen. Daß man erleichtert sagen kann, so ist es. Genau so.»

Und während einer Diskussionsveranstaltung über das Thema «Gesellschaft und Gewalt» kommentiert eine Sozialpädagogin meinen Redebeitrag: «Ich gebe Ihnen hundertprozentig recht mit dem, was Sie sagen. Nur sagen Sie mir, was ich machen soll?»

«Was wollen Sie denn hören?»

«Ein Patentrezept, ein wirkliches Patentrezept, das immer funktioniert.»

«Meinen Sie, daß es so etwas gibt?»

Sie zuckt mit den Schultern: «Wohl nicht.»

Ein Lehrer sagte kurz danach in einem anderen Zusammenhang: «Manchmal frage ich mich, was erzählen die Schüler von mir in zwanzig Jahren. Was wohl? ... Von mir? ... Von meinem Stoff? Vielleicht, daß man mit mir reden konnte, ich nachgiebig war.» Er überlegt einen Augenblick: «Von meinem Geographielehrer weiß ich nicht mehr, wie er mir das Gangesdelta näher brachte, aber daß er fürchterlich altmodische Klamotten anhatte, aus dem Mund roch und afrikanische Märchen erzählte, wenn er nicht vorbereitet war.»

In den vielen Bildungsveranstaltungen und Beratungen – gleich, ob mit Familien, Erziehern und Erzieherinnen, Lehrern und Lehrerinnen –, die ich in der letzten Zeit durchgeführt habe, wiederholen sich bestimmte Erfahrungs- und Argumentationsmuster:

- Da spüre ich eine gravierende Verunsicherung über den Anstieg aggressiver Verhaltensweisen von Heranwachsenden. Je mehr sich solche Handlungen plausiblen Erklärungen versperren, um so nachdrücklicher werden Sündenböcke gesucht, die man direkt für Fehlentwicklungen verantwortlich macht.
- Die zunehmende Desorientierung über die Verbindlichkeit von Normen und Werten in einer pluralistischen Gesellschaft – egal, ob nun in der Erziehung oder der Auseinandersetzung mit aggressiven Handlungen – erschwert Lernprozesse. Je größer die Orientierungslosigkeit wird, um so stärker kommen – verständliche – Wünsche nach allgemeingültigen pädagogischen Handlungsanleitungen, nach einfachen, klaren Rezepten.
- In den letzten zwanzig Jahren ist der Begriff der Erzieherpersönlichkeit nicht mehr oder nur unzureichend thematisiert worden. Der Erzieher «verkümmerte» zum Wissensvermittler, hatte vom Kind bzw. vom Jugendlichen auszugehen, die eigenen Bedürfnisse, Wünsche, Gefühle, aber auch Probleme hintanzustellen. Der Umgang mit eigenen Emotionen wurde ausgeklammert, geradezu wegtrainiert.
- Zugleich wächst der Trend, es Kindern unbedingt recht zu machen. Damit verstärkt sich die Angst, von Kindern abgelehnt zu werden. Der Mut, sich unbeliebt zu machen, indem man Grenzen setzt, eigene Belastungsgrenzen artikuliert, wird damit nicht gefördert.

- Eltern, Erzieherinnen und Lehrer gleichen sich in erzieherischen Handlungen und ihren pädagogischen Haltungen sehr an. Wirkliches Verständnis für das Kind leitet sich aber weniger aus abstrakten Konzepten, sondern vielmehr aus der vorgelebten Ehrlichkeit und Offenheit des Pädagogen ab.

Mangelnde Grenzziehung und Abgrenzung bedingen – die vielen Beispiele des Buches belegen das – Schwierigkeiten und Probleme in der Erziehungsbeziehung. Erziehung zu Selbständigkeit und Autonomie, freiheitlich-partnerschaftliche Erziehung schließt Ordnung und Regeln ein, die kindliche Bedürfnisse nach Verläßlichkeit, Vertrauen und Sicherheit einlösen.

Erziehungsgewalt und Erzieherpersönlichkeit

Ich hospitierte einige Zeit in einer dritten Schulklasse, weil mich die Lehrerin darum gebeten hatte: «Ich habe da ein paar nervöse, richtig aggressive Kinder. Ich weiß nicht, was ich machen soll.» Während meiner Besuche bemerkte ich eine durchaus angenehme Unterrichtsatmosphäre, die Lehrerin war sichtlich bemüht, ihre Schüler und Schülerinnen auch dann noch anzunehmen, wenn diese störten. Dabei fielen mir im Laufe der Besuche einige immer wiederkehrende Abläufe auf:

- Die Klassenlehrerin wies erst spät und dann mit Formulierungen wie: «Ihr stört die anderen. Seid bitte ruhiger!» auf Störungen hin. Zuvor versuchte sie, diese durch Nichtbeachtung in den Griff zu bekommen.
- Bei ermahnenden Hinweisen versteckte sie ihre persönliche Meinung, indem sie sich zum Sprecher der anderen, vor allem der Schülerinnen machte. Ein Satz wie: «Ich fühle mich gestört» fiel nicht.
- Bei Fortdauer der Störung blieben Stimme und Ton moderat. Ärger und Ungeduld waren ihnen nicht zu entnehmen, allenfalls in Mimik und Gestik drückte sich Anspannung und Säuernis aus.
- Je moderater der Stimmklang, je häufiger die stereotypen, aber folgenlosen Ermahnungen, um so penetranter entwickelten sich die

Störungen seitens der Schülerinnen und Schüler. Es war ganz offensichtlich ein von den Kindern inszenierter Machtkampf im Gange, aus dem sich die Lehrerin nicht klar und offen zurückzog. Durch ihre ständigen, letztlich inkonsequenten Hinweise – «Nun hab ich es euch schon ein paarmal gesagt, könnt ihr denn nicht mal ruhig sein!» –, ermutigte sie ihre Schülerinnen und Schüler, in der Auseinandersetzung, besser: im Machtkampf, fortzufahren.

Als ich die Lehrerin auf meine Beobachtungen ansprach, entgegnete sie sofort: «Ich will nicht schreien, ich kann nicht laut werden. So waren meine Lehrer früher, und heute muß es eben anders sein.» Und: «Ich will so korrekt wie möglich sein. Wenn's geht, eben ohne Fehler. Ein Vorbild, an dem sich Kinder orientieren können.» Ein Gespräch mit den Schülern über deren Störungen ergab: «Die ist richtig in Ordnung, immer nett. Aber die kann doch nicht allein nett sein. Das kann kein Mensch.» – «Die ist dann noch so ruhig, wenn meine Mutter schon tausendmal ausgeflippt ist.» – «Ich weiß nicht, wann die sauer ist. Weiß ich wirklich nicht.» Und auf meine Frage: «Ihr wollt, daß sie mal so richtig platzt, so richtig wütend ist», entfuhr es einem «Störer»: «Ich will, daß sie mal so ein richtiges Ungeheuer ist, das wäre total geil!»

An dieser Situation sind zwei Gesichtspunkte erwähnenswert:

- Wer Kindern ein vollkommenes, perfektes Bild des Erwachsenen vorführt, der erschwert ihnen nicht nur die allmähliche Ausbildung von Selbstwert, der verwandelt den Erziehungsprozeß in einen Hochleistungssport – «Ich will doch nur dein Bestes!» –, an dessen Ende Ungeduld, Streß, gegenseitige Überforderungen stehen. Kinder brauchen nicht *allein* den grandios-omnipotenten, allseits souveränen Erwachsenen. Kinder brauchen *auch* eine Erziehungsperson, die Fehler macht und eingesteht. Denn Fehler ermutigen dem Gegenüber, es anders, vielleicht richtiger zu machen. Die Angst davor, Fehler zu begehen oder zu vermeiden, läßt Erziehung häufig steril, korrekt und gefühllos werden. Sie erschwert Kindern die Ablösung, ermuntert Kinder geradewegs dazu, an der Fassade zu kratzen, um die omnipotente Erzieherpersönlichkeit schmerzhaft auf den Boden der Realität zurückzuholen. Kinder bringen Erwachsene in Konflikte, sie provozieren, wenn diese keine Gefühle zeigen, nur beherrschend sind.

- Dies gilt insbesondere für den Umgang mit Aggressionen oder Gefühlen wie Wut, Zorn und Haß. Auch diese müssen Kinder erst allmählich erlernen. Wie an einigen Situationen in vorausgegangenen Kapiteln aufgezeigt, erleben die Heranwachsenden an ihren Eltern häufig einen wenig gekonnten Umgang mit Aggressionen: Eltern verdrängen bzw. rationalisieren ihre Aggressionen oder leben diese offen als Erniedrigung, Destruktion und Mißhandlung aus. Wichtiger denn je sind für Kinder und Jugendliche jedoch erwachsene Bezugspersonen, die die eigenen aggressiven Persönlichkeitsanteile akzeptieren können, ohne daß diese in eine verbale und physische Schädigung anderer umschlagen. Nur so kann Kindern und Jugendlichen ein Modell vorgelebt werden, an dem sie sich orientieren und abarbeiten können. Denn die Faszination überlebensgroßer Medienhelden liegt darin begründet, daß Persönlichkeiten mit Ecken und Kanten im realen Leben der Heranwachsenden immer weniger vorkommen.

Um nochmals auf die angerissene Situation der Grundschullehrerin zurückzukommen: Als ich ihr – wie die Schülerinnen und Schüler auch – Mut machte, ihre verschiedenen Gefühle zu zeigen, sich über Sprache, Mimik und Gestik klar, unmißverständlich und situationsspezifisch auszudrücken, entfuhr ihr spontan die Frage: «Darf ich denn das? Darf ich denn auch mal böse sein?»

Meine Antwort: «Sie dürfen und können, wenn ihre Schüler das Gefühl haben, daß Ihr Zorn, Ihre Wut sich an der Sache entzündet und keine Ablehnung der Schülerpersönlichkeit darstellt!»

Sie war verblüfft: «Aber das ist so schwer und verdammt anstrengend.» Gemeinsam wurde eine Perspektive entworfen, wie sie offener mit ihren Gefühlen im Unterricht umgehen könnte. Das Resultat nach einigen Wochen: Die Atmosphäre in der Klasse war klarer, offener, lebendiger, nicht mehr von einem Gefühlskleister durchsetzt, die Störungen und Provokationen ließen erheblich nach. Ein Schüler drückte das so aus: «Ich weiß jetzt genau, woran ich bei ihr bin.»

Um hier nicht mißverstanden zu werden: Dies ist kein unreflektiertes Plädoyer für den gezielten Einsatz von erzieherischen Aggressionen – vielmehr ein notwendiger Beitrag, den Begriff «Erziehungs*gewalt*» differenzierter zu betrachten und neu zu überdenken. Anders ausgedrückt: Schulische Erziehung als Teil des Sozialisations- und Kultivierungsprozesses von Heranwachsenden hat mit Aggressionen im weitesten Sinne zu tun – eben mit Aggression im ursprünglichen Sinn des Wortes: sich fortbewegen, weg vom Erreichten und hin zu neuen Möglichkeiten und Fertigkeiten. Die Entfaltung von Persönlichkeit ist ohne Aggression nicht denkbar. Aber genauso gilt: Selbständigkeit und Kreativität von Schülerinnen und Schülern kann durch erzieherische Aggression gehemmt und behindert werden. Deshalb ist es wichtig – wie es der Erziehungswissenschaftler Hartwig Röhm einmal getan hat –, zwischen einer gekonnten und einer ungekonnten erzieherischen Aggression zu unterscheiden.

«Dich mach ich fertig!» In der ungekonnten erzieherischen Aggression wird das Kind zum Objekt von Macht- und Beherrschungsimpulsen des Pädagogen. Da solche Impulse aber gesellschaftlich und sozial sanktioniert sind, wendet man sie auf zwei Weisen an:

- Durch *Verdrängung* und *Verleugnung* der eigenen aggressiven Impulse und ihre Abspaltung und Projektion auf Sündenböcke – «*Die* unruhigen Kinder zwingen mich ja dazu!» – «*Die* aggressiven Schüler machen mich wütend!» – «*Die* Medien/*die* Linken sind an allem schuld!» Andere werden verantwortlich gemacht, schuldig gesprochen, daß «man» selber «böse» sei, eben so sein muß, wie «man eigentlich» nicht ist.
- Durch *Rationalisierungen*, anders ausgedrückt: weil Kinder/Schülerinnen und Schüler nicht den vorgegebenen Erwartungen, dem Werte- und Normensystem bzw. überzogenen Zukunftserwartungen – «Du sollst es einmal besser haben!» – der Eltern oder der Pädagogen entsprechen, kommt es zu Sanktionen, zu Bestrafungen und Erniedrigungen – «Eine Ohrfeige zur rechten Zeit hat noch niemandem geschadet!» –, die – und dies ist entscheidend – nicht den kritisierten Sachverhalt, sondern das Kind treffen, es entmündigen bzw. klein halten.

Verdrängung, Verleugnung und Rationalisierung leiten sich häufig aus lebensgeschichtlich bedingten Persönlichkeitsanteilen des erzieherisch Handelnden ab, von Persönlichkeitsanteilen, die schon früher nicht oder nur unzureichend angenommen und verarbeitet wurden. Nicht nur bei der Bearbeitung kindlicher Aggressionen gilt: Man hat es – bildlich gesprochen – mit zwei Kindern zu tun: dem Kind vor dem Pädagogen und dem Kind im Pädagogen. Und je näher, reflektierter, vielfältiger, ganzheitlicher der Pädagoge sein eigenes Kind-Ich annimmt, um so eher kann er die Kinder vor sich annehmen, ihnen Grenzen setzen, sie anspornen und fordern.

Bevor ich auf die gekonnten erzieherischen Aggressionen eingehe, will ich die ungekonnten an drei Situationen aus meinem Beratungsalltag veranschaulichen. Die ungekonnte erzieherische Aggression nimmt Kinder *in ihrem Hier und Jetzt* nicht an. Kinder werden auf eine imaginäre Zukunft hin getrimmt, damit in ihren aktuellen Befindlichkeiten nicht ernst genommen. So wird in Kindergärten und Grundschulen die Bandenbildung beispielsweise häufig mit dem Hinweis auf die «street-gangs» – «Ich will nicht, daß mein Sohn später einmal da landet!» – ebenso untersagt wie kindliches Rangeln und Ringkämpfe – «Ich möchte, daß mein Kind Konflikte verbal austrägt!» Für das Kind – zwischen vier und neun Jahren – haben Bandenbildung und Ringkämpfe symbolische Funktionen – z. B. Sich-Abgrenzen, Solidarität finden – oder dienen dazu, Körperlichkeit selbstbestimmend und -bewußt auszuleben. Die gekonnte erzieherische Aggression erkennt diese Hintergründe, nimmt sie an und ernst und setzt dem «Bandenspiel» zeitliche und räumliche Regeln – z. B. Freiwilligkeit der Bandenbildung und der Teilnahme daran, keine Verletzungen oder Nötigungen anderer Kinder, Respektierung von Privatsphären, die Bildung von «banden- und ringkampffreien» Zonen, die zeitliche Begrenzung solcher Spiele – und führt Konsequenzen bei Regelverstößen ein.

Die ungekonnte erzieherische Aggression nimmt die Kinder mit ihren aggressiven Persönlichkeitsanteilen nicht an, sondern erzieht zu deren Verleugnung oder Verdrängung. Ein Beispiel mag hierfür der Umgang mit dem Schießen, den Pistolen sein. Kinder, die wissen, daß

Eltern oder Pädagogen solche Gewaltsymbolik ablehnen, und die beim Umgang mit einer «Lego-Pistole» erwischt werden, reagieren vielfach so: «Das ist keine Pistole, sondern ein Sprechfunkgerät!» Solche Antwort ist einerseits Ausdruck kindlicher Kreativität, andererseits Zeichen eines mangelnden Urvertrauens, erfahren Kinder doch sehr häufig, daß Eltern und Pädagogen auf den Umgang mit nicht gewünschten Persönlichkeitsanteilen – wie dem Schießen – mit Liebesentzug, mit beleidigten oder hilflosem Rückzug – «Du wirst schon sehen, was du davon hast!» – oder einem massiven Eingriff – z. B. der Zerstörung der Pistole – reagieren. Die Konsequenzen solchen Erziehungsstils können sein: Da sich ein Kind nur als «gutes» angenommen fühlt, verdrängt oder verleugnet es seine «bösen» Gefühle, formt sie um – und aus der Pistole wird ein Walkie-talkie – oder aber es projiziert das, was Erwachsene nicht mögen, auf andere Kinder – «Der ist schuld!», «Der hat mir die Pistole geschenkt!»

Die gekonnte erzieherische Aggression nimmt dagegen das Schießen und die Pistolen der Kinder in ihrer symbolischen Funktion an, setzt aber erneut zeitliche und räumliche Grenzen: z. B. für den Zeitpunkt des Spiels, die Abgrenzung «schießfreier» Zonen; ja, es ist auch denkbar, daß solche Symbole aus Kindergarten oder Schule gänzlich ausgegrenzt bleiben, die Kinder sich gleichwohl in ihrem Bedürfnis nach Ausleben der Gewaltsymbolik angenommen fühlen – «*Ich* mag es momentan nicht, daß hier geschossen wird, aber *ich* verstehe, daß es *euch* Spaß macht!»

Die ungekonnte erzieherische Aggression nimmt Kinder in deren zerstörerischem Verhalten nicht an und übt nicht selten falsch verstandene Nachsicht. Laissez-faire und Gleichgültigkeit gegenüber zerstörerischem oder provokativem Verhalten übersehen die in diesen Handlungsmustern enthaltenen Zeichen und Hinweise. Um dieses an einem Beispiel noch einmal zu verdeutlichen: Daniel, Torsten und Florian, alles 15jährige Gymnasiasten, hatten, als sie «erwischt wurden», eine dreijährige «Klaukarriere» – wie es einer nannte – hinter sich. «Angefangen», so erinnerte sich Daniel, «hat's im Supermarkt, überall dort, wo's einfach war.» – «Und dann», so Torsten, «ging's in der Schule weiter. Wir haben uns auf Fahrräder spezialisiert, haben sie umfrisiert. Das war 'ne geile Aktion. Aber nicht nur das Klauen war gut, auch die Arbeit danach, das Umfrisieren, und wenn wir sie verkauft haben. Aber wir haben's billig verkloppt. Uns ging's nicht ums Geld.» – «Vor zwei Jahren wär's dann fast ausgewesen.» Torsten zog die Augenbrauen hoch. «Da haben sie uns schon mal erwischt, aber wir konnten uns rausreden. Das war ganz leicht, und dann haben wir weitergemacht.» – «Ja und dann, als sie uns erwischt haben, war's auch gut, ich glaub», so Daniel, «wir haben's auch drauf angelegt. Irgendwie mußte doch mal Schluß sein.»

Diesem kleinen Ausschnitt aus einem längeren Gespräch will ich kurze Teile eines anderen Interviews gegenüberstellen. Darin erzählen Steffen und Marco, beide 16 Jahre, der eine Real-, der andere Oberschüler, über ihre Erfahrungen mit dem Stehlen: «Also anderen etwas wegnehmen, das ist im Prinzip Scheiße. Aber um zu den ‹Zehnern› zu gehören, da mußt du einfach klauen, erst wenn du klaust, gehörst du zu der Gruppe von Jungs.» – «Was sind die Zehner?» – «Zehn Leute, so wie wir, die 'ne geile Aktion suchen.» – «Wie ging das dann weiter?» – «Also zuerst haben wir kleinen Schülern die Pullover geklaut, den größeren dann später die Baseballmützen und die T-Shirts ... tja, und zum Schluß sind wir in die Geschäfte, erst in die Supermärkte und dann zum Schluß in die Edelschuppen und so. Tja, und als wir genug geklaut hatten, was erlebt hatten, da waren wir bei den ‹Zehnern› aufgenommen. Heute kämpfen wir eher. Gehen in andere Städte und kämpfen darum. Gehen auf Schützenfeste und Diskos und so und mischen die auf. Aber wenn wir Bock haben, dann klauen wir auch jetzt noch. Aber wenn wir jemand abzocken, also so jemandem was wegnehmen, dann muß daraus eigentlich ein Kampf werden. Sonst ist das langweilig.»

Der Diebstahl hat für die hier zu Wort gekommenen Jugendlichen spezifische Funktionen. Für Steffen und Marco ist er eine Bedingung für die Aufnahme in eine jugendliche Bande. Der Diebstahl wird zu einem Ritual, das sich mit der Zeit allerdings verselbständigt und Ausgangspunkt für weitere Grenzüberschreitungen bedeutet. Bei Daniel, Torsten und Florian ist der Diebstahl eine Auseinandersetzung mit Normen und kann als Ausdruck von Identitätsarbeit gedeutet werden.

In der Grenzüberschreitung – dem Diebstahl – zeigt sich einerseits Distanz zur Kindheit, andererseits die Suche nach eigenen selbstbestimmten Normen. Die Ausbildung von Ich-Identität und das Ausprobieren eigener Vorstellungen vollzieht sich immer als Auseinandersetzung mit vorgegebenen, festen Normen der Erwachsenenwelt. Je weniger fest und verbindlich diese Werte sind, besser: vorgelebt werden, um so orientierungsloser vollzieht sich Identitätsarbeit. Keine neue Erfahrung ohne Reibung, ohne – manchmal schmerzende oder grenzensetzende – Kommunikation und Konfrontation.

Deshalb kann man die Grenzüberschreitung der drei Gymnasiasten zwar verstehend deuten, darf sie aber nicht gleichgültig behandeln. Da sie sich über Diebstahl ausdrücken wollen, ist dem nur aktiv – d.h. regel- und grenzensetzend – zu begegnen. Sonst könnten andere, gravierendere Grenzüberschreitungen die Folge sein. Wenn die drei Schüler davon berichten, wie leicht ihnen die Diebstähle gemacht wurden – «wir das Gefühl hatten, Erwachsene wüßten davon, würden aber beide Augen zudrücken» –, so zeigt das, wie wenig diese Haltung Jugendliche mit ihren aggressiven Persönlichkeitsanteilen ernst nimmt. Aus ihrer Sicht erscheint dies als Gleichgültigkeit, als Laissez-faire – «Macht, was ihr wollt, ich kann doch nichts machen!» – ihnen werden Eckdaten und Grenzen vorenthalten, was zur Orientierungslosigkeit, zur Unsicherheit über Normen und Werte führt.

«Das muß ich erst mal aushalten können!»

Die gekonnte erzieherische Aggression bietet demgegenüber Möglichkeiten, sich am Schüler und der Schülerin zu orientieren. Sie setzt jedoch dem ungebremsten Ausleben jeglicher aggressiver Impulse klare und offene Grenzen. Wer Grenzen setzt, der sollte bereit sein, die Haßimpulse seiner Schüler anzunehmen, sich auf Konflikt, Streit und Zoff vorzubereiten. Wer Grenzen setzt, der riskiert, daß sich Kinder und Jugendliche an diesen Grenzen reiben und erhitzen.

Die gekonnte erzieherische Aggression baut auf dem vielschichtigen

Bild einer Erzieher*persönlichkeit* auf, die von den Schülern geliebt, manchmal abgewiesen, ja sogar gehaßt wird; die Orientierung bietet und Modelle vorlebt, die nicht Kumpel, sondern Partner ist. Die Beziehung zwischen Lehrern und Schülern – wie die zwischen Eltern und Kindern – wird um so klarer, näher und fester, je weniger sie von Projektionen ausgeht. Eine dieser Projektionen ist die vermeintliche «Engelhaftigkeit» – Hartwig Röhm – der am Erziehungsprozeß Beteiligten. Lehrer und Schüler, Eltern und Kinder sind Teufel und Engel – um es bildlich auszudrücken – in einer Person. Die Thematisierung von Haß und Liebe, von Wut und Mut, von Nähe und Distanz, von Annahme und Loslassen sind Voraussetzungen für einen ehrlichen Umgang, für ein offenes Miteinander, für eine Kultivierung aggressiver Impulse.

Die gekonnte erzieherische Aggression hat dazu drei Möglichkeiten:

- Sie erkennt die Symbolik und Funktion aggressiver Handlungen.
- Trotz solch verstehender Annäherung setzt sie aggressiven Impulsen Grenzen. Dadurch nimmt sie diese ernst.
- Sie fordert Kinder, ermutigt sie, gesellschaftlich sanktionierte Persönlichkeitsanteile – z. B. Aggressionen – zu zeigen, und mutet ihnen Frustrationen zu.

Die gekonnte erzieherische Aggression unterscheidet dabei zwischen materieller und emotionaler Frustration. Während sie letztere vermeidet, sich bemüht, Kinder auch dort in ihrer Person anzunehmen, wo sie Grenzen überschreiten, erfüllt sie in materieller Hinsicht nicht alle kindlichen Wünsche und Bedürfnisse. Um dies am Ausspruch eines Ehepaars zu konkretisieren: «Wir stecken dir» (gemeint ist ihr Sohn) «alles in den Hintern, und was machst du, du dankst uns das mit deiner grenzenlosen Faulheit!»

Eine sich am Konsum orientierende Gesellschaft kann – materielle Werte ihrer Mitglieder vorausgesetzt – den Heranwachsenden viele Wünsche erfüllen. «Man» leistet sich etwas. Dabei bleiben Beziehungen, bleiben Gefühle auf der Strecke. Kaufen und Konsum suggerieren die Erfüllbarkeit aller Träume – aber Kaufen und Konsum tilgen persönliche Bemühungen. Sie genügen irgendwann nicht mehr. Das manchmal maßlose «Immer-Mehr, Immer-Neuer, Immer-Besser» der Heranwachsenden ist auch deren Versuch, hinter dem Immer-Mehr etc. die persönlichen Anstrengungen ihrer Eltern und Pädagogen hervorzulocken, nicht «kauf mir immer mehr», sondern «kümmer dich endlich um mich» oder «mach was mit mir».

Während Heranwachsende materielle Frustrationen durch List, Hinterlist und subversive Phantasie umgehen und vermeiden können, erniedrigt sie die emotionale Frustration oder führt sie dazu, sich über aggressive Handlungen jene Aufmerksamkeit zu verschaffen, die sie ansonsten nicht erhalten.

Der Grundsatz beim Grenzensetzen lautet deshalb: *Fest sein, ohne zu herrschen; konsequent sein, ohne zu drohen.* So werden Kinder befähigt, Grenzen zu erkennen, sich an ihnen zu reiben, sie aber auch zu überwinden. Dies setzt Erwachsene voraus, die das vorleben. Notwendiger denn je ist Mut und Ermutigung zum Grenzensetzen.

Nachwort

Zentrale Begriffe des Grenzensetzens sind – ich habe es dargestellt – Annahme, Offenheit und Klarheit, das Hier und Jetzt, die Überraschung, der gegenseitige Respekt, der Mut zur Verantwortung und zur Festigkeit:

- Wer Kindern Grenzen setzt, hat zu respektieren, daß auch Kinder *ihre* Grenzen setzen. Wer für sich selbst Zeit und Raum reklamiert, hat dies gleichermaßen dem Kind zuzugestehen. Grenzen haben nichts mit Strafe, Bedrohung, Mißachtung oder Brechen des Willens zu tun. Wer Grenzen setzt, kann das nur auf der Grundlage der unbedingten Achtung des Kindes machen. Dafür muß ich als Erzieher aber auch eine Persönlichkeit sein, die geachtet werden kann. Mehr denn je brauchen Kinder menschliche Autoritäten, die Humanität verkörpern; Autoritäten, an denen sich Kinder orientieren und reiben, mit denen sie sich auseinandersetzen können.
- Wer offen und klar ist, zeigt seine eigenen Grenzen. Wer offen und klar ist, lebt vor, was er meint. Klarheit und Offenheit schließen ein, zu den eigenen Handlungen zu stehen, Verantwortung zu übernehmen, die Folgen eigenen Tuns zu bedenken.
- Grenzen, die im Hier und Jetzt gezogen werden, müssen keine für alle Zeit gültigen, unverrückbaren Markierungen sein. Grenzen sind in Abhängigkeit von kindlichen Entwicklungsschritten und der Entwicklung der Eltern-Kind-Beziehung zu verändern. So werden denn auch die Räume, in denen sich Erziehung und Beziehung vollziehen, verändert. Grenzen sind so auf die Kinder und ihre Entwicklung bezogen.
- Grenzen zu setzen hat mit Phantasie und Überraschung zu tun, mit dem Mut, ganz gewöhnliche Schlüssel oder auch ungewöhnliche Dietriche für die Lösung von alltäglichen Problemen zu entwickeln.
- Grenzen zu setzen schließt den Mut zum Fehler, zum Unvollkommenen und zum Fragmentarischen ein. Der Fußweg zum Nordpol be-

ginnt mit dem ersten Schritt, erreicht wird das Ziel kaum. Ähnliches gilt für den Weg zum gekonnten Grenzensetzen: Er ist voll von Tükken, Schlaglöchern, Fallen, Umwegen und Sackgassen. Dabei gilt: Der Weg ist das Ziel, jeder Schritt stellt eine Etappe dar, deren Erreichen man genießen soll. So kann für Eltern und Kinder aus dem gemeinsamen Weg des Grenzensetzens ein Erlebnis werden, das Mut macht, die nächsten Schritte zu wagen.

Nachwort zur 17. Auflage

Als ich vor knapp sieben Jahren daranging, dieses Buch zu schreiben, war es der Versuch, die Erfahrungen aus mehr als einem Jahrzehnt Familienberatung und Elternbildung zusammenzufassen. Ich hatte nichts Spektakuläres im Sinn, dazu enthält die Publikation zuviel selbstverständliches und altbekanntes Erziehungswissen. Deshalb hat mich der Verkaufserfolg mehr als überrascht. «Kinder brauchen Grenzen» ist ein geflügeltes Wort geworden, «Erziehungs-Guru» nannte mich gar ein Wochenmagazin. Bodenständiger waren da die Reaktionen der Leser und Leserinnen. «Junger Mann», merkte einmal eine 71jährige Zuhörerin, Oma von drei Enkelkindern, im Anschluß an einen Vortrag an, «Sie haben ja recht mit dem, was Sie erzählen und schreiben.» Dann machte sie eine Pause und fuhr schmunzelnd fort: «Aber, daß man damit nun soviel Bücher verkaufen kann!»

Sie hatte recht. Kaum jemand ist überraschter als ich, daß sich «Kinder brauchen Grenzen» nun eine viertelmillionmal verkauft hat, die Lizenz- und Sonderausgaben, die Übersetzungen nicht mitge rechnet. Der Titel hat vielfältige Reaktionen hervorgerufen, obgleich er nicht als Provokation gemeint war. «Kinder brauchen Grenzen» hatte nichts damit zu tun, Heranwachsende von oben herab zu bevormunden, ihnen zu sagen, wo es langgeht, gar mit antiautoritärer Erziehung abzurechnen. Die Absicht war vielmehr, die vielfältigen Bedeutungen aufzuzeigen, die mit dem Begriff «Grenzen» einhergehen: Grenzen umschließen ein Territorium, sie trennen, sie machen deutlich – bis hierher und nicht weiter. So zeigen Grenzen den Eltern an, wie weit sie gehen können. Grenzen schließen mithin auch aus, sich zu distanzieren. Grenzen schützen vor Eltern, die es ständig nur «gut» mit dem Kind meinen und dabei sein Recht auf Autonomie und den eigenen Raum mißachten. «Kinder brauchen Grenzen» bedeutet aber zugleich, daß Heranwachsende das Recht auf körperliche und psychische Unversehrtheit, auf Halt und Orientierung haben. Aber Grenzen deuten dem Kind auch an, was es kann oder noch nicht kann. Im Land jenseits der Grenzen liegen Möglichkeiten und Fähigkeiten, die sich Kinder – im Laufe ihrer Entwicklung – aneignen und erobern können. Ohne Grenzen sind Leistungsbereitschaft und -willen nicht möglich. Schließlich: Grenzen bedeuten dem Kind, die Grenzen anderer zu achten und zu respektieren. Ohne gegenseitige Achtung und Respekt sind soziales Miteinander und partnerschaftliche Eltern-Kind-Beziehungen nicht möglich.

Das Buch enthält noch zwei weitere Grundgedanken: Kinder brauchen Eltern, die sich selber Grenzen setzen. Dies meint: bereit sein, von Kindern, deren Kreativität und Spontaneität zu lernen, mithin die eigene Begrenztheit pädagogischen Handelns zu erkennen. Und: für Eltern bedeuten Grenzen, daß es für sie ein Leben jenseits der Kindererziehung gibt. Wer sich ständig nur Gedanken macht, ob es dem Nachwuchs gutgeht, wird irgendwann ausgebrannt sein und bürdet zugleich den Kindern eine Last auf, unter der sie zusammenbrechen können. Nur wenn es Eltern gutgeht, geht es den Kindern gut! Diese Maxime reflektiert die Grenzen der Elternschaft: Sie befreit Kinder davon, sich für das Wohlbefinden der Eltern verantwortlich zu fühlen. Und der Satz zeigt an: Eltern haben das Recht auf kinderfreie Zeiten. Es gibt ein Leben jenseits der Vater- und Mutterrolle: das Leben in der Partnerschaft, das Leben als Mann und Frau. Und je stärker Kinder dies spüren, um so eher sind die Erziehungsbeziehungen geprägt von einer Balance aus Nähe und Distanz, aus Achtung und Respekt, aus Freiheit und Verantwortung.

Über 1500 Briefe habe ich von Leserinnen und Lesern bekommen, Erwachsenen ebenso wie Heranwachsenden. Eine Mutter schrieb mir, Rezepte habe sie dem Buch nicht entnommen, aber das Gefühl bekommen, angenommen zu sein, auch wenn sie Fehler mache. Sie habe «wieder Spaß an der Erziehung bekommen. Ich konnte wieder lachen und mein Kind als Geschenk betrachten, von dem ich viel lernen konnte.» Der elfjährige Tom formulierte seine Gedanken auf einem Familienseminar so: Zuerst habe er «das Buch blöd gefunden, gegen die Kinder gerichtet. Aber seit Mama das gelesen hat, labert sie nicht mehr, sie redet jetzt richtig mit mir. Und ich weiß, was sie will.» Und wenn sie dann trotzdem «rumeiert, ich nicht weiß, was sie will, sage ich, Mama, was steht in dem Buch von deinem Herrn Rogge? Wozu liest du das eigentlich? Dann lacht sie. Und wir haben weniger Streß.»

«Kinder brauchen Grenzen» wollte zu einer partnerschaftlichen Erziehung ermutigen. Die Resonanz zeigt, daß sich viele auf den Weg gemacht haben – Eltern wie Kinder.

Bargteheide, im September 1999

Literatur und Tips zum Weiterlesen

Den nachstehenden Publikationen habe ich zahlreiche Anregungen zu verdanken. Und sie beleuchten weitere Gesichtspunkte des Grenzensetzens, die ich manchmal nur angerissen habe. Darüber hinaus habe ich Bücher aufgenommen, die nach der Fertigstellung von «Kinder brauchen Grenzen» erschienen sind und Gedankengänge fortführen.

A. Jean Ayres: Bausteine der kindlichen Entwicklung. Berlin, Heidelberg, New York, Tokio 1984

Richard Bandler/John Grinder/Virginia Satir: Mit Familien reden. München 1987

Brigitte Beil: Gutes Kind, böses Kind. München 1996

Bruno Bettelheim: Ein Leben für Kinder. Stuttgart 1987

Manfred Biebl: Wir wollen doch nur dein Bestes! Salzburg 1991

T. Berry Brazelton: Mein Kind verstehen. München 1988

Anton A. Bucher/Rudolf Seitz/Rosemarie Donnenberg: Ich im pädagogischen Alltag. Macht-Ohnmacht-Zuversicht. Salzburg/Wien 1998

Christian Büttner: Mit aggressiven Kindern leben. Weinheim 1988

William Damon: Die soziale Entwicklung des Kindes. Stuttgart 1989

Françoise Dolto: Die ersten fünf Jahre. München 1992

Rudolf Dreikurs/Loren Grey: Kinder lernen aus Folgen. Freiburg 1973

Vicki Soltz: Kinder fordern uns heraus. Stuttgart 1988

Rudolf Dreikurs/Pearl Cassel/Norbert Rückriem (Hg.): Disziplin ohne Tränen. München 1991

Rudolf Dreikurs/Bernice Bbronia Grundwald/Floy C. Pepper: Lehrer und Schüler lösen Disziplinprobleme. Weinheim/Basel 1987

David Elkind: Wenn Eltern zu viel fordern. Hamburg 1989

Albert Ellis: Die rational-emotive Therapie. München 1977

Margret Erni: Autonomie wagen. Düsseldorf 1990

Margret Erni: Grenzen erfahren. Düsseldorf 1989

Selma Fraiberg: Die magischen Jahre in der Persönlichkeitsentwicklung des Vorschulkindes. Reinbek 1972

Astrid v. Friesen: Liebe spielt eine Rolle. Reinbek 1995

Andreas D. Fröhlich (Hg.): Wahrnehmungsstörungen und Wahrnehmungsförderung. Heidelberg 1983

Werner Haas: Der alltägliche Erziehungskampf. Reinbek 1993

Martin Herbert: Disziplin. Bern 1991
Martin Herbert: Essen und Schlafengehen. Probleme und Lösungen. Bern 1999
Helmut Jaschke: Grenzen finden in der Erziehung. Mainz 1992
Jesper Juul: Das kompetente Kind. Reinbek 1997
Linde v. Keyserlingk: Wer träumt, hat mehr vom Leben. Düsseldorf 1992
Remo H. Largo: Kinderjahre. München 1999
Thomas Lickona: Wie man gute Kinder erzieht! München 1989
Marcel Müller-Wieland: Der innere Weg. Mut zur Erziehung. Zürich 1982
Rolf Oerter/Leo Montada: Entwicklungspsychologie. München/Weinheim 1987
Emmi Pikler: Laßt mir Zeit. München 1988
Gisela Preuschoff: Von null bis drei. Alltag mit Kleinkindern. Köln 1995
Gisela Preuschoff: Von drei bis sechs. Alltag mit Vorschulkindern. Köln 1995
Ulf Preuss-Lausitz/Tobias Rülcker/Helga Zeiher (Hg.): Selbständigkeit für Kinder – Die große Freiheit? Weinheim/Basel 1990
Michael Rohr: Freiheit lassen – Grenzen setzen. Freiburg 1998
Hartwig Röhm: Kindliche Aggressivität. Frankfurt 1976
Virginia Satir: Selbstwert und Kommunikation. München 1975
Steve da Shazer: Der Dreh. Heidelberg 1988
Barbara Sichtermann: «Nein, nein, will nicht!» Reinbek 1983
Otto Speck: Chaos und Autonomie in der Erziehung. München/Basel 1991
Arnd Stein: Wenn Kinder aggressiv sind. München 1983
Arnd Stein: Mein Kind hat Angst. München 1982
L. Joseph Stone/Joseph Church: Kindheit und Jugend. Stuttgart 1978
R. Morray Thomas/Birgitt Feldmann: Die Entwicklung des Kindes. Weinheim/Basel 1986
Michael Titze: Lebensziel und Lebensstil. München 1979
Renate Valtin: Mit den Augen der Kinder. Reinbek 1991
Paul Watzlawick (Hg.): Die erfundene Wirklichkeit. München 1981
Rolf Werning: Das sozial auffällige Kind. Münster/New York 1989
D. W. Winnicott: Familie und individuelle Entwicklung. Frankfurt/M. 1984
D. W. Winnicott: Reifungsprozesse und fördernde Umwelt. Frankfurt/M. 1984
Katharina Zimmer: Versteh mich doch bitte. München 1992